I0001854

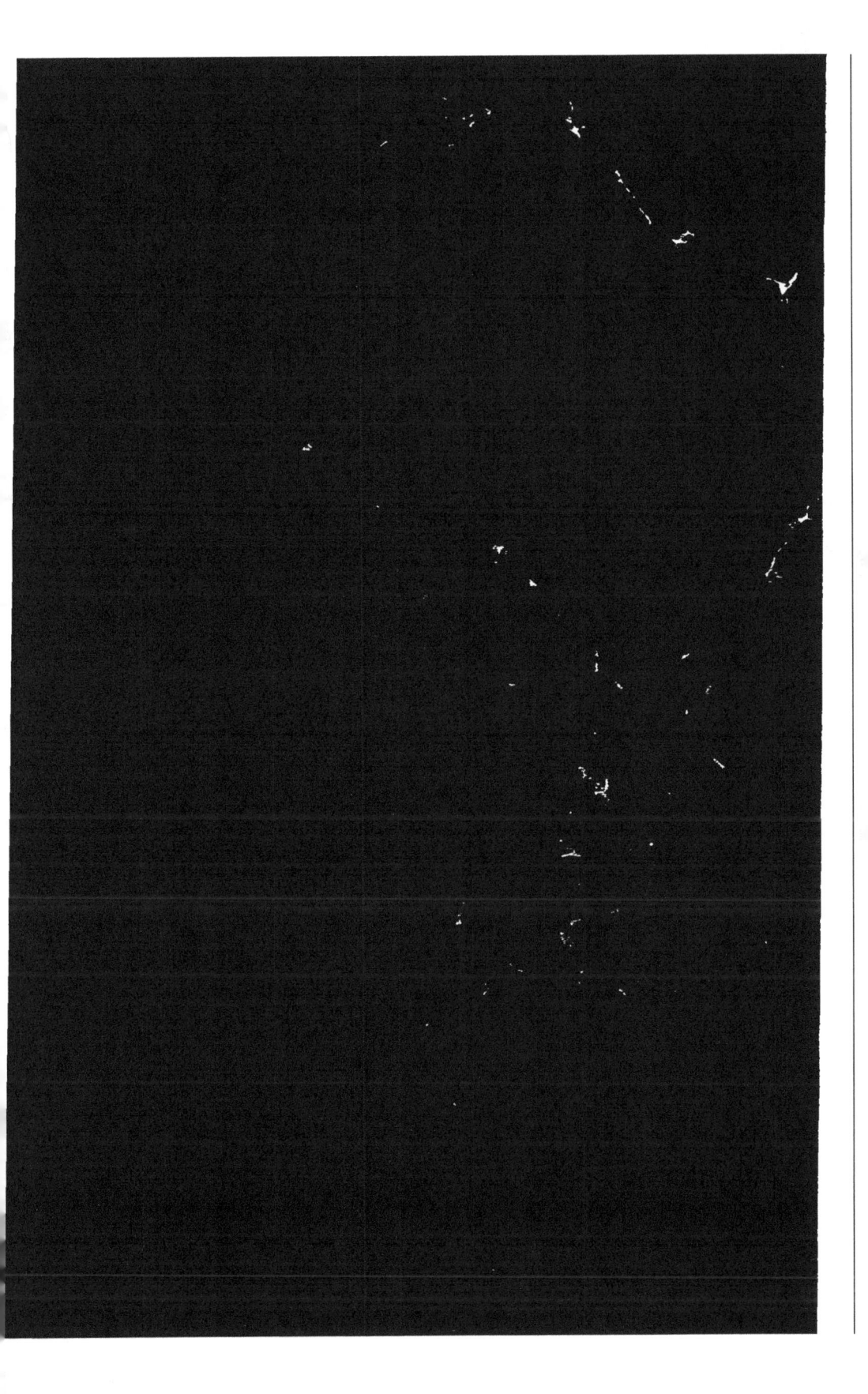

F

(C.)

INSTRUCT.
sur
l'enregistrem.
domaines, etc.
1re. année.
2º. 19 à 36.

26719,

INSTRUCTIONS

DECADAIRES

Sur l'Enregistrement, les Droits y réunis, et Domaines nationaux,

RÉDIGÉES par une Société d'Employés de l'Administration de l'Enregistrement et du Domaine national.

N.º 19.

N.º 127.

ENREGISTREMENT.

Est-il dû un droit particulier pour une stipulation d'indemnité faite dans un acte de société, en cas d'inexécution des clauses ? Peut-on établir un droit proportionnel sur le montant de l'indemnité ? Et dans le cas où l'indemnité serait déterminée à une somme fixe par chaque année, doit-on cumuler les différentes années pour liquider le droit sur le montant réuni ?

Avant la loi du 22 frimaire on ne percevait pour ces indemnités qu'un franc fixe, sauf la perception du droit proportionnel, si l'indemnité était payée La loi du 22 frimaire établit, il est vrai, la perception du droit proportionnel

T

sur les indemnités dont l'objet est déterminé ; mais a-t-elle entendu parler de la stipulation d'indemnité faite entre des personnes qui s'associent, en cas que l'un des sociétaires se retire ? La raison d'en douter, c'est que ces sortes de stipulations d'indemnité ne sont que des clauses éventuelles des conditions d'une société sans lesquelles elle n'aurait pas lieu ; ce sont des dispositions qui dérivent de l'acte même de la société, et qui parconséquent ne paraissent point passibles d'un droit particulier. Les indemnités que la loi a entendu soumettre à un droit particulier, sont, par exemple, celles stipulées entre le cautionnant et le cautionné, et par lesquelles le dernier s'oblige d'indemniser celui qui le cautionne, parce qu'alors la stipulation est étrangère à celui auquel est fourni le cautionnement : ainsi Jacques est cautionné par Pierre au profit de Jean. Jacques promet une indemnité à Pierre ; cette disposition est absolument étrangère à Jean. Cette interprétation paraît la seule manière de concilier la loi du 22 frimaire avec les lois précédentes, et les principes généraux de perception.

Cette question ne doit laisser aucun doute à celui qui se pénétrera des dispositions de la loi du 22 frimaire.

Le n°. 37 du 1er. parag. de l'art. 68 n'assujettit au droit fixe d'un franc que les promesses d'indemnités indéterminées et non susceptibles d'évaluation. Le n°. 8 de l'art. 69 soumet textuellement au droit proportionnel de 50 cent. par 100 f. *les cautionnemens de sommes et objets mobiliers, les garanties mobilières et les indemnités de même nature.* Cette seconde disposition est générale ; elle ne distingue point, et embrasse évidemment toutes les garanties mobiliaires ; il demeure donc certain que les indemnités stipulées dans des traités, conventions, ou actes de société dont la quotité est déterminée par ces actes, sont passibles du droit proportionnel de 50 c. par 100 fr. ; leur éventualité ne change rien à l'essence de la stipulation dont l'effet est d'obliger dès le moment même, et de pouvoir contraindre au paiement de l'indemnité celui qui ne remplit pas ses engagemens. Il est de la nature des indemnités d'être éventuelles ; et dès que la loi les a classées parmi les actes sujets au droit proportionnel, il faut en conclure qu'elle n'a pas voulu avoir égard à la considération de cette éventualité. Il n'est pas vrai de dire que ces indemnités tiennent à l'essence de l'acte de société, parce que celui-ci pourrait exister sans cette stipulation. Quant à la question de savoir si lorsqu'une indemnité est stipulée payable à une somme fixe parc haque année, on peut cumuler les années et percevoir le droit sur le

T 2

montant : l'affirmative n'est pas douteuse. En
effet, si l'inexecution de l'acte de société suivait
de près l'époque à laquelle il a eu lieu, les sociétaires seraient fondés à réclamer l'indemnité
entière, liquidée sur la durée qu'il devait avoir ;
par la même raison, on est fondé à liquider le
droit de la même manière. D'ailleurs, le n°. 4
de l'art. 14, titre 2 de la loi du 22 frimaire, veut
que la valeur pour les marchés et traités soit déterminée par le prix exprimé ou l'évaluation qui
sera faite des objets qui en seront susceptibles.
Les indemnités dont il s'agit font partie de ces
actes ; il est donc incontestable qu'elles sont
susceptibles d'être évaluées par le nombre d'années qui en détermine la masse.

(*Ainsi décidé par la régie, le 9 floréal an* 7).

N°. 128.

Par le même acte de vente, un particulier
achète la nue propriété, et paie compt-
tant ; un autre acquiert l'usufruit du
même immeuble ; comment dans ce cas
établir la perception ?

On sait que pour la liquidation des droits
d'une vente d'immeuble faite avec réserve d'usufruit par le vendeur, il faut ajouter au prix de la
nue propriété, la moitié en sus pour représenter
l'usufruit, et percevoir le droit sur les sommes
réunies ; on sait aussi que la même opération
doit avoir lieu pour la vente d'un immeuble dont

l'usufruit est acquis à un autre par acte antérieur : point de difficulté dans ces deux cas. En
suivant cette opération, on ne s'écarte pas des
principes de justice, qui veulent que le droit
soit perçu sur la valeur entière de l'objet vendu,
d'autant mieux qu'il ne sera rien exigé pour la
réunion de l'usufruit à la propriété. Mais il semblerait qu'il ne doit pas en être de même dans
l'espèce dont il s'agit. On voit dans le même acte
deux acquéreurs ; chacun paie le droit pour la
partie de l'immeuble qu'il acquiert ; et il semble
que ce serait exiger deux droits pour l'usufruit
de l'immeuble, que de faire payer à l'acquéreur
de la nue propriété le droit sur la moitié en sus,
à cause de l'usufruit dont il ne jouit pas ; ce serait excéder la valeur entière de l'objet vendu.

Ce raisonnement n'est que spécieux ; en effet,
l'acte dont il s'agit produit évidemment deux
transmissions d'usufruit ; la première s'effectue
sur-le-champ au profit de celui qui l'acquiert
immédiatement ; la seconde est retardée à la vérité, mais elle ne s'en opérera pas moins au
profit de l'acquéreur de la nue propriété, puisqu'il doit recueillir cet usufruit au décès de
l'acquéreur immédiat, et qu'il en jouira en vertu
du même contrat qui lui a transféré la nue propriété. Il est donc juste que cet acquéreur de la
nue propriété acquitte le droit non-seulement

sur le prix de la nue propriété, mais encore sur celui de l'usufruit qu'il doit recueillir.

L'objection que l'on oppose tombera d'elle-même, si l'on fait attention que ce n'est pas le vendeur, mais l'acquéreur qui est assujetti au paiement des droits. Or ici il y a deux acqué-reurs d'usufruit, qui tous deux sont assujettis in-dividuellement à un droit particulier. Et on n'excède pas plus la valeur entière de l'objet vendu dans ce cas, que dans celui où l'on exige le droit de nue propriété et d'usufruit sur la vente d'un immeuble grevé d'usufruit par acte antérieur.

C'est d'après ces principes que la régie l'a ainsi décidé le 9 frimaire an 7.

N°. 129.

Les droits proportionnels de legs et autres dispositions de libéralité de sommes mo-bilières par testament, sont-ils exigibles en même-tems que les droits particuliers d'enregistrement des testamens, lors-qu'ils sont présentés à la formalité après le décès du testateur ?

Quelques receveurs ont soutenu que l'on ne pouvait pas exiger le droit proportionnel d'un legs ou de tout autre don mobilier, en même-tems que le droit fixe du testament, si les délais pour en faire la déclaration ne se trouvaient pas expirés à l'époque de sa présentation à l'enregis-

trement. Ils s'appuyaient des dispositions de
l'art. 24, titre 3 de la loi qui accorde aux légataires un délai de six mois pour la déclaration
des biens, sans distinction, des légataires uni-
versels ou particuliers, et de celles de l'art. 68 de
ladite loi, qui porte, parag 3, nombre 5, que
« les testamens et tous autres actes de libéralité
» qui ne contiennent que des dispositions sou-
» mises à l'événement du décès, ne sont sujets
» qu'au droit fixe de 3 fr. », et ils prétendaient
trouver dans le silence que la loi a gardé sur le
droit proportionnel à payer à raison des sommes
ou objets mobiliers légués ou donnés, la faculté au donataire ou légataire de n'acquiter ce
droit que dans les délais prescrits pour en faire
la déclaration.

Mais la régie a décidé le contraire le 19 germinal dernier, sur le motif que les délais pour
l'enregistrement des testamens et ceux pour les
déclarations des biens échus ou transmis par décès ne sont pas les mêmes L'article 21 de la loi
du 22 frimaire dernier assujettit les testamens à
l'enregistrement dans les trois mois du décès
des testateurs, tandis que l'article 24 accorde un
délai de six mois, et même plus considérable,
suivant les circonstances, pour l'enregistrement des déclarations.

D'ailleurs il est constant que les déclarations

ne sont exigées que pour les biens dont la consistance n'est pas connue, ni la valeur légale déterminée par les testamens et actes de libéralité ;
mais lorsque l'un ou l'autre de ces actes annonce des sommes ou des objets mobiliers dont
la valeur peut être réglée par une simple estimation des parties, on doit faire acquitter en même-
tems que le droit fixe du testament ceux proportionnels des dispositions qui en résultent.

Le principe général que l'enregistrement d'un
acte ne peut être sincopé fortifie encore celui
consacré par cette décision.

N°. 130.

*Il n'appartient pas aux tribunaux de connaître de
l'exécution des actes administratifs.*

Jugement de cassation rendu le premier nivose an 6,
sur le rapport du citoyen Dutocq ;

Contre les citoyens Martin et Lamairie.

Le 26 prairial an 4, le citoyen Lamairie, ci-devant
directeur de la régie de l'enregistrement à Colmar, fut
nommé par les régisseurs à la direction du Mans, et la
direction de Colmar fut donnée au citoyen Martin, qui
venait d'exercer les mêmes fonctions à Strasbourg.

Le citoyen Martin, rendu à son nouveau poste au
mois de brumaire an 5, éprouva des difficultés pour
son installation, de la part du citoyen Lamairie, qui
réclamait auprès des régisseurs contre son changement.

— La marche à suivre en pareil cas était de s'adresser à
l'administration de l'enregistrement pour en recevoir
de nouveaux ordres.

Mais au lieu de prendre cette voie, le citoyen Martin

crut devoir s'adresser au tribunal civil du département du Haut-Rhin, où il présenta une requête tendante à forcer le citoyen Lamairie de lui remettre les papiers de la direction.

Sur cette requête il intervint, le 19 brumaire an 5, un premier jugement qui ordonna que par devant le ci-toyen Ludler, juge commis à cet effet, il serait, par-ties présentes ou duement appelées, dressé un état de tous les titres, papiers et registres dépendans de la direction ; qu'en cas de refus du citoyen Lamairie, le présent jugement serait provisoirement exécuté, et fit défense au citoyen Lamairie *de plus faire aucunes des fonctions de sa place*, sous les peines de droit.

Sur l'opposition formée à ce jugement, il en intervint un second, le 27 brumaire suivant, qui, sans avoir égard aux moyens d'incompétence proposés, ordonna que le premier jugement serait exécuté, et fit défenses aux préposés du droit d'enregistrement et autres agens subalternes dans le département du Haut-Rhin, de re-connaître et correspondre avec d'autre directeur qu'avec le citoyen Martin, sous les peines de droit.

Ces deux jugemens furent dénoncés par les régisseurs de l'enregistrement au tribunal de cassation, comme contraires à plusieurs textes de lois.

1°. A l'art. 13 de la loi du 16 août 1790, qui porte : « les *fonctions judiciaires* seront distinctes, et elles » demeureront toujours séparées *des fonctions adminis-* » *tratives.* Les juges ne pourront, à peine de forfai- » ture, troubler de quelque manière que ce soit *les* » *opérations des corps administratifs*, ni citer devant » eux les administrateurs à raison de leurs fonctions ».

2°. Au 2°. parag. de la loi du 16 fructidor an 3, qui fait itératives défenses aux tribunaux de connaître des

» actes d'administrations, *de que'que espece qu'ils*
» *soient*, sauf aux réclamans à se pourvoir ».

3°. A l'art. 203 de la constitution, ainsi conçu : les
» juges ne peuvent s'immiscer dans l'exercice du pou-
» voir législatif, *ni faire aucun réglement* ». — « Ils
» ne peuvent arrêter ni suspendre l'exécution d'aucune
» loi, ni citer devant eux les administrateurs pour
» raison de leurs fonctions ».

Il était évident que le tribunal civil du Haut-Rhin avait
entrepris sur les fonctions de l'autorité administrative.

En effet, puisqu'il s'agissait de l'exécution d'un arrêté qui constituait des citoyens, en qualité de directeurs de la régie de l'enregistrement, ce n'était pas à
lui qu'il appartenait de décider les difficultés qui s'éle-
vaient entre les deux contendans, et de maintenir l'un
au préjudice de l'autre.

Ces difficultés devaient être soumises à la régie de
l'enregistrement, de laquelle était émané l'arrêté de nomination, et qui avait seule qualité pour persister dans
sa première résolution, ou pour la changer, s'il y avait
lieu, d'après de justes représentations.

Cette marche était prescrite, non-seulement par les
textes de lois que l'on vient de citer, et par la nature des
choses, qui veut que les agens d'une administration
soient à la seule disposition des agens supérieurs, mais
encore par une loi du 4 brumaire an 4, qui attribue
aux régisseurs nationaux de l'enregistrement le réglement de tous les détails de leur organisation intérieure.

Le tribunal de cassation ne pouvait donc pas laisser
subsister un jugement qui avait méconnu toutes les
règles, en se permettant de statuer sur une difficulté
élevée entre deux directeurs de la régie de l'enregistrement, pour raison de leur placement respectif.

N°. 131.

TIMBRE.

L'extrait de la prestation de serment de haine à la royauté, délivré par une administration quelconque à un fonctionnaire public, doit-il être sur papier timbré ?

La loi du 13 brumaire excepte de la formalité du timbre les actes du corps législatif, ceux du directoire et des administrations ou établissemens publics, dans les cas seulement où ces actes ne sont pas sujets à l'enregistrement sur la minute ; elle excepte également de l'assujettissement au timbre les extraits, copies et expéditions qui se délivrent par les administrations ou un fonctionnaire public, à une autre administration publique ou à un fonctionnaire public, lorsqu'il y est fait mention de leur destination ; mais cette même loi assujettit au timbre les actes, extraits, copies et expéditions, soit publics, soit privés, qui doivent faire titre, ou être produits pour justification, demande ou défense.

Or les extraits dont il s'agit sont évidemment des actes qui forment un titre justificatif pour le fonctionnaire qui les demande ; ils n'appartiennent point à l'administration générale, et leur destination n'a aucun rapport avec elle ; ils doivent donc être délivrés sur papier timbré.

(*Ainsi décidé par le ministre des finances, le 16*

germinal an 7. (A porter sur notre ouvrage du timbre , art. *Actes*, pag. 23 et 24).

N°. 132.

Les arrêtés provisoires pris sur les pétitions présentées aux corps législatifs et administratifs , sont-ils soumis au timbre? et dans le cas où ils le seraient , quelle doit en être la quotité ?

Suivant l'art. 12 de la loi du 13 brumaire dernier, toutes les expéditions et extraits d'actes, arrêtés et délibérations des administrations , qui sont délivrés à des citoyens , doivent être sur papier timbré; suivant l'art. 19 de la même loi, dès que les actes ont une minute, les expéditions ou extraits ne peuvent être écrits que sur du papier de 75 cent. au moins ; mais lorsqu'il ne s'agit que d'actes préparatoires qui ne se délivrent point aux parties , comme de communiquer aux commissaires du directoire, aux administrations municipales , et à des fonctionnaires ou employés dont l'avis est nécessaire ou utile , ces actes préparatoires, qui se placent ordinairement en marge ou à la suite des pétitions, et qui doivent revenir à l'administration , n'exigent point de timbre , s'ils ne sont pas de nature à être enregistrés ; mais si les parties en requièrent des expéditions ou extraits, on ne peut les mettre que sur du papier à 75 cent.

Au surplus la loi n'oblige point à se servir de

papier de ce format pour les pétitions , et l'on peut en employer de toutes les dimensions.

(*Décision au ministre , du 6 floréal an 7*).

(A porter art. *Arrêté*. pag. 33).

N°. 133.

HYPOTHÈQUES.

Dans plusieurs départemens , il est encore dû à la république beaucoup de petites rentes à titre de surcens , dont la loi du 11 brumaire an 7 ne parle pas. On a demandé si ces rentes sont susceptibles de l'inscription ; et , dans le cas de l'affirmative , si cette inscription doit être faite suivant la forme prescrite par l'art. 17 de ladite loi.

Pour fonder la négative , on objectait que ces rentes sont en général très - modiques , qu'elles ne sont connues que par les sommiers des receveurs ; et que les frais d'inscriptions excéderaient souvent l'importance de ces rentes.

L'affirmative n'est point douteuse ; le ministre des finances l'a prononcée le 6 de ce mois.

La modicité de ces rentes ne peut pas être un motif pour en négliger l'inscription ; puisque le défaut de cette formalité exposerait la république à les perdre : si les frais paraissent trop onéreux aux débiteurs , le moyen de les éviter est dans leurs mains ; ils peuvent racheter ces rentes , ainsi que les lois le leur permettent.

Il faut observer que l'exécution de cette mesure n'appartient pas aux commissaires du directoire près les administrations centrales ; c'est aux préposés de la régie de l'enregistrement à la suivre.

Nº. 134.

Sur quelle base doit-on liquider les droits des inscriptions qui doivent être faites sur les acquéreurs de domaines nationaux dont le prix n'est payable qu'en bons de la trésorerie, ou autres effets de cette nature ?

Ces droits doivent être liquidés et perçus sur la moitié du montant de la mise à prix.

(*Ainsi décidé par le ministre des finances, le* 6 *ventose an* 7).

Nº. 135.

L'article 22 de la loi du 11 brumaire an 7 veut que les commissaires du directoire exécutif requièrent d'office les inscriptions indéfinies sur les comptables publics et sur leurs cautions à l'égard des biens servant de cautionnement ; mais cette inscription doit-elle porter sur la totalité de leurs propriétés, ou seulement sur une partie suffisante pour assurer la garantie de la nation ?

La loi se tait sur cette question. Elle a été proposée au ministre, qui a décidé le 26 germinal an 7 , qu'il suffisait que l'inscription portât sur des propriétés d'une valeur reconnue suffisante pour pouvoir répondre du débet du comptable, ou assurer la garantie de la république.

N°. 136.

PATENTES.

Dans quel délai doivent être formées les demandes en restitution des droits de patentes que les contribuables prétendraient avoir trop payés sur les années antérieures à l'an 7 ?

Un fabricant, conformément à l'art. 2 de la loi du 9 frimaire an 5, a pris une patente de première classe pour l'an 5 ; mais la loi du 9 pluviose suivant porte que les dispositions de cet article ne s'appliquent point aux fabricans à métiers qui n'entretiennent pas plus de cinq métiers ; ce fabricant qui se trouve dans ce cas, réclame aujourd'hui la restitution des sommes qu'il a trop payées, est-il encore recevable à les réclamer ?

Les droits de patentes ne sont établis que pour l'année seulement, les fonds qu'ils produisent doivent être versés, et la comptabilité être apurée dans des délais prescrits ; il semble qu'il doit y avoir également des délais au-delà desquels on ne peut plus se pourvoir en restitution, et ces délais paraissent ne devoir être que d'une année seulement, comme pour le droit d'enregistrement. Cependant la loi ne prescri-

vant pas de délai pour se pourvoir en restitution, la régie a décidé qu'il y avait lieu de restituer, et que la restitution devait se faire dans
la forme ordinaire, et sur les recettes courantes
des droits de patentes.

A V I S.

Il existe, sur l'enregistrement et autres droits réunis, un journal distinct du nôtre, intitulé : *Journal de
l'Enregistrement ;* rédigé par le citoyen Rippert, receveur de l'enregistrement à Paris, au passage des Petits-
Pères ; le succès qu'il a obtenu depuis son établissement ne pouvait que lui en promettre encore pour
l'avenir. Mais deux journaux sur cette matière pouvaient se nuire, et le bien général exigeait que, trai-
tant du même sujet, ils fussent réunis et confondus en
un seul. Le citoyen Rippert, guidé par ces motifs, s'est
associé à nous. A partir du premier prairial prochain,
le journal des Instructions décadaires sera envoyé aux
abonnés du citoyen Rippert et à ceux de notre société.
Accrue des lumières et des talens connus du citoyen
Rippert, elle va augmenter les moyens de concourir au
but d'utilité générale qui anime tous ses membres.

Ainsi, tous ceux dont les abonnemens sont à renou-
veler, tant pour le citoyen Rippert que pour la société
des employés supérieurs, rédacteurs de la feuille décadaire, sont priés de le faire au bureau des éditeurs,
rue Projettée Choiseul, n. 1. Nous les invitons aussi de
correspondre avec les éditeurs des instructions décadaires réunis, et non pas avec un des membres de la
société, et d'affranchir toutes les lettres qu'ils nous
adresseront.

Nota. La table alphabétique des 18 premiers numéros, sera adressée avec le vingtième numéro.

INSTRUCTIONS

DECADAIRES

Sur l'Enregistrement, les Droits y réunis, et les Domaines nationaux,

RÉDIGÉES par une Société d'Employés de la Régie de l'Enregistrement et du Domaine national.

Le Bureau d'abonnement est, à Paris, rue Projettée-Choiseul, nº. 1. Prix, 18 fr. pour un an, 10 fr. pour six mois, et 6 fr. pour trois mois, franc de port par la poste.

Nº. 137.

ENREGISTREMENT.

Comment régler les droits de succession des biens délaissés par un père et tous ses enfans décédés le même jour ?

Par le plus affreux des assassinats, un père, une mère et cinq enfans sont massacrés dans la même nuit. La succession est recueillie par des collatéraux qui se présentent au bureau de l'enregistrement pour en faire la déclaration, combien doit-il être perçu de droits d'enregistrement ?

V

C'est dans les ténèbres que les victimes ont été frappées, et il est impossible de connaître l'ordre dans lequel elles sont tombées. Mais à défaut de preuves, il faut recourir aux présomptions. Il est dans l'ordre de la nature que les pères meurent avant les enfans. Ainsi, en supposant qu'ils aient tous quitté la vie au même instant, on doit croire que pendant un intervalle quelconque ils ont été saisis de la succession de leur père, et qu'ils ont transmis immédiatement à leurs oncles et cousins germains les biens que ces derniers ont recueillis. D'après ce raisonnement, il est dû incontestablement au moins deux droits; l'un pour la succession directe dont les enfans ont été saisis; et l'autre pour les biens échus aux héritiers collatéraux. Mais la rigueur des principes autorise des prétentions bien plus étendues. Les lois anciennes et nouvelles ont établi que quand des individus qui se succèdent de droit, mourant ensemble par le même événement, comme dans un incendie, dans un naufrage, le plus jeune est toujours censé avoir survécu. Une loi du 20 prairial an 4 a confirmé ce principe; elle est conçue en ces termes :

« Lorsque des ascendans, des descendans, et » autres personnes qui se succèdent de droit, » auront été condamnés au dernier supplice,

,, et que mis à mort dans la même exécution,
,, il devient impossible de constater leurs
,, prédécès, le plus jeune des condamnés sera
,, présumé avoir survécu ,,

D'après ces dispositions, il est évident 1º. que les biens des père et mère ont résidé sur la tête de leurs enfans ; 2º. qu'il s'est opéré parmi les enfans des mutations successives. L'aîné a laissé à ses frères survivans sa portion dans la succession de son père, et ainsi de suite. Il en résulte qu'à la rigueur il serait dû six droits, savoir : le premier pour la succession directe recueillie par tous les enfans; et les cinq autres à raison du décès successif des enfans, sur le pied pour le 1er. d'un cinquième, pour le 2e. d'un quart, pour le 3e. d'un tiers, le 4e. de moitié, et le 5e. de la totalité des biens dont la mutation s'est opérée en collatérale.

Cette liquidation est la seule fondée : cependant les circonstances atroces qui ont privé de la vie le père et les cinq enfans, ont paru exiger une décision particulière; et le Directoire exécutif, sur le rapport qui lui a été fait par le Ministre des finances, a arrêté le 23 floréal dernier, qu'il ne serait perçu pour les biens provenant de la succession dont il s'agit qu'un droit d'enregistrement en ligne directe, et un seul droit en collatérale.

V 2

N°. 138.

Les poursuites faites par un receveur avant l'ex-
piration des délais, pour recouvrer un droit ou
un supplément de droit, interrompent la pres-
cription. L'interrompent-elles également pour le
particulier qui réclamerait la restitution de
droits trop perçus ?

Pour l'intelligence de cette question, éta-
blissons des faits. Un particulier se marie avant
le 22 frimaire an 7; il n'a point évalué dans
son contrat de mariage les immeubles désignés
formant les apports. On a perçu un droit
provisoire sur une évaluation de 15000 francs,
avec injonction aux parties de faire dans l'année
une déclaration estimative de ces immeubles.
L'année est sur le point d'expirer, la déclaration
ne se fait point; le receveur avertit les parties;
il décerne une contrainte avant la fin de l'année;
et ce n'est qu'après son expiration que les
parties viennent faire leur déclaration. Il en résulte que le droit provisoire excède celui dû
pour la valeur réelle des immeubles. Les parties
demandent la restitution de cet excédent.

La déclaration qu'elles ont faite n'a eu lieu
qu'après l'année révolue; mais le receveur a fait
ses diligences; il a interrompu la prescription: les
parties peuvent-elles en profiter ?

Si au lieu d'excéder le droit réel, la fixation

provisoire était au-dessous , il n'y a pas de doute
que le receveur pourrait exiger le supplément de
droit. Par la même raison , les parties peuvent
réclamer la restitution de l'excédent. Du moment
que la prescription est interrompue pour l'un ,
elle l'est pour les autres. Tous les principes de
jurisprudence , consacrés par l'ordonnance de
1667, établissent cette vérité. Le moindre acte
judiciaire arrête la prescription. Lorsque le receveur appelle, c'est pour régler définitivement
la perception ; or on ne peut supposer que ce ne
soit point autant à la décharge qu'à la charge des
redevables.

La régie en conséquence a décidé , le 3 floréal
an 7, que les poursuites faites ont interrompu la
prescription pour les redevables comme pour la
nation ; et a ordonné la restitution.

N°. 139.

*Un conscrit fait un arrangement avec un volontaire
pour son remplacement. Il s'engage à lui donner
une somme fixe et une haute-paie ou gratification
pour un tems non déterminé. Comment liquider le
droit de cet acte ?*

Cet acte est un marché dont le droit doit être
perçu suivant le n°. 3 du § 3 de l'art. 69 de la loi
du 22 frimaire an 7, à raison de 1 franc par 100
du prix stipulé. Mais il n'existe aucune base pour

V 3

le déterminer, le tems du service et de la haute-
paie étant éventuel. La loi du 19 fructidor an 4,
sur la formation de l'armée de terre, en présente
une ; elle fixe à quatre années la durée des engagemens. Il faut en conséquence former un
capital de quatre années du montant annuel de
la haute-paie, et le réunir à la somme fixe stipulée dans l'acte, pour asseoir la perception sur
les deux sommes cumulées.

(Ainsi décidé par la régie le 29 floréal an 7.)

N°. 140.

*Les déclarations à raison de toutes sortes de
successions doivent être faites dans le délai prescrit
par la loi. Ce délai ne peut être étendu, sous prétexte qu'il n'a été fait entre des héritiers qu'un partage provisoire, et qu'on doit attendre le partage
définitif. Il n'est pas non plus nécessaire de signifier
une contrainte pour mettre les héritiers en demeure.*

Jugement de Cassation, rendu le 7 nivôse an 6, sur le
rapport du citoyen Andrieux ;

Contre la veuve FRANÇOIS.

Le citoyen François, ci-devant Conseiller au Baillage
de Nancy, est décédé sur la fin de l'année 1788.

La succession est restée indivise jusqu'en 1791, que
ses héritiers ont procédé à un *partage provisoire*, par
acte du 21 mars.

L'un de ces héritiers, le citoyen Gabriel-Joseph François a recueilli, par ce partage provisoire, pour 26,000 fr. d'immeubles, et pour 14,000 fr. de dettes actives.

Il est décédé lui-même dans l'an 4, laissant six enfans encore mineurs, auxquels la citoyenne Charlotte Goeury a été proposée pour tutrice.

La veuve François n'a fait aucune déclaration dans le délai de 6 mois, à raison de la succession échue à ses enfans.

Elle s'est occupée de faire conclure définitivement le partage provisoire dont il vient d'être parlé ; ce à quoi elle est parvenue par un acte du 22 brumaire an 5, qui a laissé subsister le précédent, sauf quelque diminution faite à chaque lot, d'après l'arrêté de la consistance de la succession.

C'est seulement après ce dernier partage que la veuve François s'est présentée au bureau de l'enregistrement, pour faire la déclaration relative à ses enfans pour la succession de leur père.

Le receveur a demandé, outre le montant du droit ordinaire, *le demi-droit en sus*, faute par la veuve François d'avoir fait sa déclaration en tems utile.

Celle-ci s'est pourvue au tribunal civil de la Meurthe, où elle a prétendu que le délai pour faire sa déclaration n'avait pas dû courir à compter du décès de son mari, parce que, à cette époque, il n'était propriétaire d'immeubles qu'en vertu d'*un partage provisoire*, qui pouvait être absolument changé en définitif, qu'il fallait donc compter le délai seulement depuis le partage définitif du 22 brumaire an 5.

Elle a ajouté que la présentation de l'inventaire faite dans le tems au bureau de l'enregistrement, devait suffire pour la décharger de l'amende.

Le tribunal de la Meurthe n'a pas eu égard à ces deux moyens de défense. Il pouvait reconnaître sur le premier, que si on l'adoptait, ce serait rendre les héritiers maîtres de prolonger arbitrairement le délai fixé, et même de s'affranchir du droit, en n'arrêtant point définitivement les partages, et se contentant *de ceux prétendus pro-visoires.*

Sur le second, que l'enregistrement des inventaires qui ne contenaient ordinairement que l'évaluation des meubles ne dispensait pas de la déclaration à faire pour les immeubles.

Mais en rejettant ces deux moyens, le tribunal civil de la Meurthe en a adopté deux autres bien moins fondés.

1°. Il a prétendu induire de la combinaison de l'art. 12 de la loi du 19 décembre 1790, avec l'art. 8 de la 4e. sect. 1re. classe du tarif, que l'obligation de faire la déclaration dans les six mois n'était imposée *qu'aux parens collatéraux* du défunt, et que *les héritiers directs* étaient exempts de ce délai.

2°. Il a décidé que la veuve François s'étant présentée *spontanément* dans le bureau pour faire sa déclaration avant la signification *d'aucune contrainte,* ce n'était pas le cas de la condamner à l'amende, parce que le délai légal n'est censé expiré qu'au moment où une contrainte *a constaté le retard du redevable*; qu'autrement le délai est couvert par le silence ou l'inaction du receveur.

D'après ces motifs, le tribunal de la Meurthe a déchargé, par son jugement du 22 germinal an 5, la veuve François, *du demi-droit en sus* réclamé contre elle.

Les régisseurs de l'enregistrement ont dénoncé ce jugement au tribunal de cassation.

Ils ont établi au premier lieu que le tribunal de la Meurthe était contrevenu à l'art. 12 de la loi du 19 décembre 1790, ainsi conçu :

» Les déclarations *des héritiers*, légataires et dona-
» taires éventuels des biens immeubles, réels ou fictifs,
» prescrites par le 4e. *section* de l'art. 2 du présent dé-
» cret, seront faites au plus tard *dans les six mois* qui
» suivront *le jour de l'événement de la mutation par*
» *décès ou autrement* : et ce délai passé, les contri-
» buables *seront contraints* à payer les droits, plus
» *la moitié de la somme* en quoi ils consistent *.

Cet article, comme l'on voit, *est général* ; il s'applique aussi bien aux *héritiers directs* qu'aux *héritiers
collatéraux*, puisqu'il ne contient aucune distinction.

L'erreur des juges paraît être provenue de ces mots
de l'article : *la 4e. section*, qu'ils ont rapportés *à la 4e.
section du tarif*, en ne faisant pas attention qu'il était
question *de la* 4e. *section de l'art.* 2 de la loi.

C'est ainsi qu'ils ont lié mal-à-propos l'art. 12 de la
loi avec l'art. 8 de la 4e. section du tarif.

D'ailleurs cet article ne contient autre chose que le
réglement *de la quotité du droit* à payer pour la déclaration des *héritiers collatéraux*, droit qui était réglé
à un autre taux pour les *héritiers directs*, par l'art. 12
de la première section du même tarif.

En second lieu, les régisseurs ont démontré que le
système du tribunal de la Meurthe, relativement à la
signification des contraintes, tendrait à renverser les
bases de la perception.

En effet, ce qui rend un contribuable susceptible
d'une amende, c'est le défaut d'avoir rempli, dans un
délai déterminé, les obligations qui lui étaient imposées
par la loi. Du moment que ce délai est passé, *l'amende
est acquise*, et il n'est pas au pouvoir d'un tribunal *de
la modérer*, d'après l'art. 51 de la loi du 27 mai 1791.

La contrainte n'est autre chose *qu'une demande en*

recouvrement. C'est un appel fait à un particulier qui se trouve débiteur, à quelque titre que ce soit, envers la république. Si le contribuable se présente de lui-même, la contrainte est inutile, s'il ne vient point, c'est le moyen de le prévenir des poursuites qui vont être dirigées contre lui ; mais le retard dans la signification d'une contrainte ne peut jamais déroger à *un droit acquis* à la république.

Le tribunal de cassation devait donc annuler, comme il a fait, un jugement en opposition avec ces principes.

N°. 141.

HYPOTHÈQUES.

Quelle marche suivre pour assurer l'hypothèque de la République sur les biens particuliers des acquéreurs de domaines nationaux, lorsque la situation de ces biens n'est point connue ?

Cette question a été proposée par plusieurs commissaires du directoire exécutif, qui, chargés par la loi de prendre des inscriptions pour assurer l'hypothèque de la République, ne savaient s'ils devaient les prendre au bureau seulement dans l'étendue duquel l'objet vendu par la nation est situé, ou dans tous les bureaux du département. On ne peut pas se dissimuler que cette seconde mesure ne soit très-à charge aux acquéreurs ; elle les grève de frais inutiles par l'inscription à des bureaux dans l'étendue desquels ils n'ont aucun bien ; elle écarterait d'ailleurs des adjudications

les citoyens qui ne veulent point s'exposer à voir
faire des inscriptions sur leurs biens, lorsque leur
intention serait de les vendre pour acquitter le
prix des acquisitions qu'ils feraient de domaines
nationaux.

Ces inconvéniens ont frappé le Ministre des
finances ; il a senti aussi que la république ayant
un privilége incontestable sur les biens qu'elle
vend , au moyen des règles établies pour le paiement du prix , la valeur de ceux vendus offre un
gage suffisant pour la sûreté de la créance nationale; il a décidé en conséquence, le 1 2 floréal
an 7 , qu'il suffisait de faire porter l'inscription
sur les biens à raison du prix desquels elle est
requise. Ainsi les commissaires doivent se borner
à faire faire les inscriptions dans les bureaux de
la situation de ces biens, tant que des circonstances particulières n'exigeront pas de prendre
cette mesure ailleurs. (Ainsi décidé par le Ministre
des finances le 1 2 floréal an 7.)

N°. 142.

Un conservateur des hypothèques a donné la dé-
mission de sa place; elle a été acceptée, mais son
successeur ne s'est point rendu à son poste ; doit-il
en continuer les fonctious, et demeure-t-il chargé
de la responsabilité ?

L'affirmative n'est point douteuse. L'art. 9 de
la loi du 9 ventôse an 7, porte que les conserva-

teurs et employés actuellement chargés de la conservation des hypothèques, seront tenus de remplir les fonctions auxquelles ils sont respectivement attachés, jusqu'à la mise en activité effective de leurs successeurs ; et l'art. 10 ajoute que les contrevenans aux dispositions de l'article précédent qui entraveraient l'exécution des lois, soit par absence, démission, refus ou retard d'opérer dans l'exercice de leurs fonctions, ou par le vice de leurs opérations, sont responsables civilement et par corps, envers les citoyens, des torts qui en résulteraient, ainsi que des dommages et intérêts.

Il résulte évidemment de ces dispositions, que le conservateur démissionnaire doit continuer ses fonctions jusqu'à ce que son successeur soit en activité. (Déc. du Ministre du 16 floréal an 7.)

Nº. 143.

PATENTES.

Comment liquider le droit proportionnel dû par les entrepreneurs de bains publics ?

Il doit être liquidé sur tout ce qui compose l'établissement et leur habitation.

Mais il arrive souvent que leur bail contient des bâtimens servant aux logemens des personnes qui vont aux eaux ; comment alors percevoir le droit proportionnel.

Où ces bâtimens sont loués sans être garnis,

ou ils sont loués garnis. Dans le premier cas,
l'entrepreneur des bains se trouve dans la même
espèce que les individus qui ont pris à bail des
maisons qu'ils sous-louent, et qui, lorsqu'ils
exercent un état sujet à patente, ne doivent le
droit proportionnel que sur la valeur locative des
objets qu'ils occupent, et non de ceux qu'ils sous-
louent.

Mais si l'entrepreneur loue en garni, il réunit
deux professions; celle relative aux bains le place
dans la quatrième classe, et l'assujettit au droit
proportionnel du 10e. de la valeur locative de
tout ce qui a rapport à cet établissement; comme
maître d'hôtel garni, il devrait le droit fixe de
3e. classe et le droit proportionnel à raison du
40e. du prix total de sa location, conformément
à l'art. 34 de la loi du 1er. brumaire an 7.

Mais comme aux termes de la loi nul n'est tenu
de prendre plus d'une patente, ni de payer une
fixation excédant celle de la profession qui donne
lieu au plus fort droit, il faut comparer la somme
à laquelle s'éleverait le droit fixe de la 3e. classe
et celui proportionnel au 40e. du prix du loyer,
avec celle que donnerait le droit fixe de la 4e.
classe et celui proportionnel au 10e. de la valeur
locative de tout ce qui dépend des bains, et joi-
gnant l'habitation à la partie pour laquelle elle est
principalement nécessaire, à l'effet d'en fixer le

droit proportionnel au 10°. ou au 40°., liquider la
perception de la manière la plus avantageuse pour
la République. (Déc. du Ministre des finances,
du 2 floréal an 7.)

N°. 144.

Les commissaires du directoire exécutif près les
administrations peuvent-ils faire suspendre les
poursuites des receveurs de l'enregistrement pour
le recouvrement des patentes?

Un citoyen sujet au droit de patente est porté
sur le tableau de sa municipalité, et rangé dans
une des classes du tarif. Le receveur de l'enregistrement lui demande en conséquence la somme
à laquelle il est imposé; mais le redevable, mé-
content de sa taxe, réclame auprès de l'Administration centrale, conformément à la loi.

Le commissaire du directoire exécutif, pour
éviter les frais de poursuites dont ce citoyen est
menacé, lui donne un certificat qui constate qu'il
s'est pourvu en réclamation. On a cru dans quelques départemens que ce certificat suffisait pour
arrêter les poursuites du receveur; c'est une erreur.

Les redevables doivent toujours payer provisoirement la somme à laquelle ils sont imposés,
sauf à leur restituer, s'il y a lieu, ce que l'Administration centrale aura définitivement jugé devoir leur être remboursé.

(Ainsi décidé par le ministre, le 16 floréal an 7.)

N°. 145.

VENTES PUBLIQUES DE MEUBLES.

L'art. 2 de la loi du 22 pluviôse dernier défend à tout officier public de procéder à une vente publique et par enchère d'objets mobiliers, s'il n'en a fait préalablement la déclaration au bureau de l'enregistrement dans l'arrondissement duquel la vente aura lieu.

L'article 9 de cette même loi dispense de cette obligation les officiers publics qui auront à procéder aux ventes du mobilier national, ou à celles des effets des Monts-de-Piété.

On a demandé si cette exception était applicable aux agens municipaux qui ont à procéder aux ventes publiques des dépouilles des prés, bois et autres revenus communaux.

Le but de la loi est visiblement de soumettre à la vigilance des préposés toutes les ventes de meubles à l'enchère, pour que les droits en soient exactement acquittés; mais ce motif n'existe pas pour les adjudications des revenus des communes, dont les actes sont déposés au secrétariat des Administrations municipales, et dès-lors suffisamment connus. Ainsi l'exception portée à l'art. 9 de la loi citée doit s'appliquer aux ventes publiques des dépouilles de prés, bois et autres revenus communaux.

(Décision du Ministre, du 26 germinal an 7.)

N°. 146.

DOMAINES NATIONAUX.

Les maisons employées à la perception du droit de passe, doivent-elles être régies comme les autres domaines nationaux ?

Cette difficulté s'est présentée dans quelques départemens. Les administrations centrales ont confondu le produit des locations de ces maisons avec celui des droits de passe ou de barrières, et ont prétendu qu'il devait également être employé aux réparations des routes.

Sur la réclamation de la régie, le Ministre des finances a décidé, le 8 germinal an 7, que les maisons des anciens octrois ou barrières où la perception du droit de passe n'a pas lieu, sont des domaines nationaux dont les revenus ne doivent pas avoir une autre destination que les autres, et doivent par conséquent être régis par les receveurs des domaines. La question principale paraît rester indécise; c'est celle de savoir si en affermant un droit de passe avec le bâtiment national, pour servir à la perception, on ne doit pas distinguer le prix de la location du bâtiment pour en compter au préposé de la régie comme des autres revenus nationaux, du fermage de droit de passe à verser dans la caisse indiquée pour servir aux réparations des routes.

INSTRUCTIONS

DÉCADAIRES,

*Sur l'Enregistrement , Droits y réunis ,
et Domaines nationaux.*

Rédigées par une Société d'Employés supérieurs
de la Régie de l'Enregistrement et du Domaine
national.

Du 21 prairial an 7 de la République.

N°. 21.

N°. 147.

ENREGISTREMENT.

*Les baux convenus verbalement sont-ils soumis à
l'enregistrement ? Et lorsqu'il est prouvé qu'ils
ont lieu depuis plus de trois mois , peut-on exiger
le double droit ?*

L'ARTICLE 13 de la loi du 22 frimaire dernier
porte que la jouissance à titre de ferme , ou de
location , ou d'engagement d'un immeuble , sera

X

suffisamment établie pour la demande et poursuite du paiement des droits des baux ou engagemens non enregistrés par les actes qui la feront
connaître, ou par des contributions imposées aux
fermiers locataires et détempteurs temporaires.

Il est dit par l'art. 22, que les actes faits S. S. P.
et qui porteront transmission de propriété ou
d'usufruit de biens immeubles, et les baux à
ferme ou à loyer, cessions et subrogations de
baux, et les engagemens aussi S. S. P. de biens
de même nature, seront enregistrés dans les trois
mois de leur date. L'art. 38 assujettit ces actes au
double droit lorsqu'ils ne sont pas enregistrés dans
le délai de trois mois.

La question proposée se réduit à savoir si on
peut appliquer aux baux convenus verbalement
ces deux articles, ou s'ils doivent être restreints
aux baux passés sous seing-privé ou devant
notaire.

Les uns prétendent que ces deux articles ne
sont point applicables aux conventions verbales:
et voici les motifs sur lesquels ils se fondent.

L'art. 13 de la loi, disent-ils, ne distingue pas,
il est vrai, entre les conventions verbales et les
conventions écrites; mais il doit être interprêté
par l'art. 22 qui est son corrélatif. Or cet article
dit textuellement : *Les actes qui seront faits sous
seing-privé, et qui porteront transmission de pro-*

priété ou d'usufruit , et les baux à ferme et à loyer
aussi S. S P. seront enregistrés dans les trois mois
de leur date : il suppose donc l'existence d'un
écrit ; et en effet , si la loi eût voulu assujettir à
l'enregistrement de simples conventions verbales,
elle se serait expliquée sur le mode d'en fixer le
prix et les conditions ; elle aurait exigé des parties
contractantes la déclaration du prix des objets
qui font la matière des conventions : elle ne l'a
point fait ; elle n'a donc point entendu assujettir
les conventions verbales à l'enregistrement. Ce
raisonnement est confirmé par l'art. 38 de la
même loi qui établit la peine du double droit pour
défaut d'enregistrement , dans les trois mois des
actes dénommés en l'art. 2 2, et qui ne fait mention
que des actes S. S. P. Cet article n'est donc pas
applicable aux conventions verbales.

Mais, dira-t-on , on intente tous les jours une
action judiciaire en vertu d'une convention ver-
bale. Cela est vrai ; mais ce n'est point parce que
cette convention représente un acte écrit ; c'est
uniquement parce que le locataire ou détempteur
sans titre n'a pu jouir au préjudice du propriétaire , et qu'alors le prix de cette jouissance doit
être réglé , soit par l'aveu des parties , soit par
expertise en cas de défaut de preuves.

D'ailleurs les conventions verbales sont suffisamment atteintes par cet article de la loi , qui

X 2

veut que les jugemens qui prononcent des condamnations sur des demandes non établies par
des titres enregistrés et susceptibles de l'être, soient
assujettis au même droit auquel l'objet de la demande aurait donné lieu s'il avait été convenu
par acte public , indépendamment de celui dû
pour le jugement qui prononce la condamnation.

Il en résulterait qu'on ne peut pas appliquer
aux baux convenus verbalement les articles de la
loi dont il s'agit.

Cette opinion présente des motifs spécieux ;
mais elle peut être puissamment combattue.

1°. Que porte l'art. 13 ? disent les partisans de
l'avis contraire. *La jouissance à titre de ferme ou
de location sera suffisamment établie pour la demande
du paiement des droits des baux non enregistrés, par
les actes qui la feront connaître , ou par des paiemens
de contributions.* Le mot *jouissance* emporte dans
son acceptation tout ce qui constitue l'usage de la
chose, soit qu'on l'ait cédée par un titre écrit,
soit qu'on l'ait cédée verbalement.

2°. Les conventions verbales sont admises pour
les baux ; elles sont reconnues en justice soit par
les déclarations et aveux des parties , soit par la
seule preuve du fait de la jouissance ; elles forment donc un titre susceptible d'être enregistré ,
d'après la déclaration des parties , dans la forme
qu'indiquait, pour les mutations de propriété ou
d'usufruit, l'art. 2 de la loi du 19 décembre 1790.

3°. Enfin le même article , en employant les expressions, *pour la poursuite du paiement des droits des baux* , ne distingue point encore les baux écrits et ceux convenus verbalement; et l'on vient de prouver que ces conventions verbales peuvent réellement constituer des baux qui sont reconnus par la loi et en justice.

Les baux convenus verbalement sont donc sujets à l'enregistrement, et passibles du double droit, lorsqu'il est prouvé qu'ils ont lieu depuis plus de trois mois. (*Ainsi décidé par la Régie , le 3 prairial an 7.*)

Il est inutile d'observer que cette décision ne peut s'appliquer qu'aux baux postérieurs à la loi du 22 frimaire an 7.

N°. 148.

Plusieurs de nos abonnés nous ont proposé les questions suivantes.

Première question.

Quels droits sont dus pour les mutations de rentes foncières et constituées? est-il dû le même droit pour ces deux espéces de rentes ?

Suivant les anciennes lois , on distinguait les rentes foncières des rentes constituées. Celles-ci se qualifiaient d'immeubles fictifs ; celles - là étaient rangées dans la classe des immeubles réels. Les premières étaient tarifées pour les mutations au droit de 4 francs par 100 les secondes au droit de 2 francs.

La législation a changé ; toutes les rentes sont déclarées rachetables ; elles ne sont plus que des capitaux placés pour une époque indéterminée.

La loi du 11 brumaire an 7, relative aux hypothèques, excepte les rentes stipulées foncières des objets susceptibles d'hypothèques, elle ne sont plus considérées comme étant de nature immobilière.

Ainsi les droits sont les mêmes pour ces deux natures de rentes ; les mutations par vente ou cession sont sujettes au même droit que les aliénations de meubles, les mutations par décès sont assujetties au même droit que les successions d'effets mobiliers. Voyez le n°. 2, §. 5 de l'art. 69, qui assujettit au droit de 2 pour 100 les cessions, transports et délégations de *rentes* indistinctement ; et le n°. 11 du §. 2, qui règle à $\frac{1}{2}$ pour 100 le droit des remboursemens et rachats des *rentes et redevances de toute nature.*

(*Ainsi décidé par la Régie, le 9 ventôse an 7.*)

N°. 149.

Deuxième question.

Dans les vérifications à faire des études des notaires, à quelle époque peut-on remonter pour exiger la communication des minutes ?

Par les précédentes lois, les préposés ne pou-

vaient exiger des officiers publics que la communication des actes passés pendant l'année , à
compter du jour où l'on en faisait la demande.
Mais les lois anciennes sont abrogées , et la loi
du 29 frimaire an 7 porte, art. 54 , que tous dépositaires de titres publics sont tenus de les communiquer aux préposés de la Régie à toutes ré-
quisitions, et de leur laisser prendre sans frais les
renseignemens, extraits et copies qui leur seront
nécessaires pour les intérêts de la République ;
il n'y a d'exceptions que pour les testamens et
autres actes de libéralité à cause de mort du vivant
des testateurs. Le législateur n'a point fixé de délai,
et nous pensons qu'on peut requérir en tout tems
la communication de tous les actes des notaires
et des greffiers , sans égard à leur date.

N°. 150.

Un créancier de la République , qui n'étant pas li-
quidé , se rend acquéreur de domaines nationaux,
et qui est tenu de donner une caution , doit-il ,
pour l'enregistrement de ce cautionnement , un
droit égal à celui qu'il a payé pour le cautionne-
ment qu'il a fourni lors de l'adjudication , ou seu-
lement le droit fixe d'un franc ?

Le cautionnement dont il s'agit , n'a point pour
objet d'assurer le prix de la vente ; il n'est exigé
qu'à raison de la déchéance qui peut avoir lieu

pour cause d'invalidité de la créance à liquider, la garantie donnée par ce cautionnement n'est qu'éventuelle, et ne présente aucune base d'évaluation ; le droit à percevoir sur ces actes était ci-devant de 3 *francs*, conformément à l'art. 2 de la sixième section de la troisième classe du tarif du 19 novembre 1790 : il est aujourd'hui *d'un franc,* suivant l'art. 68 de la nouvelle loi, §. 1er., n°. 37.

N°. 151.

Une démission de biens faite par un père à ses enfans ne peut être assimilée à une succession ouverte par décès, quant à la nature du paiement des droits d'enregistrement qui en résultent.

Jugement de cassation, du 7 messidor an 6, rendu sur le rapport du citoyen Rozier ;

Contre le citoyen Cartel, la citoyenne Thibaubeau son épouse, et consorts.

Par acte public, passé à Rouen le 6 prairial an 5, Jean Thibaudeau, homme de loi, s'est démis volontairement, en faveur de ses quatre filles, de tous ses biens immeubles réels et fictifs, et de tous ses droits tant dans les successions à lui échues que dans celles à écheoir.

Il s'est réservé son mobilier, une rente viagère de 2400 francs, le droit de prendre du bois pour son chauffage ; et il a stipulé quelques libéralités, pour avoir lieu après son décès, en faveur de deux personnes qui lui sont attachées.

Cet acte présenté à l'enregistrement, le receveur a demandé, pour les droits, une somme de 496 francs *en numéraire*. Il n'y a pas eu de contestation *sur la quotité*. Mais les adversaires ont prétendu qu'ils devaient être admis à payer avec des coupons de l'emprunt forcé, aux termes de l'art. 12 de la loi du 19 frimaire an 4, ainsi conçu :

« Les coupons pourront être remis par ceux aux nom » desquels ils auront été délivrés, *ou par leurs héritiers,* » en paiement de droits d'enregistrement dus par eux, » *pour cause de succession* en ligne directe ou col- » latérale. »

Le receveur au contraire ayant remontré que, d'après les termes mêmes de la loi invoquée, il ne pouvait recevoir les droits qu'en numéraire, les adversaires lui ont fait faire des offres réels d'une somme de 480 fr. en huit coupons de l'emprunt forcé, et de 16 francs en numéraire, et ils ont engagé une contestation devant le tribunal civil d'Ille et Vilaine, qui a accueilli leur sys-tême par son jugement du 15 messidor an 4, en se fon-dant sur ce principe de jurisprudence, que la démission est considérée *comme une succession anticipée.*

La Régie de l'enregistrement s'est pourvue en cas-sation ; voici le moyen de cassation qu'elle a proposé.

Il y a ouverture de succession, suivant l'expression de Lebrun, *lorsqu'il arrive une mort naturelle ou civile.*

Dans l'espèce il n'y a pas de succession ouverte, puisque le père des adversaires n'est pas décédé. Ce n'est donc pas le cas d'appliquer *l'art.* 12 de la loi du 19 frimaire an 4, qui parle *de succession et d'héritiers,* dénominations qui ne conviennent nullement aux parties.

A la vérité les juges de Rennes ont cherché à adapter l'article à l'espèce, en disant que la démission de biens est regardée, par les auteurs, comme une anticipation de succession, qui entraîne les mêmes effets qu'une succession véritable.

Mais il ne s'agissait pas de savoir si une démission de biens a, quant aux effets, quelque similitude avec une succession ouverte par décès ; il s'agissait d'examiner si les droits d'enregistrement sont les mêmes pour l'un et l'autre modes de transmission de biens, et si le législateur, dans l'art. 12 ci-dessus rapporté, n'a pas entendu parler uniquement des successions ouvertes par décès.

On voit, par la loi du 19 décembre 1790, et par celle du 14 thermidor an 4, que les droits d'enregistrement, pour les démissions de biens en ligne directe, sont différens de ceux fixés pour les successions ouvertes par décès. L'art. 4 de la loi du 14 thermidor établit un droit de 2 pour cent pour les démissions de biens, et l'art. 7 assujetrit les successions à un demi pour cent seulement.

La différence de ces proportions a été fondée, dans l'esprit du législateur, sur le degré de faveur des deux modes de recueillir les biens.

La succession ouverte par décès a dû être plus favorisée, comme étant plus conforme à la nature.

La démission de biens est, à la vérité, l'image d'une succession ; un père s'y dépouille d'avance en faveur de ses enfans ; il imite les opérations de la nature et celles de la loi.

Mais il y a de grandes différences entre cette sorte de succession anticipée et une succession véritable.

1°. Lors de la démission de biens, le démettant se réserve ordinairement la jouissance d'une forte partie du revenu des biens et le droit de disposer de certains objets.

2°. Il peut, d'après la disposition de presque toutes

les coutumes, révoquer la démission qu'il a faite, et anéantir ainsi la prétendue succession. Ce droit a été fondé sur ce que les démettans ont souvent lieu de se plaindre de leur dépouillement anticipé, par l'ingratitude des donataires.

Dans la seule province de Bretagne on rendait les démissions irrévocables, moins par la disposition de la coutume que par la jurisprudence ; encore des créanciers *postérieurs* à une démission non revêtue des formalités étaient-ils admis à se faire payer sur les biens abandonnés.

3°. Un démettant, en disposant de sa succession, dispose d'un effet qui n'aura d'existence qu'après sa mort ; il dispose en faveur de personnes qui meurent souvent avant lui. Les démissionnaires sont donc plutôt des donataires que *des héritiers* ; cette dernière qualité ne leur convient qu'après la mort du démettant, et il est juste sans doute qu'ils paient un droit plus fort pour la transmission actuelle de biens qu'ils auraient pu attendre long-tems par la vie prolongée du propriétaire.

4°. Dans l'ancien ordre des choses, ainsi qu'il est établi dans le dictionnaire du domaine, les droits féodaux dus pour les mutations arrivant par démissions, n'étaient exigibles qu'après la mort effective des démettans ; en effet, on ne pouvait regarder la succession comme ouverte qu'à cette époque.

Une dernière réflexion fait voir sans réplique que les démissions de biens ne peuvent recevoir l'application de l'art. 12 de la loi du 19 frimaire, c'est que cet article parle *d'héritiers* qui, *pour cause de succession*, peuvent remettre des coupons.

Or un homme vivant ne peut avoir *d'héritiers*, suivant cette maxime si connue : *viventi non est hæres.*

Les adversaires, dont le père est *vivant*, ne sont donc pas *des héritiers*; ils ne peuvent donc pas profiter d'une permission accordée *aux seuls héritiers*.

Inutilement disent-ils qu'ils jouissent par droit de succession anticipée ; il n'en est pas moins vrai que la délivrance qui leur a été faite des biens, a eu lieu contre l'ordre naturel des choses; qu'elle a eu lieu par l'effet d'une libéralité de leur père, qu'il pouvait ne pas leur accorder ; qu'enfin *ils ne sont pas des héritiers*, *puisqu'un homme vivant ne peut en avoir*.

Au surplus, il suffit que la disposition précise de l'art. 12 soit restreinte *aux successions*, ce qui veut dire successions ouvertes par décès, pour qu'il ait été interdit aux juges de Rennes de l'appliquer *aux démissions de biens*, genre de disposition absolument opposé, et que le législateur aurait nommément désigné si telle eût été sa volonté.

Tel est le moyen de cassation d'après lequel le jugement du tribunal de Rennes a été annullé, comme contenant *fausse application* de l'art. 12 de la loi du 19 frimaire an 4. Au surplus, les receveurs sont instruits que le paiemens des droits de succession ne peut aujourd'hui avoir lieu qu'en numéraire.

N°. 152.

HYPOTHÈQUES.

Le propriétaire d'un immeuble donné à ferme pour plusieurs années, peut-il faire une inscription contre son fermier pour la sûreté du prix? et dans ce cas, sur quel pied la perception doit-elle être faite ?

Toutes les créances consenties par acte notarié sont susceptibles d'hypothèques à la charge de l'inscription, il n'y a de privilégiées que celles désignées par la loi. Or, les fermages et les arrérages des prix de ferme ne sont point compris dans les priviléges dispensés de l'inscription. Il n'est donc point douteux que le propriétaire d'un immeuble donné à ferme pour plusieurs années, peut faire une inscription contre son fermier pour la sûreté du prix ; et la perception alors doit être faite sur toutes les années du bail à la déduction de celles déclarées acquittées, par la raison que le droit doit s'étendre sur tout ce qui fait l'objet de la créance, et que le propriétaire, dans l'espèce dont il s'agit, veut assurer le prix de toutes les années de fermage.

N°. 153.

PATENTES.

Première question.

Les adjudicataires des barrières pour la perception du droit de passe sont-ils tenus de prendre une patente ?

Non. La loi exempte du droit de patente les percepteurs, fermiers et adjudicataires des contributions ; elle exempte par là même les adjudicataires des barrières pour la perception du droit de passe.

(*Ainsi décidé par le Ministre, le 22 floréal an 7.*)

N°. 154.

Deuxième question.

Dans quelle classe du tarif des droits de patentes doit-on placer les marchands commissionnaires de grains ?

Les avis ont été partagés sur ce point. Les uns voulaient les ranger dans la première classe, d'autres dans la troisième.

Pour résoudre cette question, il est des observations à faire.

Le tarif annexé à la loi du 6 fructidor an 4, qui a servi de règle à la perception du droit de patentes en l'an 5 et l'an 6, avait placé les commissionnaires de marchandises à la deuxième classe, tandis que les négocians et marchands en gros étaient à la première.

Il est résulté de cette disposition de la loi, que beaucoup d'individus qui faisaient un commerce considérable par commission n'ont pris que la patente de commissionnaires de marchandises, au lieu de celle de négocians ou marchands en gros. Pour faire cesser cet abus, la loi du 1er brumaire an 7 a placé à la première classe les commissionnaires de marchandises ainsi que les marchands en gros.

Mais par une disposition particulière de cette loi, les marchands de grains ont été rangés à la troisième classe ; et l'on ne peut pas douter que cette disposition ne soit applicable aux marchands en gros ; sans cela, le détaillant qui ne vend qu'à petite mesure se trouverait à la troisième classe, tandis que le blatier, qui vend à la somme, ne serait que de la cinquième. Il a donc été décidé que les marchands en gros de grains et de farines ne doivent que le droit de troisième classe, et les détaillans assimilés aux grainiers, celui de la sixième.

Par une suite nécessaire, et d'après le vœu de la loi du 1er. brumaire, de faire payer aux commissionnaires de marchandises le même droit qu'aux négocians et marchands en gros, ceux qui font le commerce des grains et farines par commission ne doivent être assujettis, ainsi que les marchands en gros de ces denrées, qu'au droit de troisième classe. (*Décidé par le Ministre des finances, le* 22 *floréal an* 7.)

N°. 155.

COMPTABILITÉ.

FRAIS DE PRISON.

Les Administrations de département peuvent-elles tirer des mandats pour le paiement des frais de prison, et appliquer les dépenses sans distinction du crédit sur lequel elles sont assignées ?

Non L'ordre de la comptabilité établi par la constitution, et réglé par l'arrêté du Directoire exécutif, du 21 messidor an 5, ne permet pas de transporter les dépenses et le crédit d'un exercice à l'autre ; le paiement des dépenses imputables sur les crédits accordés au Ministre, sans distinction, doit être préalablement autorisé par la trésorerie ; et dans aucun cas, sous quelque prétexte que ce soit, les préposés de la Régie ne doivent déférer à aucun ordre particulier qui contrarierait l'ordre général établi pour régulariser la comptabilité.

(*C'est ainsi que le Ministre l'a décidé le 4 de ce mois.*)

A V I S.

Nous nous appercevons qu'induits en erreur, plusieurs de nos abonnés et dépositaires ont pensé que le prix de notre ouvrage sur l'enregistrement était de six francs chaque volume. Notre intention n'a jamais été de le porter à ce prix ; il est fixé à six francs les deux volumes ; et, conformément à nos engagemens, nous le livrons à 3 francs à nos abonnés. Nous adresserons le second volume dans les premiers jours du mois prochain.

INSTRUCTIONS

DÉCADAIRES,

*Sur l'Enregistrement , Droits y réunis ,
et Domaines nationaux.*

Rédigées par une Société d'Employés supérieurs
de la Régie de l'Enregistrement et du Domaine
national.

Du 1ᵉʳ. messider an 7 de la République.

Nᵒ. 22.

Nᵒ. 156.

ENREGISTREMENT.

*Quels sont les droits dûs pour l'enregistrement des
baux emphytéotiques ?*

La loi du 22 frimaire an 7 n'a point spécia-
lement désigné ces sortes de baux ; son silence
a donné carrière à l'opinion , et les avis ont été
partagés.

Les uns ont pensé que les baux emphytéotiques

Y

sont sujets au droit de 4 francs pour 100, et voici les moyens dont ils s'appuient.

Si la loi, disent-ils, n'a pas nommément tarifé les baux emphytéotiques, elle a suffisamment indiqué la classe à laquelle ils appartiennent.

Elle dit à l'art. 69, paragraphe 3, numéro 2 : *sont sujets aux droits d'un franc par cent francs les baux à ferme ou à loyer d'une seule année ; ceux faits pour deux années, le droit sera perçu sur le prix cumulé de deux années ; ceux d'un plus long tems, pourvu que leur durée soit limitée, le droit sera également perçu sur le prix cumulé, savoir, pour les deux premières années, à raison d'un franc par 100 francs, et pour les autres années sur le pied de 25 centimes par 100 francs.*

Elle ajoute au même article, paragraphe 7 : « sont sujets au droit de 4 fr. par 100 les adju-
» dications, ventes, cessions, etc., et tous au-
» tres actes civils ou judiciaires translatifs de
» propriété ou d'usufruit de biens immeubles
» à titre onéreux ; les baux à rentes perpétuelles
» de biens immeubles, ceux à vie, et ceux dont
» la durée est illimitée ».

Auquel de ces deux paragraphes peut-on appliquer les baux emphytéotiques ? Pour le décider sûrement, il suffit de connaître ce qu'on entend par ces baux.

Un bail emphytéotique est celui qui est fait pour

ün temps au-dessus de 9 ans et au-dessous de 100 ans, moyennant une prestation ou une redevance annuelle, et à la charge d'améliorer l'immeuble. Il emporte aliénation d'usufruit, et ne laisse au bailleur que la nue propriété. Il est interdit aux mineurs, aux femmes, et à toutes les personnes à qui la loi n'accorde que la faculté d'adminis- trer leurs biens. Il était précédemment sujet au droit de centième denier, lorsqu'il excédait 29 ans. Il devenait *propre* pendant sa durée dans la famille de l'emphytéote ; celui-ci est tenu d'ac- quitter les contributions publiques ; il a tous les droits utiles de la propriété.

Le bail emphythéotique n'est donc pas un simple bail à ferme qui n'embrasse dans ses effets qu'une simple jouissance, et soumet à des con- ditions d'entretien annuel ; c'est un acte qui confère une disposition absolue de la propriété utile ; c'est un acte translatif *d'usufruit*, soumis au droit d'enregistrement de 4 pour 100, comme le porte le parag. 7 de l'art. 69 ci-dessus cité.

Le mot bail est le mot générique ; ce sont ses clauses qui déterminent sa nature. L'emphytéose ne ressemble pas plus à un bail à ferme ou à loyer, qu'un bail à rente ou à vie ; il en diffère essentiellement par sa nature et ses effets. On ne peut donc pas lui appliquer le parag. 3, qui ne parle que des baux à ferme ou à loyer.

Les baux à vie sont sujets au droit de 4 pour

100; ne serait-il pas dérisoire que le droit pour un bail de 99 ans fût moindre que celui pour un bail dont la durée est limitée à la vie de l'homme?

Les baux emphytéotiques ne doivent donc pas être rangés dans les actes désignés par le parag. 3 , mais dans ceux que rappelle le parag. 7. Ils sont sujets au droit de 4 pour 100.

L'opinion contraire est appuyée sur des motifs plus puissans.

1°. L'emphytéose emporte aliénation, cela est vrai , mais de la jouissance seulement, et non point de la propriété directe : le bailleur est toujours propriétaire. Elle emporte aliénation , mais ce n'est qu'à la charge d'améliorer. Déjà cette première considération indique qu'il serait injuste de la ranger dans la même classe que les aliénations d'immeubles.

Mais de ce qu'elle emporte aliénation, il n'est pas rigoureusement vrai qu'elle soit sujette au droit de 4 pour 100. Les donations en directe et les échanges emportent aussi aliénation : sont-ils pour cela sujets au droit de 4 pour 100?

Il est des considérations morales qui guident le législateur dans la fixation des droits sur les actes de la société. Tous ceux qui tendent à encourager l'agriculture ont des droits à une exception; et qui peut plus la réclamer que les baux à longues années? Cette vérité était connue même dans l'ancien régime.

Des arrêts du conseil , notamment celui du
2 janvier 1775, avaient permis de faire des baux
au-dessus de 9 ans jusqu'à 29 inclusivement, sans
que le preneur fût tenu d'acquitter le droit de
centième denier ; pourquoi cette exception ne
pourrait-elle pas s'étendre à tous les baux emphytéotiques? Le bien de l'agriculture l'exige
autant pour les baux de 99 ans , que pour ceux
de 29 années. Aussi ce que le législateur a pu
faire, il l'a fait. Il ne connaît plus que trois sortes
de baux ; ceux dont la durée est limitée , ceux à
rente perpétuelle et ceux à vie. Le droit de 4
pour 100 n'est dû que pour les deux dernières
espèces de baux.

Avant la loi du 22 frimaire an 7, celle du 6
octobre 1791 avait déjà consacré ces principes ;
elle porte, art. 1er., première section , titre
premier, *que la durée et les clauses des baux de*
campagne sont purement conventionnelles. Il résulte
de cette première observation , que les baux
emphytéotiques n'emportent aliénation que de
la jouissance de l'immeuble, et cette aliénation
ne suffit pas pour les soumettre au droit de 4 fr.
pour 100.

2°. L'emphytéote payait le centième denier ;
que conclure de là? Le centième denier se payait
non-seulement pour toutes les mutations , mais
même pour les jouissances d'immeubles au-dessus

de 9 ans. Son objet principal était de donner connaissance aux seigneurs des changemens de pos-
sesseurs , *et faire courir le tems du retrait*. Il est
supprimé ; la jurisprudence est changée , et l'assujétissement au centième denier ne prouve rien
dans ce cas en faveur du droit de 4 fr. pour 100.

Il acquitte les impositions, c'est-à-dire que,
sans une clause contraire, le preneur en est
chargé ; mais cela ne prouve pas que l'emphytéote réunisse la propriété directe et utile. Il n'a
que la jouissance de l'immeuble et une jouissance limitée. D'ailleurs , ce sont les fruits du
bien qui doivent l'impôt; et comme l'emphytéote doit les recueillir pendant long-tems, il
paraît naturel qu'il le paye, et cette charge ne
l'oblige pas plus au droit de 4 pour 100 que le
preneur à ferme ou à loyer qui s'est soumis à
acquitter l'imposition.

3°. Le bail à vie est à la vérité assujéti au droit
de 4 pour 100; mais quelle différence entre le
bail à vie et l'emphytéose? Le premier n'est point
limité , ou du moins sa durée n'est point déterminée ; le second est limité. Le premier ne présente aucun motif de faveur, aucun objet d'amé-
lioration ; il n'a aucun droit à l'exemption; il
n'est que l'acte d'un citoyen qui veut augmenter
ses jouissances. Le bail emphytéotique est favo-
rable à l'agriculture; tout réclame pour lui la faveur de la loi. Ces deux espèces de baux n'ont

donc rien de commun ; et de ce que l'un est sujet
au droit de 4 fr. pour 100, il ne s'ensuit pas que
l'autre doive y être également assujéti.

4°. Si les baux emphytéotiques étaient assujétis
au droit de 4 fr. pour 100, il en résulterait que
la loi du 22 frimaire an 7, qui les favorise, les
imposerait beaucoup plus haut que les anciennes
lois ; car le tarif de 1722 ne les taxait qu'au
double du droit des baux ordinaires.

Il y a mieux. En adoptant l'opinion qui veut
soumettre au droit de 4 fr. pour 100 les baux
emphytéotiques, on ne peut que faire une perception irrégulière et injuste.

Comment en effet va-t-on opérer pour la liquider ? Formera-t-on un capital de vingt fois le
prix annuel ? Ce mode ne doit avoir lieu que
pour les baux à rente, avec lesquels les baux
emphytéotiques n'ont rien de commun. D'ailleurs, les baux emphytéotiques ne sont point
tous de 99 ans, puisqu'on les définit des baux
au-dessus de 9 et au-dessous de 100 ans. Donc
si vous adoptez cette base pour un bail de 10 ans,
comme pour celui de 99, la perception sera
évidemment trop faible pour les uns, et excessive
pour les autres.

Si pour capitaliser, on prend une autre base,
à quel point s'arrêtera-t-on ? De quelque manière que l'on procède, on ne peut que s'exposer
à être injuste.

Enfin la loi du 22 frimaire ne distingue que trois sortes de baux d'immeubles , les baux limités et ceux à vie ou à perpétuité. Les baux emphytéotiques ne sont point des baux à vie, ils ne sont point des baux à perpétuité ; ils ne peuvent donc être rangés que dans la classe des baux limités ; on ne peut pas étendre les dispositions de la loi.

Les baux emphytéotiques doivent donc être tarifés , comme le sont tous ceux portés au parag. 3 de l'art. 69 de la loi.

(*Ainsi décidé par la régie, le 14 prairial an 7*).

N°. 157.

Un particulier vend un immeuble moyennant une somme , pour paiement de laquelle l'acquéreur lui vend un autre immeuble de même valeur, mais avec la faculté de pouvoir le reprendre dans l'espace de cinq ans , en remboursant ladite somme. Doit-on considérer cet acte comme un échange, ou comme une seule vente, ou comme une double aliénation ?

1°. Ce n'est point un échange. En effet, l'échange est un contrat par lequel un particulier abandonne à un autre la propriété d'un meuble ou d'un immeuble, au moyen de ce que celui-ci lui cède , immédiatement et aux mêmes conditions , d'autres biens-meubles ou immeubles. Or, dans le cas dont il s'agit, les contractans n'abandonnent point leur bien aux mêmes conditions. Le vendeur aliène irrévocablement ;

l'acquéreur ne vend que conditionnellement. Ce n'est donc point un échange. D'ailleurs l'acquéreut peut, dès le lendemain du contrat, exercer la faculté du rachat réservé ; alors l'abandon fait par le vendeur serait sans contredit une vente sujette au droit de 4 fr. par 100 fr. Il est donc contre tous les principes de n'assujétir cet acte qu'au droit de 2 f. par 100 f. comme un échange.

2°. On ne peut point non plus considérer cet acte comme une seule vente. En effet, le vendeur et l'acquéreur aliènent réellement leur bien ; ce sont des mutations distinctes et indépendantes l'une de l'autre ; ce sont deux ventes séparées et passibles chacune du droit de 4 fr. par 100 fr.

(*Décidé par la régie, le* 19 *prairial an* 7).

Cependant, si la mutation eût été absolue et parfaite de part et d'autre sans aucune réserve, l'acte ayant alors le caractère d'un échange, le droit serait dû comme tel, parce que ce n'est point la dénomination que les parties donnent à l'acte qui règle la perception, ce sont ses effets. Telle est notre opinion ; telle eût été sans doute celle de la régie.

N°. 158.

Comment doit-on liquider les droits du cautionnement d'un bail à ferme ou à loyer?

Les cautionnemens et garanties mobilières

sont assujétis au droit de 5o cent. par 100 fr.,
par le n°. 8 , parag. 2 de l'art. 69 de la loi du 22
frimaire an 7. Ce droit doit en être perçu indépendamment de celui de la disposition qu'il a
pour objet, mais sans pouvoir l'excéder. Ceux
dont il s'agit sont donc sujets au droit; mais sur
quelle somme le liquider ? Ils sont la garantie de
l'exécution des clauses des baux, et notamment
du paiement du prix convenu pendant toute leur
durée. Il est donc juste de cumuler le prix de
toutes les années pour la perception du droit
comme pour celle du droit de bail, et c'est le
vœu de la loi. Cependant le droit ne peut, dans
aucun cas, excéder le droit du bail.

(*Ainsi décidé par la régie* , *le* 19 *prairial an* 7).

N°. 159.

Les notifications de cédules pour délits dont les con-
damnations peuvent ne pas excéder 25 *francs, sont-*
elles sujettes au droit d'enregistrement?

La loi du 22 frimaire an 7 comprend, art. 70,
parag. 2, n°. 2, dans l'énumération des actes à
enregistrer *gratis* les exploits , commandemens ,
significations , sommations , établissement de
garnison , saisies-arrêts et autres actes, tant en
action qu'en défense, ayant pour objet le recouvrement des contributions directes et indirectes,
et toutes autres sommes dues à la république, à

quelque titre et pour quelque objet que ce soit, même des contributions locales, lorsqu'il s'agira des actes de 25 fr. et au-dessous, ou de droits et créances non excédant au total la somme de 25 f. Ces dispositions générales ont paru à quelques personnes devoir s'étendre aux notifications des cédules pour délits qui n'entraîneraient pas une condamnation à plus de 25 fr. Ces exploits, disaient-ils, ont pour objet un recouvrement de sommes dues à république, donc ils sont exceptés. Cette opinion n'est pas fondée. Il n'est nullement question, dans les citations pour délits, de recouvrement de contributions, droits ni créances; leur objet est de faire condamner les délinquans à une peine dont les lois ne déterminent le plus souvent que le *minimum* et le *maximum*, et il n'est pas certain que l'amende soit prononcée. Jusqu'à la condamnation il n'est dû aucune somme à la république. On ne peut donc appliquer aux exploits dont l'objet est de faire prononcer cette condamnation, une disposition qui concerne uniquement ceux faits pour le recouvrement des sommes dues à la république. Tarifés au droit fixe d'un franc, ils doivent être enregistrés en débet pour le recouvrement en être fait sur les condamnés, avec le montant des amendes prononcées contre eux.

(*Ainsi décidé par la régie, le* 19 *prairial an* 7).

N°. 160.

*L'abandonnement de conquêts de la communauté fait
à une femme pour lui tenir lieu de remploi de sa
dot et de ses propres aliénés, donne-t-il ouverture
au droit proportionnel de 4 francs par 100?*

Pour résoudre cette question, il faut distinguer si la femme a, ou non, renoncé à la communauté. Dans le premier cas, il n'y a plus de
partage à faire; tous les effets de la communauté
appartenant privativement au mari ou à ses héritiers, la femme devient, par sa renonciation,
absolument étrangère aux acquets faits pendant
le mariage, et elle n'a qu'une créance mobilière
à exercer pour le montant de ses reprises. Si,
pour lui en tenir lieu, on lui abandonne des
conquets de la communauté, il est constant que
dans ce cas il y a transmission d'immeubles,
pour raison de laquelle il est dû le droit proportionnel de 4 pour 100.

Dans le second cas, c'est-à-dire dans celui où
il n'a pas été renoncé à la communauté, l'abandon fait à la femme pour lui tenir lieu du montant de ses reprises, d'une partie des effets de la
communauté, s'opère par délibération ou par
distraction sur la masse des biens de la communauté, avant qu'elle soit partagée. Ce prélève-
ment sur la masse doit avoir lieu par la femme
ou ses héritiers, sur les meilleurs effets à leur

choix. C'est sous cette condition du droit civil que la communauté est contractée ; l'abandonnement à titre de reprise n'est donc point une cession, une vente, une licitation, mais un simple assignat déclaratif et non translatif de propriété, un partage en un mot. Ainsi le remploi, soit qu'il consiste en meubles ou en immeubles dépendans de la communauté, qu'il ait lieu en faveur de la femme ou de ses héritiers, ne donne ouverture qu'au droit fixe de 3 fr., s'il est fait par acte particulier. Il n'opère même aucun droit lorsqu'il s'effectue par l'acte de partage de tous les effets de la communauté.

Lorsque la femme reçoit, comme dans l'espèce qui nous a été proposée, des immeubles au-delà du montant de ses reprises, et qu'elle s'oblige de payer l'excédant, il est dû sur cet excédant le droit de 4 fr. par 100, comme soulte de partage.

N°. 161.

La quittance de partie ou de la totalité du prix d'un bail à ferme ou à loyer, donne-t-elle ouverture à un droit particulier, lorsqu'elle se trouve exprimée dans le même acte ?

La négative ne paraît pas douteuse ; elle est démontrée par l'art. 10 de la loi du 22 frimaire an 7, qui porte que, dans le cas de transmission de biens, la quittance donnée ou l'obligation consentie par le même acte, pour tout ou partie

du prix entre les contractans, ne peut être sujette à un droit particulier d'enregistrement.

Les baux à ferme ou à loyer sont des actes
translatifs de jouissance, et comme tels soumis
au droit proportionnel. L'art. 13 de la même loi
autorise à demander le paiement des droits résultant de ces sortes d'actes, sur les indices qui
en font présumer ou connaître l'existence. Ils ne
peuvent avoir lieu que moyennant un prix. Cette
condition est essentiellement inhérente à ces
actes.

Nous regardons d'après cela comme certain
que la quittance d'un prix de bail ne donne ouverture à aucun droit particulier, lorsqu'elle se
trouve exprimée dans l'acte même. Il n'en serait
pas ainsi si la quittance était donnée séparément.

Nº. 162.

AMENDES.

Peut-on recevoir le montant d'une amende, lorsqu'il
n'y a pas eu de jugement de condamnation?

Il arrive souvent que les commissaires du directoire, ou les greffiers des juges-de-paix, pour
éviter aux citoyens qui ont contrevenu à un réglement de police, des frais de jugement et de
condamnation, font payer et reçoivent le montant des amendes, pour le verser ensuite dans la
caisse des préposés de la régie.

C'est un abus. Les amendes, à la vérité, sont

encourues par le fait seul de l'infraction à la loi,
mais on ne peut ni on ne doit en exiger le paiement avant qu'elles aient été prononcées par
l'autorité judiciaire ; il doit exister préalablement
un jugement qui déclare l'amende acquise au
trésor public. C'est pour cette raison que, consulté par un commissaire du directoire qui avait
ainsi fait payer des amendes, et qui se plaignait
qu'un receveur refusât de les recevoir, le ministre des finances décida, le 22 floréal, non-
seulement que le receveur était fondé dans son
refus, mais que le commissaire devait en restituer le montant aux particuliers qui les avaient
acquittées, sauf à les poursuivre pour raison des
contraventions qui peuvent leur être reprochées.

N°. 163.

*Lorsque plusieurs co-héritiers ont été cités au bureau
de conciliation, et qu'un seul s'est présenté en dé-
clarant qu'il agissait pour tous, mais sans justifier
d'un pouvoir ad hoc, les autres doivent-ils être condamnés en l'amende faute de comparution ?*

Les lois ne se sont pas expliquées sur ce cas
particulier ; on ne doit pas en étendre les dispositions.

L'amende n'est due que pour le défaut de
comparution. Or, on ne peut point dire que les
co-héritiers dont il s'agit, ont refusé de comparaître, puisque l'un d'eux, leur débiteur soli-

daire, a satisfait pour eux tous à la citation. On ne peut leur reprocher autre chose, si ce n'est qu'ils ne se sont point fait suffisammement représenter pour discuter leurs intérêts, ce qui est absolument étranger à la cause pour laquelle l'amende est encourue. L'amende n'est donc point due dans le cas dont il s'agit.

(Décision du ministre des finances, du 12 prairial an 7).

E R R A T A.

Journal du 21 prairial, N°. 20, *page* 306, *ligne* 21 *au lieu de* mourant, *lisez* meurent.

INSTRUCTIONS

DÉCADAIRES,

Sur l'Enregistrement, Droits y réunis, e i Domaines nationaux.

Rédigées par une Société d'Employés supérieurs de la Régie de l'Enregistrement et du Domaine national.

N°. 23.

N°. 164.

ENREGISTREMENT.

Quel est le droit d'enregistrement à percevoir sur une transaction portant réduction en numéraire, conformément à la loi du 16 nivôse an 6, des sommes dues en vertu d'actes passés dans le temps du papier-monnoie, lorsque les sommes réduites de gré à gré par les parties excédent celles qui résulteraient de la réduction, d'après l'échelle de dépréciation.

Le droit est d'un franc, conformément à l'art. 22 de la loi du 27 thermidor an 6, pourvu cependan

Z

que les sommes réduites n'excèdent pas la valeur intrinsèque de l'objet.

Pour donner à cette question tout le développement dont elle a besoin , nous allons exposer les faits qui l'ont fait naître.

Le 12 floréal an 3, un particulier acheta une maison moyennant 200,000 fr., dont 160,000 fr. payés comptant, et 40,000 fr. payables au 12 floréal an 9, sans pouvoir avancer cette époque.

L'acte fut porté à l'enregistrement, et les droits réglés suivant les lois alors en vigueur, et perçus en papier monnoie sur la somme entière.

Le papier-monnoie ayant cessé d'avoir cours, il était nécessaire de régler de quelle manière seraient réduites en numéraire les obligations contractées pendant la dépréciation des assignats ou des mandats. C'est ce qu'a fait le corps législatif par la loi du 16 nivôse an 6.

En exécution de cette loi, le vendeur et l'acquéreur transigèrent, et convinrent, par acte du 9 germinal an 6 , de réduire à 16,000 francs les 40,000 f. qui ne devaient être payés qu'au 12 floréal an 9. Le paiement en a été fait sur ce pied. Le second acte est présenté à l'enregistrement : le receveur consulte l'échelle de dépréciation ; et voyant que 40,000 fr. assignats ne représentaient à l'époque du 12 floréal an 3, date du contrat de vente, qu'une somme de 4,000 f. en numéraire,

il conclut que puisque l'acquéreur, au lieu de
payer ces 4,000 fr., avait consenti d'acquitter
16,000 fr., il y avait une augmentation de prix
de 12,000 francs, et il a exigé un droit de 4 fr.
pour cent pour ce supplément.

Le redevable a réclamé ; la réclamation a été
accueillie, et la perception jugée irrégulière. Voici
les motifs sur lesquels est appuyée cette décision.

Rien ne prouve qu'il y ait eu simulation de prix
dans le contrat du 12 floréal an 3 ; et comme la
fraude ne se présume pas, la perception des
droits faite sur 200,000 fr., au taux réglé par
le tarif, a été régulière et légale, tout est con-
sommé à cet égard.

L'acte du 9 germinal an 6 ne peut donner ouverture au droit de 4 pour cent sur 12,000 francs
qu'autant qu'il contiendrait un supplément de
prix. Or, il n'y a dans cet acte, ni supplément de
prix, ni addition à celui stipulé par le contrat de
vente, c'est une simple conversion des 40,000 f.
stipulés en assignats et non encore acquittés, en
une somme de 16,000 francs en numéraire.

Dans quel cas y a-t-il supplément de prix ?
C'est lorsqu'un acquéreur, pour faire ratifier une
vente qui est susceptible d'être attaquée, donne
une somme au-dessus de celle qui formait le prix
originaire ; mais dans l'espèce on ne voit que la
liquidation nécessaire d'un restant de prix stipulé

en monnoie qui n'a plus cours, et sa conversion
en numéraire. Cette liquidation pure et simple
n'ajoute rien au prix convenu dans le premier
contrat ; et cela est si vrai, que la loi du 6 nivôse,
en exécution de laquelle a été faite la liquidation
dont il s'agit, réserve aux vendeurs leurs actions
provenantes de la lésion d'outre-moitié et de toute
autre cause.

Cette décision a trouvé des opposans. Les
40,000 f., disent-ils, ne doivent produire, suivant la loi du 16 nivôse an 6, que 4.000 fr. ;
les 12,000 fr. qui excèdent sont donc une véritable augmentation de prix.

Il n'est pas démontré que, d'après la loi du
16 nivôse, les 40,000 f. restant dus, ne doivent
rendre que 4,000 fr. en numéraire. En effet,
1°, l'art. 2 de cette loi porte que les sommes dues à
raison de vente d'immeubles, faites depuis le 1er.
Janvier 1791 jusqu'à la publication de la loi du
29 messidor an 5, seront acquittées en entier en
numéraire métallique, si l'acquéreur préfère au
mode de réduction ordonné par les articles suivans, de s'en tenir aux clauses de son contrat ;
il en résulte que, dans l'espèce, l'acquéreur aurait pu payer 40,000 f. en numéraire, et cependant n'acquitter que ce qu'il aurait dû sur le prix
stipulé par la vente du mois de floréal en 3 ; si
dans ce paiement de 40,000 fr. il n'y avait pas

de supplément de prix, à plus forte raison n'y en a-t-il pas dans celui de 16,000 francs.

2°. L'art. 3 de la loi laisse aux vendeurs et acquéreurs la faculté de faire eux-mêmes la réduction des sommes restantes à payer ; elle ne fixe donc pas le taux de la réduction.

3°. Enfin, dans le cas où les parties ne pourraient pas s'accorder, la loi prescrit elle-même le mode de réduction qui doit être suivi ; elle veut qu'il soit fait par experts une estimation de l'immeuble vendu ; les parties n'étaient donc point tenues de fixer, d'après l'échelle, à 4,000 francs en numéraire le restant du prix d'une vente qui, en cas de contestation, aurait dû être établie d'après une expertise. On ne peut point appliquer aux réductions de sommes dues pour vente d'immeubles, une règle qui n'est faite que pour les obligations d'une autre nature.

D'après tous ces développemens, il est évident que dans la transaction du 7 germinal an 6, l'on ne trouve pas un supplément de prix de 12,000 f., et que l'on ne doit pas exiger un droit de 4 pour cent sur ladite somme.

On oppose que dans le contrat de floréal an 3 il y a eu simulation de prix ; car enfin les parties, en remettant à l'an 9 le paiement des 40,000 fr. restans, ont entendu qu'ils seraient acquittés en numéraire ; et les lois veulent que lorsque les prix auront été stipulés en numéraire, ou en valeur de 1790, les droits seront perçus en numéraire ou en assignats au cours.

1°. Ce n'est point sur des hypothèses que les droits se perçoivent, et les parties ont si peu entendu que les 40,000 fr. restans seraient payés en numéraire, qu'ils les ont réduits à 16,000 f.

2°. Les lois que l'on cite sont postérieures à l'acte du 12 floréal an 3; elles ne sont point applicables à l'espèce, et le prix n'a pas été stipulé dans une valeur différente de celle qui avait cours alors.

Mais, ajoute-t-on, les 200,000 fr. ne valaient que 20,000 francs au 12 floréal; l'acquéreur, en payant comptant 160,000 francs, n'a payé que 16,000 francs en numéraire, par l'acte du 9 germinal an 6, il a encore donné 16,000 francs; il a donc payé 12,000 fr. au-delà du prix convenu; il n'y aurait donc point de proportion entre la somme payée et le droit, si l'on n'en exigeoit pas un nouveau de 4 pour cent sur 12,000 fr.

Cette objection n'est pas solide; elle suppose que pour connaître le véritable prix des ventes stipulées en assignats, et en régler les droits, il faut consulter la valeur qu'avaient les assignats en numéraire au moment des actes et des paiemens, et prendre cette valeur pour base; mais cette manière d'opérer est si peu commandée par la loi, qu'elle prescrit dans ce cas l'expertise.

Quand un prix de vente a été stipulé dans la monnoie qui a cours, le droit ne peut être qu'une quotité proportionnelle de ce prix; et s'il est payé dans la même monnoie au terme fixé par la loi, le redevable est libéré; quelque variation qu'éprouve ensuite le signe monétaire. Sans cela, aucune perception faite durant la dépréciation du papier-monnoie ne serait régulière; car les assignats avaient déjà diminué de valeur comparative au moment où les actes étaient présentés à l'enregistrement, et il n'y aurait jamais eu de proportion parfaite entre les droits et le prix convenu.

Supposons une vente faite moyennant 100,000 f. assignats, payables trois mois après la date du contrat, et qu'au moment de la passation de l'acte les assignats représentaient en numéraire 50,000 f. tandis qu'à l'expiration des trois mois ils ne représentaient plus que 30,000 fr., les parties seraient-elles fondées à tenir ce langage? Nous avons payé quatre pour cent sur 50,000 fr. en numéraire, cependant le prix réel de notre contrat n'est que de 30,000 fr., puisque moi acquéreur je n'ai payé que cette somme, et que moi vendeur je n'ai pas reçu davantage, donc vous devez me rendre le droit perçu sur 20,000 francs.

Sans doute que les parties ne seraient point accueillies dans cette demande. Les mêmes raisons militent dans le cas dont il s'agit.

Z 4

Il demeure donc certain que le droit d'enregistrement à percevoir sur les réductions faites
conformément à la loi du 16 nivôse, ne doit être
que d'un franc.

La jurisprudence actuelle est conforme à ce
principe ; car les tribunaux des départemens de
la Seine, du Rhône et de Seine et Oise ont ordonné la restitution des droits perçus sur des liquidations semblables à celle dont il s'agit ; c'est
pourquoi le Ministre des finances, consulté sur
cette question, a approuvé, le 6 floréal, la décision de la Régie.

N°. 165.

*Les cautionnemens fournis en exécution de l'arrêté
du Directoire du 9 thermidor an 5, pour garantir
la nationalité des navires neutralisés, sont-ils sujets
au timbre et à l'enregistrement ?*

Un arrêté du directoire exécutif, du 9 thermidor an 5, porte que les navires de commerce
français provenant des prises, pourront naviguer
sous pavillon neutre, d'après les permissions que
les Ministres de la marine et des colonies sont
autorisés à signer, et qu'il sera exigé des arma-
teurs qui les auront obtenus un cautionnement
de la valeur du navire neutralisé, pour garantir
qu'à la paix il sera établi sous pavillon national.
Cet arrêté, qui n'a point été imprimé, porte qu'il

ne lui sera donné de publicité qu'autant que la mesure qu'il ordonne l'exigera.

Ces cautionnemens peuvent faire titre contre la caution, ou être produits pour obligation. Il n'y a point de doute qu'ils doivent être rangés dans la classe de ceux assujétis au timbre par l'art. 12 de la loi du 13 brumaire an 7 ; mais la seconde question semblait offrir quelques difficultés. 1°. Ces actes doivent être secrets ; 2°. ils ont pour objet une mesure de police, et tendent à favoriser les intérêts du commerce ; ils semblent devoir être compris au nombre des actes d'administration publique exemptés de la formalité de l'enregistrement.

Cependant il faut distinguer si ces actes sont passés devant notaire ou autres officiers publics, ou s'ils sont rédigés sous signature privée : dans le premier cas, l'enregistrement ne leur donnerait pas une plus grande publicité, puisque les registres ne peuvent être communiqués à personne, et qu'il n'en est délivré des extraits qu'en vertu d'une ordonnance du juge-de-paix ou aux parties contractantes. Il n'y a donc aucun motif pour s'écarter, relativement aux cautionnemens ainsi passés, des obligations imposées par la loi du 22 frimaire dernier, aux officiers publics qui les auraient rédigés.

Lorsque ces actes sont rédigés sous signature privée, et remis aux commissaires ordonnateurs, cette remise peut sans difficulté se faire sans que ces actes soient enregistrés. Mais si par la suite le gouvernement était dans le cas d'en faire usage , soit par acte public, soit en justice, ou devant toute autre autorité constituée , il serait indispensable , aux termes de l'article 23 de la loi précitée , de les faire enregistrer.

Mais comme dans ce cas , il ne serait pas naturel que les agens de la marine fissent l'avance des droits, ils requerraient la formalité en débet, sauf aux préposés de l'enregistrement à suivre la rentrée des droits sur les parties condamnées, conformément au premier paragraphe de l'art. 70 de la même loi pour les actes à la requête du commissaire du Directoire.

(Décision du Ministre des finances du 22 prairial an 7.)

N° 166.

Une femme a deux enfans ; l'un d'un premier , l'autre d'un second mariage : elle meurt ; et après elle , l'enfant du second lit.

On demande 1°. *Si la succession de cet enfant appartient en totalité au fils du premier lit, comme frère utérin; ou si celui-ci doit la partager avec le père du décédé?*

2°. *Quel est le droit exigible pour cette succession?*

Le rapprochement des dispositions de la loi

du 17 nivôse an 2 fournit la solution de cette question.

L'art. 83 est ainsi conçu , « Si les héritiers du
» défunt descendent les uns de son père , les
» autres de sa mère , une moitié de la succession
» sera attribuée aux héritiers paternels et l'autre
» moitié aux héritiers maternels ».

L'art. 69 s'exprime ainsi : « Si le défunt n'a
» laissé ni descendans , ni frère ou sœur, ni des
» cendans de frère ou de sœur , ses père et
» mère , ou le survivant d'eux lui succèdent ».

La loi établit donc en principe général que
toute succession se divise en deux parts , formant les lignes paternelle et maternelle. Le frère
utérin a sans doute tout droit à la moitié maternelle; mais il est étranger à la ligne paternelle.

Il ne peut point y succéder dans ce cas-ci ,
puisque le père du défunt existe , et que pour
pouvoir y prétendre, il faudrait qu'il n'y eût ni descendans, ni ascendans, ni collatéraux du décédé.

L'art. 51 de la loi du 22 ventôse an 2 , expli-
cative de celle du 17 nivôse , décide la question
dans ce sens.

Ainsi la succession dont il s'agit appartient moitié au frère utérin , et moitié au père du décédé.

Le droit est dû , en conséquence , à raison de
5 pour 100 sur la moitié , comme pour une
succession collatérale, et d'un pour cent sur l'autre moitié , comme succession directe.

N°. 167.

CONTRAT DE MARIAGE.

Une donation faite au futur dans son contrat de mariage, par son père, opère-t-elle le droit d'enregistrement sur la propriété ou sur la jouissance?

L'article 69, § 6, n°. 2 de la loi du 22 frimaire an 7, ne peut laisser aucun doute sur cette question ; il fixe à un franc 25 centimes par cent francs le droit de ces sortes de donations sur la valeur entière des biens transmis.

On oppose à ce principe la loi du 17 nivôse an 2, qui abroge tous avantages par les pères et mères à leurs enfans, qui doivent partager leurs successions également, et on conclut qu'on ne peut regarder une donation en avancement d'hoirie au profit des futurs comme une transmission de propriété ; puisqu'après le décès des pères et mères, les biens doivent être rapportés à la masse de la succession pour en faire le partage par égalité, et qu'il n'y a conséquemment qu'une transmission de jouissance jusqu'au décès des donateurs, passible seulement du droit d'un franc 25 centimes sur la moitié de la valeur entière des biens donnés.

Cette objection est plus spécieuse que solide. Indépendamment de ce que la loi sur l'enregistrement a fixé d'une manière précise la quotité du droit à percevoir, c'est que les donations dont il s'agit, quoique sujettes à rapport, transmettent de fait la propriété au donataire, qui peut aliéner les biens et qui, dans ce cas, n'est tenu de rapporter à la masse que le prix de l'estimation de ces mêmes biens au temps du partage. Cette faculté d'aliéner est interdite au donateur ; il en serait autrement s'il n'avait transmis qu'une simple jouissance. L'effet du rapport n'est pas de remettre les biens dans la succession du donateur comme s'ils n'étaient pas sortis de sa main, mais seulement pour régler le partage égal. Ainsi les créanciers du donateur, postérieurs à la donation, ne peuvent pas prétendre une hypothèque stipulée et légale sur des biens qui n'étaient plus en la possession de leur débiteur quand ils ont contracté avec lui.

Autre preuve. Un père a deux enfans ; il fait à l'un d'eux une donation entre-vifs , et il institue un étranger légataire universel pour un dixième de ses biens , en conformité de la loi du 17 nivôse. Ce légataire prendra-t-il part aux biens donnés entre-vifs dont le rapport se fera à la succession ? Non , répondent Potier et les meilleurs jurisconsultes , il n'aura que le dixième des biens qui se sont trouvés lors du décès ; ceux donnés entre-vifs à l'un des enfans se partageront entre les deux enfans, car le rapport n'est dû qu'aux co-héritiers. De-là il résulte incontestablement que la donation transmet une propriété parfaite et non une simple jouissance, et l'on ne peut pas même prétendre que la perception ordonnée et établie par la loi, *sur la valeur entière*, soit onéreuse aux parties, puisque , quoique sujet à rapport , le bien transmis ne doit point être compris dans la déclaration à passer de ceux qui se trouvent dépendre de la succession. D'ailleurs , quoiqu'au moment de la donation il y ait plusieurs héritiers présomptifs, ce qui doit faire présumer un rapport futur à la masse de la succession du donateur , ne peut-il pas arriver souvent que le donataire, au moment de l'ouverture de la succession se trouve le seul héritier, et qu'il n'y ait alors aucun rapport à faire ? Ainsi, sous quelque point de vue que l'on envisage la question , il faut convenir qu'on ne peut élever contre la disposition de la loi aucune objection fondée.

N°. 168,

*Les contrats de mariage sont-ils, dans tous les cas
possibles du droit fixe de trois francs réglé par
le nombre premier de l'article 69 de la loi du 22
frimaire ?*

Celui qui a proposé cette question est d'avis que
ce droit n'est dû qu'autant que le contrat contien-
droit déclaration de la part des futurs, ou de l'un
d'eux, de ce qu'ils apportent eux-mêmes en mariage, et que c'est cette disposition seule que la loi
assujettit au droit de 3 francs.

Cette opinion ne nous paroît pas fondée. En effet,
ces mots : *Les contrats de mariage qui ne contiennent d'autres dispositions que des déclarations de la
part des futurs, de ce qu'ils apportent eux-mêmes
en mariage et se constituent,* etc. n'exigent pas
que cette déclaration existe dans le contrat pour que
le droit de 3 francs soit exigible, mais ils prouvent
seulement qu'elle n'opère que ce droit, au lieu de celui
proportionnel auquel elle était assujettie antérieurement à la publication de la loi du 22 frimaire. Si la
déclaration des apports des futurs devait seule produire le droit fixe, il s'ensuivrait que lorsqu'elle n'existerait pas et qu'il n'y auroit d'ailleurs aucune disposition avantageuse, comme cela arrive assez fréquem-
ment, il ne faudroit percevoir qu'un franc fixe ; cependant les contrats de mariage ne sont point rappelés
dans aucune des dispositions du § 1er, de l'art. 68 de
la loi du 22 frimaire. Au reste il faut considérer que
quand même ces contrats ne contiendraient pas une déclaration précise des apports des futurs, ils en renfer-
ment toujours une à peu près équivalente, puisqu'on
y déclare que les futurs ou l'un d'eux sont pris avec
leurs droits, ou qu'ils n'ont aucuns droits acquis, ou
qu'ils ne possèdent rien dans le moment. C'est cette
déclaration qui sert irrévocablement de base pour
régler les droits des futurs après le décès de l'un
d'eux. D'un autre côté, on y stipule la communauté
de biens entr'eux, ou une exclusion de communauté,

ou comment la communauté sera partagée. Ainsi le contrat de mariage est véritablement un pacte de famille et un acte de société entre les futurs ; il opère par cette raison, dans tous les cas, le droit fixe de 5 francs. Il est dû en outre pareil droit pour les dispositions avantageuses entre les futurs, et le droit proportionnel pour les donations qui peuvent leur être faites par leurs parens ou par des étrangers.

Nᵒ: 169.

Comment le remploi des deniers dotaux de la femme doit-il être exercé ?

Voici de quelle manière cette question nous a été proposée. « Dans un contrat, on stipule propres à une » femme mineure plusieurs sommes, et l'on convient » qu'elles seront employées en fonds d'héritages et » terres , avec déclaration expresse d'emploi pour » lesdites acquisitions tenir lieu de propres et d'assiette » à l'épouse, au prix qu'elles seront faites.

» Le mari acquiert et paye avec les deniers dotaux, » mais ne déclare point que le prix de l'acquisition » provient des sommes qu'il a reçues de son épouse.

» Par une autre clause le mari s'oblige de faire » assiette en fonds des sommes qui rentreront à son » épouse après sa majorité, et que cette dernière » pourra le prendre sur le pied de l'acquêt. Dans » cette clause on ne parle point de déclaration d'em- » ploi que devra faire le mari en acquérant, que l'ac- » quisition provient des deniers de son épouse.

» La femme, dans ce cas , peut-elle prélever le » montant de ses deniers sur les acquisitions faites » par le mari à son choix et sur le prix stipulé aux » contrats ? ou bien doit-elle entrer dans l'union des » créanciers lorsque la succession du mari émigré » est insolvable » ?

Réponse.

Dès que, par l'acquisition même, il n'a pas été stipulé que le prix provenait des deniers de la femme qui lui tenaient nature de propres, que l'héritage acquis était pour son remploi et tenir même nature, et qu'elle acceptait ce remploi, la femme n'a aucun privilège, et les biens acquis sont entrés pleinement dans la communauté.

Dans cet état, il faut distinguer si la femme a ou non renoncé à la communauté. Dans le premier cas, le remploi de ses deniers dotaux stipulés devoir tenir nature de propres, doit être pris avant part sur les effets de la communauté, et on ne le peut prendre sur les propres du mari que subsidiairement, en cas que les biens de la communauté ne soient pas suffisans. Mais si la femme a renoncé à la communauté, elle n'a, dans ce cas, qu'une créance mobilière et privilégiée contre la succession ou les représentans de son mari, et elle n'a aucun droit de se faire délivrer des immeubles pour la remplir de cette créance.

E R R A T A.

N°. 19. Page 296, ligne 9, après le mot *décision*, ajoutez, *qui ne paraît applicable qu'aux legs de sommes, parce que l'héritier ou exécuteur testamentaire, tenu de les acquitter, fait la retenue des droits qui en ont été perçus. A l'égard de tous les legs de meubles et autres objets mobiliers à délivrer en nature, l'héritier n'est pas tenu d'en avancer les droits; c'est au légataire à faire l'estimation des objets, et à payer les droits dans le délai fixé par l'article 24, pour toutes les déclarations à faire par les légataires des biens-meubles ou immeubles, sans exception.*

Voir le dictionnaire raisonné de l'enregistrement *verbo* Leg.

INSTRUCTIONS

DÉCADAIRES

Sur l'Enregistrement, Droits y réunis, et Domaines nationaux.

Rédigées par une Société d'Employés supérieurs de la Régie de l'Enregistrement et du Domaine national.

N°. 24.

N°. 170.

ENREGISTREMENT.

Un bail contenant quittance de sommes payées sur le prix total ou partiel de la durée de la jouissance, donne-t-il ouverture à deux droits, l'un à cause du bail sur la redevance, l'autre à cause de la quittance ?

DANS le n°. 22, p. 349, de notre feuille décadaire, nous avons avancé, pour une question à-peu-près semblable, qu'il n'était dû qu'un droit, motivé sur ce que les baux à ferme sont des actes translatifs de jouissance, et que l'art. 10 de la loi du 22 frimaire paraissait devoir leur être appliquée. Cette opinion n'a pas obtenu l'assentiment de la Régie. On ne peut pas, a-t-on dit, supposer que le preneur donne volontairement et sans raison au bailleur, une quittance de toutes les années de jouissance, avant l'échéance du terme. L'art. 10 de la loi du 22 frimaire ne fait d'exception que pour les quittances données dans les actes de transmission de biens, et non pas dans ceux translatifs de jouissance.

Il est de l'essence du contrat de vente que le prix en soit payé au moment de la tradition; et ce n'est que par une clause expresse qu'on peut différer de le payer. Mais le paiement fait d'avance d'une partie du prix d'un bail n'est point une disposition qui dérive nécessairement du bail. Il est donc certain que dans l'espèce citée, il y a lieu de percevoir deux droits; l'un à cause du bail sur le pied de la redevance, et l'autre à cause la quittance.

(*Décision de la Régie, du 8 messidor an 7*).

Nº 171.

Les jugemens de condamnation rendus sur une demande non établie par un titre enregistré et susceptible de l'être, opèrent-ils des droits différens de ceux dûs lorsque la condamnation est prononcée en vertu d'un titre enregistré?

Ceux de nos abonnés qui nous font cette question

croient qu'il existe des différences dans la perception des droits, et prétendent le prouver par les
exemples ci-après.

Premier exemple.

Pierre a prêté à Paul 100 francs sur sa reconnaissance sous seing-privé. Le délai expiré, il
fait enregistrer cette obligation, et paye pour
droit.................... 1 fr. » centim.

Il va prendre une cédule chez
le juge-de-paix, et la fait notifier :
les deux actes payent ensemble, 2 »

Il intervient un jugement en sa
faveur, dont il fait lever une première expédition, qui paye pour
droit fixe.................. 2 »

Et pour droit proportionnel, » 50

Total........ 5 50

Deuxième exemple.

Pierre a prêté à Jacques la même somme de
100 fr. par pareille obligation sous seing-privé,
mais avant de le faire citer en justice, il ne la
soumet pas à l'enregistrement : il paye, par
conséquent, pour droit de citation et notification...................... 2 fr. » centim.

Jacques reconnaît la dette : il
est condamné à payer la somme

D'autre part...... 2 fr. » centim.

de 100 fr. : ce jugement doit être
enregistré sur la minute : et il en
résulte un droit fixe de 2 francs,
parce qu'il excède le droit proportionnel .... 2 »
                                  _____
                    Total....... 4 »

Voilà donc une différence de 1 franc 50 centimes, sans préjudice de la levée d'expédition qui
peut avoir lieu, puisqu'elle n'est pas susceptible
d'enregistrement; et cependant toutes les circonstances sont les mêmes, à l'exception que dans le
premier cas Pierre a pris la précaution de faire enregistrer son obligation, et qu'il l'a négligée dans
le second. Il est donc puni pour avoir satisfait à
la loi, et favorisé pour l'avoir enfreinte.

Observations des rédacteurs.

La loi ne présente dans l'espèce ni contradic-
tion, ni différence dans la quotité des droits à percevoir; celle qu'on croit y avoir remarquée provient d'une application erronée de ses dispositions.

Dans le premier exemple, il ne peut être exigé
sur l'expédition du jugement, aux termes de l'article 69, § 2, n°. 9, premier alinéa, que le droit
proportionnel de 50 centimes par 100 francs. Suivant le n°. 46, § 1er, art. 68, ce droit, au moyen

de ce qu'il s'agit d'un jugement de juge-de-paix,
ne peut être moindre d'un franc ; mais l'on ne
peut cumuler, ni exiger en même tems, et ce droit
fixe, et le droit proportionnel. Ainsi dans la liquidation donnée au premier exemple, il faut en retrancher, 1°. 50 centimes que l'on a tirés pour
droit proportionnel ; 2°. un franc qui a été trop
perçu pour l'expédition du jugement, ensorte
qu'il ne reste plus que 4 francs.

Dans la liquidation du second exemple, il faut,
1°. retrancher un franc trop perçu sur la minute
du jugement, ajouter un franc pour l'enregistrement de l'acte, la condamnation ayant été rendue sur une demande non établie par un titre enregistré et susceptible de l'être. Cette perception
doit être faite indépendamment du droit que le
jugement opère par lui-même, d'après la disposition formelle du cinquième alinéa de l'article précité. Ainsi, dans l'un comme dans l'autre cas, il
a dû être perçu 4 francs.

Il est faux de dire que celui qui a prêté dans le
premier exemple soit puni pour avoir satisfait à la
loi ; s'il y a une peine établie, elle est toute entière
contre celui qui se trouve dans le second exemple.
Ici les droits s'élévant à 4 francs sont irrévocablement acquis ; rien ne peut en différer le paiement,
ni s'opposer à ce qu'ils soient payés, quand même
ce débiteur se libérerait, puisqu'ils doivent être

acquittés sur la minute. Dans le premier exemple,
au contraire, le droit du jugement n'est exigible
que sur l'expédition ; si le débiteur se libère, ou si
pour tout autre motif on ne lève pas d'expédition,
le droit ne devenant pas exigible, n'est point perçu;
les parties ont donc intérêt de faire enregistrer leurs
actes sous seing-privé, avant de former en conséquence des demandes judiciaires.

N° 172.

*Lorsqu'un billet sous seing-privé, au dos duquel se
trouvent des quittances de paiemens à compte, est
présenté à l'enregistrement, doit-on percevoir le droit
sur les sommes qui restent dues, ou sur le montant de
l'obligation en entier ; et peut-on en outre exiger le
droit de quittance sur les paiemens à compte?*

Suivant les anciennes lois, le droit ne se percevait que sur les sommes restant dues, mais cet
usage est contraire au texte précis de la loi du
22 frimaire, qui porte, à l'art. 14, n°. 2, que le
droit proportionnel doit être perçu sur le capital
exprimé dans l'acte. Le but du législateur, en con-
sacrant ce principe, a été d'empêcher la mauvaise
foi de faire sur les actes de fausses mentions d'à-
comptes payés, pour les bâtonner après l'enregistrement. Ainsi, quels que soient les à-comptes
payés, le droit doit être perçu sur la totalité du
montant de l'obligation.

A l'égard de la seconde question, l'enregistrement des actes sous seing privé n'est point de rigueur, il n'a lieu que lorsqu'il est exigé par les parties. Ainsi les receveurs ne peuvent point exiger l'enregistrement de ces sortes de quittances; ils doivent se borner à enregistrer les obligations; mais dans ce cas il faut qu'ils placent leur relation de manière à ne pas laisser croire qu'elle s'applique aux endossemens, ou qu'elle peut leur donner une fixité de date.

(*Ainsi décidé le 29 prairial an 7*).

Nº. 173.

Quel droit percevoir sur les main-levées d'opposition données par acte civil?

La loi porte, art. 68, §. 1er., nº. 51, que tous actes civils, judiciaires ou extrajudiciaires qui ne se trouvent dénommés dans aucun article, et qui ne peuvent donner lieu au droit proportionnel, sont sujets au droit fixe d'un franc. Or 1º. les main-levées d'opposition ne donnent point lieu au droit proportionnel, puisqu'elles n'opèrent ni libération ni transmission, ni obligation. 2º. Ils ne sont dénommés dans aucun article de la loi; car l'art. 68, §. 3, nº. 7, qui parle de main-levées d'opposition, n'a rapport qu'aux expéditions des jugemens des tribunaux, et point du tout aux main-levées données par acte civil, qui sont toujours volontaires.

A a 4

Celles-ci ne peuvent être assimilées par analogie qu'aux actes désignés par les nombres 22 et 28 du même art. 68, et ne sont passibles que du droit fixe d'un franc.

N°. 174.

HYPOTHÈQUES.

Le droit peut-il être syncopé pour la transcription d'un acte de vente faite par quatre co-propriétaires à un seul acquéreur, qui déclare ne requérir la transcription que contre un seul des vendeurs, et seulement pour le quart qu'il a acquis de lui ?

Suivant l'art. 28 de la loi du 11 brumaire an 7, l'objet de la transcription est de transmettre à l'acquéreur les droits du vendeur à la propriété de l'immeuble vendu ; il semblerait donc qu'on ne peut exiger le droit sur le prix de la totalité de l'immeuble sur lequel la transcription est requise. En effet, la transmission des droits du vendeur n'a lieu que pour le seul objet désigné, et l'effet de la transcription ne peut s'étendre aux autres parts, puisque l'acquéreur déclare vouloir qu'elle ne frappe que sur une.

Cependant la transcription de l'acte qui contient la vente faite en commun ne peut point être syncopée ; par la même raison, le droit, qui est le salaire de cette transcription, ne doit point l'être davantage.

(*Ainsi décidé par la Régie, le 6 messidor an 7*).

N°. 175.

DROITS DE GREFFES.

Les traitemens des greffiers des tribunaux doivent-ils être payés sur le pied du minimum établi par la loi, même lorsque les produits des droits de greffe sur lesquels ces traitemens doivent se prendre, sont insuffisans pour atteindre ce minimum ?

Oui. Il est vrai que la loi du 21 ventôse, qui fixe le minimum des traitemens, veut qu'ils ne soient pris que sur les produits des droits de greffe. Mais si les recettes sont insuffisantes dans quelques tribunaux, elles excèdent dans d'autres, et le vœu de la loi est que les traitemens soient pris en général sur les produits des droits de greffe, et non pas sur ceux d'un tribunal en particulier. Ainsi, les receveurs peuvent toujours acquitter les traitemens sur le pied du *minimum* fixé par la loi.

(Décision du Ministre des finances, du 4 messidor an 7.)

N°. 176.

TIMBRE.

Les mandats délivrés par les départemens sur la caisse du receveur général, pour des sommes non excédant dix francs, doivent-ils être sur papier marqué ? et, dans ce cas, le timbre doit-il être de 75 centimes ?

Ce qui donne lieu à la première question, c'est que les quittances des sommes au dessous de 10 fr. sont exemptes du timbre ; mais les mandats ne peuvent point être regardés comme des quittances, et ne sont point applicables à l'article de la loi qui exempte du timbre les quittances au-dessous de 10 fr.

Quant à la seconde question, elle ne fait point de doute, la quotité du droit de timbre doit être déterminée en raison de la dimension du papier sur lequel les mandats sont écrits.

(*Ainsi décidé par la Régie, le 16 prairial an 7.*)

(A reporter en marge de l'article *mandats* de notre ouvrage sur le timbre, page 34.)

N°. 177.

Les demandes en dégrèvement faites par la Régie de l'enregistrement et du domaine national, doivent-elles être rédigées sur papier timbré ? et, dans le cas de l'affirmative, comment le receveur sera-t-il remboursé de cette avance ?

Les pétitions présentées au nom de la Régie

stipulant les intérêts de la nation pour obtenir un dégrèvement de l'imposition des biens qui lui appartiennent, sont essentiellement au rang des actes d'établissemens publics, en faveur desquels l'exception du droit et de la formalité du timbre est prononcé par le § 1er. de l'art. 16 du tit. 3 de la loi du 13 brumaire an 7 ; mais la pétition relative aux biens simplement séquestrés n'ayant point le même caractère, puisque la Régie n'y procède qu'au nom et au profit des individus soumis au séquestre, elle doit être faite sur papier timbré dont le coût sera porté à la dépense du compte de ces individus.

(*Ainsi décidé par la Régie, le 29 floréal an 7*)

(A porter en marge de l'art. *Pétitions, page* 63)

N°. 178.

LIQUIDATION GENERALE.

Par qui doivent être acquittées les réparations faites à des moulins pendant qu'ils étaient en séquestre et dont la main-levée a été ordonnée sans restitution des fruits perçus au profit de la République ?

Ces réparations étant une charge inhérente à la jouissance, le paiement doit en être fait par la République, et la créance en résultant doit, à cet effet, être liquidée par l'Administration centrale, en conformité de l'art. 10. de la loi du 24 frimaire an 6.

(*Décision du Ministre, du 4 floréal an 7.*)

N°. 179.

COMPTABILITÉ.

PIECES DE DÉPENSE.

Les procureurs fondés sont-ils obligés de produire une nouvelle procuration ou un extrait de celles dont ils sont porteurs, toutes les fois qu'il leur est fait un paiement ?

Celui qui propose cette question, penche pour l'affirmative. Chaque quittance, dit-il, forme une pièce de dépense séparée ; elle doit être accompagnée de toutes celles qui servent à en justifier la validité : l'ordre établi dans la comptabilité ne permet pas, lors de l'examen des pièces de dépense, de recourir à celles déjà admises ou qui se trouvent dans des comptes différens, pour valider celle qui fait l'objet de la vérification.

Ces observations sont judicieuses ; mais pour régulariser les dépenses, il n'est point nécessaire que chaque paiement fait aux procureurs fondés soit accompagné d'une procuration ou d'une nouvelle expédition. Cette mesure entraînerait souvent des difficultés ; elle deviendrait, dans certains cas, une charge onéreuse à la partie prenante. Pour y rémédier et régulariser autant que possible les paiemens, la procuration ou un extrait en forme doit être déposé entre les mains de chaque receveur, dans la caisse duquel il y a des paiemens à toucher, et à chaque paiement on doit relater la procuration et ce dépôt. Pareille mention doit être faite dans les différentes écritures relatives à ces paiemens. C'est ainsi que l'a décidé la Régie lorsque cette question s'est présentée, et notamment dans sa lettre du 10 prairial an 7, au directeur général de la Haute-Vienne.

N°. 180.

MESSAGERIES.

A quel tribunal doivent être portées les actions intentées par la Régie contre des entrepreneurs de voitures publiques en contravention à la loi du 9 vendémiaire an 6 ?

L'article 2 de la loi des 7 et 11 septembre 1790, veut que les actions civiles relatives à la perception des impôts indirects soient jugées en premier et dernier ressorts, sur simple mémoire, devant les juges des tribunaux civils.

Motivé sur cette loi, le Ministre des finances a décidé, le 8 floréal an 7, dans ses lettres au Ministre de la justice, que les actions dont il s'agit doivent être portées devant les tribunaux civils, et non point renvoyées au tribunal correctionnel, comme l'avait jugé le tribunal de Seine et Oise.

N°. 181.

AMENDES.

Les frais de poursuites , en cas de créance , restent-ils à la charge des receveurs ?

Non. Les poursuites qui sont faites pour le recouvrement des amendes prononcées par les tribunaux étant une suite nécessaire du jugement de condamnation, il est sans difficulté que dans le cas de *carence*, les receveurs sont fondés à réclamer le remboursement des frais de ces poursuites , conformément aux dispositions de l'art. 66 de la loi du 22 frimaire an .7.

(Ainsi décidé par la Régie , le 13 floréal an 7.)

N°. 182.

Peut-on être admis à compenser une amende avec une inscription sur le grand livre de la dette publique ?

Non. Les lois autorisent bien la compensation d'une somme constituée avec les inscriptions sur le grand livre ; mais une amende est une pénalité acquittable en la nature qu'elle a été prononcée ; elle ne peut être regardée comme une somme constituée ; ainsi cette compensation ne peut avoir lieu.

Ainsi l'a décidé , le 22 prairial an 7, le Ministre des finances , contre l'avis d'une administration centrale qui avait jugé le contraire, et qui a été déclarée incompétente.

N°. 183.

TABAC.

Un dépositaire de tabacs a déclaré qu'il existait chez lui une quantité considérable de tabacs pourris et de mauvaise qualité ; il a offert d'abandonner les premiers gratuitement, et a proposé d'abandonner les autres pour la même somme à laquelle on pourrait les imposer si elles étaient bonnes ?

Le ministre a répondu à ces propositions que la partie de tabacs pourris devait être mise à la disposition de l'Administration des poudres et salpêtres pour les faire brûler, et en décharger la cote du dépositaire.

A l'égard des tabacs de mauvaise qualité, il a été décidé que s'ils entraient dans la consommation, ils devaient la taxe, quelle que fût leur faible qualité, et que la décharge n'en pouvait être accordée qu'autant qu'on les ferait brûler.

(Décision du Ministre des finances, du 16 floréal an 7.)

N°. 184.

DOMAINES NATIONAUX.

LIQUIDATION GÉNÉRALE.

Créances résultantes d'erreurs commises dans des comptes de fabriques, antérieurement à l'époque à laquelle les biens des fabriques ont été déclarés propriétés nationales.

Ces créances sont devenues une dette nationale,

aux termes des articles 4 et 5 de la loi du 13 brumaire an 2, et doivent être liquidées dans la forme prescrite par la loi du 24 frimaire an 6, relative à la liquidation de l'arriéré de la dette publique.

(Décision du ministre des finances, du 4 floréal an 7.)

N°. 185.

Doit-on exiger le paiement des loyers pour la jouissance des édifices nationaux occupés par les administrations de département et les tribunaux ?

Cette question ne devait pas en faire une ; depuis long-tems elle est décidée. La justice exige que les frais d'administration soient à la charge des administrés ; les habitans d'un département ne doivent point supporter les dépenses d'un autre département. Cependant quelques Corps administratifs ont proposé cette question au Ministre des finances, qui a rendu, le 28 prairial dernier la décision suivante.

En exécution de la loi des 51 juillet, 6 août 1791, et de l'arrêté du directoire du 12 pluviôse an 6, la Régie des domaines sera tenue de poursuivre le recouvrement des loyers dûs par les corps administratifs et judiciaires, pour raison des édifices nationaux qu'ils occupent, autres que les hôtel-de-ville et palais de justice qui de tout tems ont été affectés à ce service. Elle fera, pour la rentrée desdits loyers, toutes les diligences nécessaires, et rendra compte au Ministre des finances du résultat de ses poursuites.

INSTRUCTIONS

DÉCADAIRES

Sur l'Enregistrement, Droits y réunis, et Domaines nationaux.

Rédigées par une Société d'Employés supérieurs de la Régie de l'Enregistrement et du Domaine national.

N°. 25.

N°. 186.

ENREGISTREMENT.

La notification de la déclaration de command doit-elle être faite dans les vingt-quatre heures de la déclaration ou de la vente ? A qui doit-elle être faite ? Est-elle nécessaire pour la déclaration de command sur ventes et adjudications de domaines nationaux ?

1°. L'ART. 68 de la loi du 22 frimaire ne range les déclarations de command au nombre des actes sujets au droit fixe d'un franc, que lorsque la

B b

faculté d'élire a été réservée dans l'acte de vente, et que la déclaration est faite et notifiée dans les vingt-quatre heures du contrat : c'est donc dans les vingt-quatre heures du contrat, et non pas de la déclaration, que la notification doit être faite.

2°. Le but de cette notification est d'obtenir l'application de la loi pour la modération des droits d'enregistrement. C'est donc au receveur de ces droits qu'elle doit être faite, soit par acte, soit en présentant le contrat et la déclaration à la formalité dans les vingt-quatre heures.

3°. La loi ne fait pas de distinction ; ainsi la notification dans les délais est une formalité essentielle pour la perception du droit fixe sur les déclarations de command ; il s'ensuit que les déclarations sur ventes de domaines nationaux ayant un délai de trois jours, la formalité de la notification en est également indispensable dans le délai de ces trois jours ; à défaut, la déclaration est réputée cession, et il en est dû le droit de 4 francs par 100 francs.

(Ainsi décidé par la Régie, le 29 prairial an 7).

N°. 187.

Toutes les ordonnances ou jugemens en matière de police simple, de police correctionelle et de police judiciaire, qu'il y ait ou non partie civile, doivent-ils être enregistrés avant d'être délivrés ?

L'affirmative paraît incontestable. En effet, la

seconde disposition de l'art. 7 de la loi du 22 frimaire an 7 est précise à cet égard. Les droits
doivent être payés, au moment même de la formalité, lorsqu'il y a partie civile, sinon tous ces
jugemens, comme tous actes et procès-verbaux
des juges de paix pour fait de police, doivent être
enregistrés en débet, conformément au nombre
prémier de l'art. 70 de ladite loi. Quelques personnes ont trouvé de l'inconvénient dans l'exécution de ces dispositions, d'abord parce que la
procédure cesse dès-lors d'être secrète, et ensuite
parce qu'il devient difficile de constater le délit,
puisqu'il faut attendre que la plainte et l'ordonnance soient expédiées et enregistrées. Mais il ne
faut pas confondre la police simple ou police ordinaire, avec la police générale et de sûreté, et la vin-
dicte publique. 1°. Il n'est pas exact de dire qu'une
procédure cesse d'être secrète parce qu'elle est dans
le cas d'être enregistrée, puisque les registres de
l'enregistrement ne sont pas publics, et qu'il n'en
peut être délivré d'extraits que sur ordonnance du
juge de paix : cependant en matière de police générale, il est des cas où la sûreté exige que l'officier chargé de la maintenir ne soit entravé par
aucune espèce de formalité ; mais la répression des
délits privés, loin d'exiger les mêmes précautions,
demande au contraire de la publicité, pour en
imposer aux délinquans. La formalité de l'enregistrement ne peut, en aucune manière, empê-

cher de constater les délits. Car en supposant qu'il
fallût vingt-quatre heures pour expédier ces actes;
afin de les faire revêtir de la formalité, ce délai
n'empêcherait pas les délits, quels qu'ils fussent,
d'exister encore à l'expiration desdites vingt-quatre
heures, et de pouvoir être facilement constatés.

Ainsi, il convient d'établir une distinction entre
la police simple et la police générale. Les actes
qui ont rapport à la première sont formellement
assujettis à l'enregistrement par les art. 7 et 70
de la loi du 22 frimaire, et ceux qui concernent
la seconde sont les seuls qui en sont exempts. C'est
ce qui résulte de la lettre écrite par le ministre des
finances à celui de la justice, le 26 floréal an 7.

N°. 188.

Les exploits faits pour le recouvrement des contribu-
tions directes, ou des charges locales qui, au
moyen des à-comptes déjà payés, se trouvent ré-
duites pour ce qui reste dû au-dessous de 25 francs,
sont-ils dans le cas d'être enregistrés gratis?

Non. Les cotes au-dessous de vingt-cinq francs
sont celles des citoyens peu fortunés. Les exploits
faits pour les recouvrer ont dû être favorisés par
le législateur. Aussi le nombre 2 du paragraphe 3
de l'article 70 de la loi du 22 frimaire les range
dans la classe des actes à enregistrer *gratis* ; mais

cette faveur n'est point applicable aux cotes qui excèdent 25 francs : et quoique les à-comptes payés les aient réduites à une somme au-dessous, il n'en est pas moins vrai que dans l'origine elles excédaient cette somme. Ainsi les exploits de l'espèce dont il s'agit sont passibles des droits d'enregistrement. (*Décision de la Régie , du 3 messidor an 7*).

N°. 189.

B A U X   D E   B A R R I È R E S.

Dans quels délais doivent-ils être enregistrés ?

Les baux doivent être enregistrés dans les vingt jours qui suivent la date de l'approbation du Ministre, parce que ces sortes d'actes ne sont parfaits et exécutoires qu'après cette approbation.

(*Décision de la Régie , du 6 messidor an 7*).

N°. 190.

Le droit d'enregistrement du transport d'une rente viagère doit-il être perçu sur le capital exprimé dans l'acte de constitution , ou sur le prix stipulé dans l'acte de transport ?

Ceux qui nous proposent cette question établissent l'hypothèse suivante.

Un particulier propriétaire d'une rente viagère de 10,000 francs par an sans retenue, constituée au principal de 100,000 francs, la cède à un autre, moyennant 50,000 francs.

Le sort de l'acquéreur de cette rente est bien différent de celui du débiteur. Ce dernier a reçu du créancier un capital de 100,000 francs ; et il a dû payer le droit sur ce capital, qui était la valeur effective de la rente ; mais lorsque la cession est faite par le pensionnaire vingt ans après, cette valeur a beaucoup diminué, et elle est plus annoncée par le nouveau prix que par celui payé dans le principe. Le droit paraîtrait donc ne devoir être acquitté par le cessionnaire qu'à raison de la somme qu'il débourse. C'est cependant sur le capital originaire que la perception doit être établie, d'après la disposition précise de l'article 14, nº. 7, qui porte : « La valeur de la propriété, de
» l'usufruit et de la jouissance pour les cessions
» et transports de rentes, soit perpétuelles, soit
» viagères ou des pensions, se détermine par le
» capital constitué, quel que soit le prix stipulé
» pour le transport ou l'amortissement. »

N°. 191.

Quels sont les droits dûs pour une délibération d'une Administration centrale, portant 1°. qu'un adjudicataire est maintenu dans l'adjudication qui lui a été faite en 1792 des ouvrages à faire pour l'entière confection d'un pont. 2°. Que la résiliation faite par les cautions de cet adjudicataire, du cautionnement qu'ils avaient fourni, est acceptée, et qu'elles demeurent déchargées des obligations résultantes de ce cautionnement. 3°. Que l'Administration centrale admet le nouveau cautionnement fourni par acte sous signature privée, en faveur de l'adjudicataire, relativement à la confection du pont dont il s'agit, dont le prix énoncé dans la délibération est de 128,224 fr. ?

Sur ces questions le Ministre des finances a rendu, le 22 floréal an 7, la décision suivante :

« La première de ces clauses étant une disposi-
» tion de l'Administration, elle ne peut donner
» ouverture à aucun droit d'enregistrement.

» La seconde est un désistement pur et simple
» pour lequel il est dû le droit fixe d'un franc.

» Quant à la troisième, quoique le cautionne-
» ment dont elle porte l'acceptation soit fourni
» en remplacement de celui qui a été révoqué et
» dont le droit a été perçu dans le tems, ce n'est
» pas moins une nouvelle obligation, un caution-
» nement réel sujet au droit de 50 cent. par 100 fr.,

Bb 4

» conformément à la loi du 22 frimaire, et il doit
» être liquidé sur la somme de 128,224 francs,
» formant le prix des constructions restant à faire
» pour la confection du pont dont il s'agit ».

N°. 192.

ENREGISTREMENT ET TIMBRE.

Les procès-verbaux constatant des échouemens doivent-ils être rédigés sur papier timbré, lorsqu'ils concernent la République; et, dans ce cas, le droit d'enregistrement doit-il en être acquitté?

L'affirmative peut d'autant moins présenter de doute que tous procès-verbaux et rapports sont déclarés, par l'article 7 de la loi du 22 frimaire an 7, soumis à l'enregistrement sur les minutes; que l'art. 16 de celle du 13 brumaire ne les excepte point de l'assujétissement au timbre, et qu'elle y soumet même les actes de l'Administration publique lorsqu'ils sont sujets à l'enregistrement sur les minutes.

Quant à l'enregistrement de ces actes, aucune des deux lois précitées ne contient de dispositions qui dispensent les fonctionnaires publics d'acquitter les droits dans le cas où ils sont obligés de requérir la formalité, sans avoir pu eux-mêmes en exiger l'avance; leur perception ne peut rester en suspens.

(*Ainsi décidé par le Ministre des finances, le 2 prairial an 7*).

N°. 193.

HYPOTHÈQUES.

Est-on tenu de restituer les droits perçus pour la transcription d'un contrat, lorsque le porteur de ce contrat avait eu l'intention de ne requérir que l'inscription de la créance portée au contrat, mais n'avait point remis de bordereau ?

Non. Les registres hypothécaires sont de la plus haute importance ; ils doivent être tenus avec exactitude, sans blanc, sans surcharge, sans rature. La transcription une fois faite, l'acquisition est consolidée, et la formalité ne peut plus être anéantie. C'est au porteur du contrat à manifester, en pareil cas, ses intentions de ne requérir que l'inscription, en remettant son bordereau en bonne forme. (*Solution de la Régie*, du 21 messidor an 7.)

N°. 194.

Un receveur de l'enregistrement sur lequel il a été formé, par erreur, une inscription à raison des fonctions et de la comptabilité de cet emploi, peut-il affecter au cautionnement qu'il est tenu de fournir, en exécution de la loi du 21 ventôse an 7, pour la place de conservateur des hypothèques qui se trouve réunie à celle de receveur de l'enregistrement, les immeubles sur lesquels frappe ladite inscription ?

Le ministre des finances a répondu à cette question le 12 prairial an 7. Suivant sa lettre, l'art. 22

de la loi du 11 brumaire, qui charge les commissaires de requérir d'office des inscriptions *sur
les comptables et sur leurs cautions à l'égard des biens
servant de cautionnement*, n'est applicable qu'aux
comptables qui sont tenus de fournir des cautionnemens, et non à ceux qui n'y sont pas assujétis;
son opinion est qu'il n'a pas dû en être formé sur
les receveurs de l'enregistrement, et que ceux sur
lesquels il en a été requis parce qu'ils réunissent
les fonctions de conservateurs des hypothèques,
peuvent donner, en cautionnement des nouvelles
fonctions qui leur sont confiées, les biens à eux
appartenans que frappait l'inscription d'office par
les commissaires du Directoire exécutif, pour sûreté
de leur gestion de receveur de l'enregistrement.

N°. 195.

TIMBRE.

*Les reconnaissances des sommes déposées à la poste
pour les faire parvenir à leur destination, doivent-
elles être écrites sur du papier du timbre proportionnel ou de celui de dimension?*

Ces reconnaissances doivent être écrites sur papier timbré, suivant la loi du 13 brumaire an 7;
le ministre des finances avait seulement déclaré
exemptes celles de 10 francs et au-dessous, pour
envois de fonds à des défenseurs de la Patrie, ainsi
qu'il est porté page 21 de la Circulaire N°. 1566.

La loi du 6 prairial an 7 ayant assujéti, par l'art. 6, au timbre proportionnel les billets non négociables comme les effets de commerce, il s'est élevé la question de savoir si les reconnaissances dont il s'agit ne devaient pas être assimilées aux billets et promesses de payer. L'administration des postes avait été d'avis de l'affirmative.

Mais la question soumise à la Régie de l'enregistrement, elle a pensé, après un sérieux examen, qu'il n'y a pas lieu d'appliquer à ces reconnaissances les dispositions de l'article 6 de la loi du 6 prairial an 7 précitée, et qu'elles ne sont assujéties, comme avant cette loi, qu'au timbre de dimension.

(*Solution du 23 messidor an 7.*)

N°. 196.

DOMAINES.

Un bail emphythéotique consenti par un engagiste avant les lois qui révoquent les aliénations et engagemens, ou avant un décret de révocation de don, peut-il être maintenu?

Le bail emphythéotique est un mode d'engagement ou d'aliénation compris dans la révocation prononcée par la loi du 14 ventôse an 7. Il ne peut être considéré dans l'espèce que comme un sous-engagement, et sa nullité a été implicitement prononcée par le décret qui a annullé l'engagement principal. L'engagiste n'a pu, en effet, transférer plus de droits qu'il n'en avait ; et lors même qu'un décret exprès ne l'eût pas dépossédé, l'engagiste et le sous-engagiste eussent été obligés de faire la déclaration et la soumission du paiement du quart, pour obtenir la propriété incommutable. Il faut donc que le sous-engagiste soit dépossédé, aux termes de la loi du 14 ventôse an 7, s'il ne remplit, dans les délais, les formalités prescrites par la loi.

(*Solution de la Régie, du 6 messidor an 7.*)

N°. 197.

DES POURSUITES ET INSTANCES.

Plusieurs de nos abonnés ont paru desirer qu'en rapprochant les dispositions des lois et instructions relatives aux poursuites et instances, nous établissions avec clarté les obligations des préposés de la Régie pour les différentes natures de poursuites qu'ils ont à exercer, l'introduction et la suite des instances relatives. Nous nous empressons de répondre à leur vœu.

Pour présenter ce travail avec ordre, nous avons cru devoir adopter les divisions suivantes :

1°. De la poursuite et des instances relatives aux droits d'enrégistrement et autres dont la perception est confiée à la Régie ;

2°. De la poursuite et des instances relatives aux revenus des domaines nationaux ;

3°. Du mode de procéder après le jugement de cassation ;

4°. De la poursuite et des instances relatives aux discussions de propriété ;

5°. A qui appartient-il de décider sur la validité ou l'invalidité des ventes consommées ;

Chacune de ces divisions formera un article séparé, que nous insérerons successivement.

ARTICLE PREMIER.

De la poursuite et des instances relatives aux droits d'enregistrement et autres dont la perception est confiée à la Régie.

De la poursuite.

Les diverses lois qui ont établi ou modifié les contributions dont la perception est confiée à la Régie, contiennent des dispostions distinctes pour le mode des poursuites. Pour les saisir et en faire une application précise, il faut les examiner séparément. Nous subdiviserons en conséquence cet article en autant de paragraphes que de nature de droits.

Enregistrement.

La loi du 22 frimaire an 7 veut, article 73, que les lois antérieures sur l'enregistrement continuent d'être exécutées à l'égard des actes faits, et des mutations par décès effectuées avant sa publication. D'après cette disposition, toutes les poursuites pour recouvrement de droits sur des actes antérieurs à la publication de ladite loi, ou amendes sur des contraventions aux lois précédentes, doivent être dirigées d'après le mode établi par la loi du 19 décembre 1790.

Suivant les dispositions de cette loi, la demande des préposés de la Régie devait être formée par voie de contrainte. L'article 89 des ordres généraux de régie, s'exprime ainsi : « Les receveurs décerneront des contraintes pour le paiement des droits, doublement de droits et amendes relatives à l'enregistrement, en conformité

des articles 6 , 9, 10, 11 et 12 de la loi du 19 décembre 1790. Les contraintes, lorsqu'elles auront pour objet une contravention auxdits articles, doivent constater le fait avec clarté et exactitude ; et il faudra y joindre, si besoin est, les pièces justificatives. » Mais ce mode doit-il être exclusivement suivi dans tous les cas ? Ici il faut distinguer les différentes natures de contraventions. Toutes les fois que la loi leur applique la peine sans qu'elle ait besoin d'être prononcée par le juge, il y a lieu à contrainte comme pour le recouvrement des droits non acquittés S'il faut, au contraire, obtenir préalablement une condamnation, ou qu'il y ait lieu à poursuite préalable devant un tribunal, il est indispensable de constater la contravention par un procès-verbal qui forme la base de la demande.

Ainsi un droit d'enregistrement n'a point été acquitté sur un acte quelconque sujet à la formalité ; l'examen de ses dispositions établit qu'il y a lieu à la demande d'un supplément ; un héritier n'a pas fait la déclaration des biens qui lui sont échus, ou un légataire n'a pas fait enregistrer le testament qui forme son titre, dans le délai fixé par la loi. Un acquéreur dont la possession est établie n'a pas présenté son acte à la formalité ; un receveur n'a pas compté du montant de ses recettes, il est constitué en débet. Le préposé de la Régie doit décerner contrainte, en énonçant avec détail toutes les preuves de la légitimité de la demande.

Mais il y a lieu de prendre la voie de procès-verbal, lorsqu'il ne s'agit point d'une simple omission de paiement, mais d'un fait emportant contravention à la loi. Par exemple, si un héritier a fait une déclaration renfermant des omissions ou des insuffisances d'estimation ; si un notaire, greffier ou secrétaire a omis de soumettre ses actes à la formalité, s'il n'a pas de répertoire, ou ne le tient pas dans la forme prescrite par la loi. Il faut ensuite distinguer le cas où la loi elle-même prononce la restitution des droits, et la peine ou amende pour le cas où la contravention est matériellement établie. Alors le procès-verbal doit renfermer contrainte pour le paiement.

Si, au contraire, la contravention ne gît pas en fait, ou que la disposition de la loi exige une condamnation, il faut conclure à l'assignation qui sera donnée devant le tribunal civil; et au premier cas, le procès-verbal sera affirmé devant le juge-de-paix, dans les vingt-quatre heures.

La forme de procès-verbal doit également être suivie pour établir les répétitions à former contre un receveur, soit pour erreurs de calcul, soit pour omissions ou soustractions de recettes. Le préposé de la Régie doit, après avoir fait reconnaître les erreurs par le receveur qui les aurait commises, ses héritiers ou ayant-cause, s'il était décédé, transcrire le procès-verbal sur le registre à la date courante, en tirant le résultat, déduction faite des erreurs reconnues, au préjudice du receveur, à la marge gauche du registre. Pour les omissions ou soustractions de recettes, le procès-verbal devant faire preuve en justice pour autoriser les poursuites contre le receveur, s'il ne se libère de leur montant, il est bien de l'affirmer dans les vingt-quatre heures de sa clôture; il doit être signifié ensuite aux parties, avec assignation devant le juge compétent.

La contrainte, au vœu de la loi du 19 décembre 1790, doit être décernée par le receveur. Sa signature suffit pour la rendre exécutoire. Quelques tribunaux adoptant une opinion contraire, avaient annullé des contraintes, sur le motif qu'elles n'avaient pas été visées par un juge; le tribunal de cassation a reconnu, par plusieurs juge-

mens, que cette formalité n'était point exigée par la loi
du 19 décembre 1790. La signification de la contrainte
est faite par huissier, avec commandement à la partie
de payer, dans un temps déterminé, la somme qui y est
énoncée. Si dans le délai limité le redevable ne se libère,
on procède contre lui par saisie-arrêt, saisie-exécution
et vente de son mobilier, jusqu'à concurrence de la
somme dûe. L'exécution de la contrainte ne peut être
interrompue que par une opposition formée par le redevable, avec assignation à jour fixe devant le tribunal
civil du département. Dans ce cas, l'opposant est tenu
d'élire domicile dans la commune où siége le tribunal.
Sur la notification de cette opposition, le receveur doit
surseoir aux poursuites, et la déférer à son directeur,
avec les observations tendantes à justifier le mérite de
la demande. Si l'opposition ne contenait pas assignation, le préposé doit répondre, par le même exploit,
qu'à ce défaut les poursuites seront suivies sans y avoir
égard.

Lorsque, d'après les distinctions que nous venons d'é-
tablir, il y a lieu à dresser un procès-verbal avant d'intenter la demande, cet acte doit être fait à la requête
des régisseurs, avec élection de domicile chez le directeur du département de la résidence du préposé. Il doit
contenir l'indication des jour, mois et an, l'exposé som-
maire du fait qui a donné lieu à la contravention ou au
débet, la désignation et les termes des actes qui fondent
la demande, à moins que copie desdits actes n'y soit
jointe, les dispositions de la loi applicables à l'espèce,
et la quotité des sommes à répéter.

La suite au numéro prochain.

INSTRUCTIONS

DÉCADAIRES

SUR L'ENREGISTREMENT, DROITS Y RÉUNIS, ET
DOMAINES NATIONAUX,

*Rédigées par une Société d'Employés de la
Régie de l'Enregistrement et du Domaine
national.*

(N° 26.)

N°. 198.

ENREGISTREMENT.

*Peut-on exiger d'un héritier le paiement du demi-droit
en sus que devait celui dont il hérite, pour n'avoir
pas fait sa déclaration dans les délais fixés par
la loi ?*

L'article 39 de la loi du 22 frimaire porte que les
héritiers, donataires ou légataires qui n'auront pas
fait, dans les délais prescrits, les déclarations des
biens à eux transmis par décès, paieront, *à titre*

C c

d'amende, un demi-droit en sus du droit qui sera dû pour la mutation.

On prétend prouver par cet article même, que le demi-droit n'est pas exigible dans ce cas-ci. Les amendes, dit-on, sont personnelles; ceux qui les doivent ne peuvent en transmettre la charge à leurs héritiers; or le demi-droit en sus est une amende, ce sont les propres expressions de la loi; il n'est donc point exigible après le décès de celui qui en avait encouru la peine.

Le principe est vrai en général, mais il n'est point applicable à l'espèce. 1°. Quoique la loi porte que le demi-droit en sus doit être payé à titre d'amende, il n'est point proprement dit une amende, mais seulement une augmentation de droit que la loi impose à ceux qui n'ont point fait la déclaration dans les délais. Mais en supposant qu'il soit une amende, ce n'est point une peine personnelle. Un homme a encouru une amende pour une contravention à la police; c'est une peine imposée sur la personne; elle s'éteint avec elle si la condamnation n'est point prononcée; mais la peine du demi-droit est assise sur le bien; c'est lui qui la doit pour un défaut de formalité, et l'héritier ne peut pas plus se soustraire à cette charge qu'il ne peut se dispenser d'acquitter toutes les autres charges de la succession.

On doit donc exiger, dans le cas dont il s'agit, le paiement du demi-droit en sus avec celui du droit principal , quand même ce dernier serait acquitté par l'héritier dans les six mois du décès de celui qui avait encouru la peine du demi-droit. Toutes les fois que la question s'est présentée à la Régie, elle a été décidée d'après ces principes.

Nº. 199.

Quel est le droit du pour une donation entre-vifs ; faite dans un contrat de mariage par le futur à la future, soit qu'elle lui survive ou non, d'une somme de 30,000 francs, à prendre sur ses biens présens et à venir ?

Cette donation serait annullée en cas de divorce, et ne pourrait être reconnue qu'au décès de l'un des deux conjoints, si ce divorce n'avait pas eu lieu : l'on a soutenu en conséquence qu'elle était, par cette raison, soumise à l'événement du décès, et ne devait opérer, lors de l'enregistrement du contrat, que le droit fixe de 3 fr., sauf celui proportionnel lors de l'événement.

Mais cette opinion n'est pas fondée ; la donation est qualifiée par les parties elles-mêmes *de donation entre-vifs ;* elle a pour objet non-seulement les biens qui existeront au décès, mais encore les biens actuels du futur, qui s'en dessaisit dès à présent et jusqu'à due concurrence, au profit de la future. Elle est donc actuelle et réellement effectuée en ce moment ; elle est incontestablement

C c 2

indépendante du prédécès des époux : la future est donc dès ce moment propriétaire de la somme de 30,000 francs ; si elle venait à décéder avant son mari, ses héritiers la recueilleraient et s'en feraient payer par le mari survivant. Cette donation ne participe donc en rien de la donation à cause de mort ; la possibilité du divorce et la révocation dans ce cas ne lui peut donner ce caractère ; c'est le divorce au contraire qui est éventuel ; il ne suspend point l'effet de la donation, qui est pleinement consommée, et l'effet du divorce à son égard n'est autre chose que celui qui résulterait sur les autres donations, de ce qu'elles sont révocables pour cause d'ingratitude. Ainsi le droit proportionnel est dû au moment où l'on donne la formalité à l'acte.

N°. 200.

On nous a proposé la question suivante :

Un particulier cède à son fils et à la femme qu'il épousera, les droits qu'il a dans un bail à ferme ;
Par un acte postérieur, la personne qui doit épouser ce fils, ratifie, sans l'autorisation de son père, toutes les dispositions de ce premier acte, et s'engage personnellement à les exécuter ;
Quel est le droit dû pour l'enregistrement de ce second acte ?

Ceux qui nous proposent cette question se font la difficulté suivante :

La personne qui ratifie le second acte n'était point présente au premier ; elle n'y est pas dénommée, elle n'y est désignée que sous une énonciation conditionnelle et éventuelle, et rien ne pourrait l'obliger d'en remplir les clauses si elle n'en passait un second ; ce n'est donc pas ici une ratification pure et simple ; c'est un acte de société entre le cessionnaire du bail et la personne qu'il se propose d'épouser : il est donc dû un droit comme pour une société.

C'est une difficulté illusoire. En effet, si la personne qui ratifie n'est point dénommée dans l'acte de cession, elle est suffisamment désignée ; la cession dont il s'agit n'aura lieu que pour le fils et pour celle qui l'épousera. La ratification dont il s'agit n'est pas un acte nécessaire, et étranger au premier, elle n'est que l'adhésion aux dispositions de l'acte passé entre le père et le fils. Cela est si vrai, que si elle n'épouse pas, la ratification sera nulle. Il n'est donc ici question que d'un acte simple sujet au droit fixe d'un franc.

Nᵒ. 201.

Les clôtures d'inventaires, contenues dans l'acte même, sont-elles passibles d'un droit particulier ?

Dans les pays régis par la contume, la clôture d'inventaire est un acte nécessaire pour faire cesser la communauté. Elle doit, d'après la loi du 23 floréal an 5 , se faire devant le juge-de-paix. Cet acte contient en substance la déclaration des parties qui affirment qu'elles n'ont détourné aucun effet de la succession ; il est tout-à-fait distinct de l'inventaire lui-même, et doit par conséquent un droit particulier fixé , par l'article 68, numéro ? , titre 10 de la loi, à ? francs.

Mais si l'on entend , par clôture d'inventaire , la déclaration que fait l'officier public , que l'inventaire auquel il a présidé est clos et terminé , la clôture n'est plus une disposition indépendante de la disposition principale ; elle fait un avec l'inventaire lui-même , et ne donne point ouverture à un droit particulier.

Nº. 202.

TIMBRE.

Tous les billets et toutes les promesses de payer sont-ils sujets au timbre proportionnel ?

Ce qui a donné lieu à cette question, c'est l'art. 6 de la loi du 6 prairial an 7 , qui est ainsi conçu :
« A compter de la publication de la présente, les
» billets et obligations non négociables, et les
» mandats à terme ou de place en place , ne pour-
» ront être faits que sur papier du timbre propor-
» tionnel, comme il en est usé pour les billets à
» ordre, lettres de change et autres effets négo-
» ciables ».

Les billets , promesses de payer et autres

obligations sous signature privée sont assujettis au timbre proportionnel ; mais il ne s'ensuit pas que tous les actes et conventions sous seing-privé, qui contiendront des obligations, doivent indistinctement être écrits sur papier ou coupon de timbre proportionnel. Comment distinguer ceux de ces actes qui restent soumis au simple timbre de dimension ?

La Régie consultée sur cette question, l'a décidée le 27 messidor dernier, comme il suit.

L'assujettissement au timbre proportionnel des effets et billets à ordre est étendu, par la loi du 6 prairial, aux simples billets et promesses de payer, mais non aux marchés, transactions, ventes, cessions et autres actes synallagmatiques qui continuent de n'être sujets qu'au timbre de dimension, quoique ces actes contiennent des obligations ou promesses de payer.

Ainsi un marchand s'oblige de payer une somme de 600 francs pour le prix d'un cheval qu'un autre marchand s'engage de lui fournir; cet acte obligeant les deux parties, est synallagmatique ; il n'est pas sujet au timbre proportionnel. Mais le même marchand souscrit un billet de même valeur pour le prix ou le restant de prix de ce cheval qui lui a été vendu ; ce billet n'est pas un acte synallagmatique, il n'est signé que d'un seul ; il doit être écrit sur papier marqué du timbre proportionnel.

N°. 203.

Les registres ou carnets sur lesquels sont inscrits , par.
émargement , les décharges de paquets et ballots
confiés aux diligences , messageries et fourgons .
sont-ils assujettis au timbre ?

Oui. Les registres des fermiers des postes et messageries sont nommément désignés à l'article 12 ,
titre 2 , n°. 12 de la loi du 13 brumaire an 7.

Tous les livres et registres qui sont de nature
à être produits et faire foi en justice , sont , sans
distinction , soumis au timbre par le même
article.

Nul doute en conséquence que les registres ,
carnets, feuilles ou états sur lesquels est émargée la
décharge ou réception des paquets et marchandises
adressés par les voitures publiques , sont assujettis
au timbre , d'autant que ces décharges font titre
au fermier ou entrepreneur de la messagerie.

N°. 204.

DES POURSUITES ET INSTANCES.

SUITE DU N°. 197.

Les principes que nous avons établis sur le mode de
poursuite pour le recouvrement des droits , sur des actes
antérieurs à la publication de la loi du 22 frimaire an 7 ,
ou amendes sur des contraventions aux lois précédentes ,
sont les mêmes pour l'exécution de cette dernière loi : mais
précisant mieux les contraventions et les peines , elle lève

tous les doutes que pouvaient présenter les lois précédentes. Elle porte, art. 64 : *Le premier acte de poursuite*
pour le recouvrement des droits d'enregistrement, et le
paiement des peines et amendes prononcées par la pré-
sente, sera une contrainte. Elle sera décernée par le
receveur ou le préposé de la Régie. Elle sera visée et
déclarée exécutoire par le juge-de-paix du canton où
le bureau est établi, et elle sera signifiée, etc. Mais
pour qu'il y ait lieu à poursuite, il faut que le fait qui
entraîne une peine quelconque soit constaté. La demande
est-elle appuyée d'un titre, le receveur est autorisé à
décerner contrainte. Dans tous les autres cas, il doit
préalablement constater le mérite de la demande à former, ou la contravention par un procès-verbal, d'après
les distinctions ci-devant établies.

Ce procès-verbal ne saurait être considéré comme un
acte de poursuite. Il n'est qu'un rapport dont l'affirmation constate l'authenticité, lorsqu'il n'y est annexé aucune preuve écrite de la contravention.

Ainsi la contrainte suffit pour la demande d'un droit
non acquitté sur un acte quelconque sujet à la formalité ;
celle des droits de successions à défaut de déclaration
dans le délai prescrit, de ceux d'un testament après le
décès du testateur.

S'il s'agit d'amendes encourues par un officier ou fonctionnaire public, pour n'avoir pas présenté à l'enregistrement, dans le délai déterminé, les actes de son ministère ;
de poursuivre un héritier, pour omission ou insuffisance de
déclaration, de constater l'une des contraventions précisées
dans le titre 7 ; il faut en dresser préalablement procès-
verbal, l'affirmer dans les vingt-quatre heures, s'il n'y a
preuve écrite rapportée, et le faire signifier à la partie,
avec commandement de payer, si l'amende est prononcée
par la loi comme résultant du seul fait constaté, ou avec assignation à jour fixe devant le tribunal civil, si la disposi-

tion de la loi exige qu'il y ait condamnation. Au premier cas, le procès-verbal contenant contrainte doit être visé par le juge-de-paix. Lorsque la condamnation est prononcée, le recouvrement se suit par voie de commandement.

Si la contravention a pour objet l'inexécution de l'article 51, pour la présentation des répertoires aux receveurs de l'enregistrement, ils doivent la constater le 11e. jour du premier mois du trimestre. Si elle est relative à l'article 55, qui oblige les secrétaires des administrations municipales à remettre les relevés des actes de décès dans le premier mois de chaque trimestre, il y a lieu de la constater le premier jour du troisième mois, l'amende ne s'appliquant qu'à chaque mois de retard.

Il faut observer qu'en cas de refus de communication de répertoire, les préposés de la Régie doivent requérir l'assistance d'un officier municipal, de l'agent ou de l'adjoint de la commune, pour dresser en sa présence procès-verbal de refus.

L'exécution de la contrainte, comme on l'a observé précédemment, ne peut être interrompue que par une opposition formée par le redevable, et motivée avec assignation à jour fixe devant le tribunal civil du département.

Par jour fixe, on doit entendre les délais ordinaires, qui ne doivent pas excéder une décade. Si le redevable assignait à un terme plus éloigné, il y aurait lieu à se pourvoir auprès du tribunal, pour faire ordonner l'appel plus prochain de la cause.

Il est essentiel que les préposés de la Régie défèrent avec exactitude ces oppositions, ainsi que leurs procès-verbaux, à leur directeur chargé de diriger les poursuites ultérieures.

Les receveurs ont la même action pour les supplémens de droits dont ils sont forcés en recette.

Le recouvrement des droits de timbre n'est guères dans le cas de donner lieu à des poursuites. Cependant, lorsqu'il y a lieu à suivre la rentrée des droits portés en débet, la contrainte est le premier acte de poursuite ; toutes les contraventions à la loi du timbre se constatent par procès-verbal, et les préposés de la Régie sont autorisés à retenir les actes ou effets présentés pour les y annexer, à moins que la partie ne consente à le signer. Cette formalité n'est pas nécessaire, si les contrevenans consentent d'acquitter sur-le-champ l'amende encourue et le droit de timbre. Mais les receveurs ne peuvent donner la formalité aux actes rédigés en contravention à la loi sur papier libre, sans exiger en même-tems le paiement de l'amende encourue. Ils doivent en porter le montant sur leur registre de recette, en observant d'indiquer, dans leur enregistrement, la nature de la contravention, et en donner quittance sur l'acte même.

Le procès-verbal doit être signifié dans les trois jours de sa date, avec assignation devant le tribunal civil du département. (*Loi du 13 brumaire an 7, art. 31 et 32*).

Les mêmes formalités doivent être suivies pour les contraventions aux lois des 9 vendémiaire an 6, et 6 prairial an 7, sur le timbre des journaux, avis, affiches, feuilles périodiques et cartes. Mais les préposés de la Régie doivent affirmer leurs procès-verbaux dans les vingt-quatre heures, devant le juge-de-paix du canton, toutes les fois que la preuve matérielle n'est pas rapportée.

Hypothèques.

Les droits des hypothèques doivent être acquittés lors de la remise des bordereaux, et avant leur inscription. Mais il est différens cas où cette inscription doit se faire en débet ; et il faut en suivre la rentrée. L'article 5 de la loi du 11 brumaire an 7 veut que les poursuites soient exercées suivant les formes établies pour le recouvrement des droits d'enregistrement. Ainsi le premier acte de poursuite est une contrainte décernée par le receveur, visée et rendue exécutoire par le juge-de-paix du canton où le bureau est établi. Les préposés doivent se conformer, tant à l'égard des poursuites que pour l'instruction des instances et le remboursement des frais qui ne pourraient être recouvrés sur les parties, à raison de leur insolvabilité, aux art. 64, 65 et 66 de la loi du 22 frimaire an 7. (*Voyez* la Circulaire, n°. 1521,)

Greffes.

La loi du 21 ventôse an 7 distingue trois natures de droits ; ceux de mise au rôle, ceux de rédaction et transcription, ceux d'expédition : les premiers sont perçus par les greffiers qui en comptent aux receveurs de l'enregistrement ; les deux autres par ces receveurs, sur les minutes des actes et expéditions de jugement assujettis au droit.

Leur recouvrement ne présente donc rien de litigieux, mais les greffiers peuvent se permettre des contraventions. Elles doivent être constatées par procès-verbal, dont l'effet est suivi dans la forme usitée pour le timbre et l'enregistrement.

Patentes.

Suivant les lois antérieures à celles du 1er. brumaire an 7, les poursuites relatives au recouvrement des droits de patentes devaient être exercées sur la demande des préposés de la Régie, par les commissaires du Directoire exécutif près les administrations municipales. Cependant leurs dipositions laissant encore quelque incertitude à cet égard, le Ministre des finances avait décidé, le 2 complémentaire an 6,

1°. Que c'était aux receveurs chargés de la perception des droits de patentes à faire les poursuites.

2°. Que le recouvrement des condamnations relatives aux patentes de l'an 5, devait être poursuivi par les voies ordinaires employées pour les actions civiles.

3°. Que la voie des garnisaires pouvait être employée pour le recouvrement de celles relatives aux patentes de l'an 6.

La loi du 1er. brumaire an 7 veut qu'aussitôt l'expiration des trois premiers mois de l'année, et la remise des rôles des redevables, les receveurs avertissent ceux qui n'auraient point acquitté tout ou partie de leur cote ; que dix jours après ils décernent contrainte, portant commandement de payer, et poursuivent ensuite la saisie et vente des meubles des contribuables.

Cette loi détermine trois espèces de contraventions : celle des marchands qui refuseraient d'exhiber leur patente, à la réquisition des juges-de-paix, commissaires de police, administrateurs, agens et adjoints municipaux et commissaires du pouvoir exécutif.

De ceux qui exposeraient en vente des marchandises, sans être munis de patentes.

De ceux qui feraient un acte relatif à leur commerce ou profession, sans y énoncer leur patente par classe, date, numéro, et mention de la commune où elle aura été délivrée ; et des officiers publics qui recevraient ces actes ou en feraient usage.

La première est constatée par les fonctionnaires publics ayant droit d'exiger la représentation de la patente.

Les préposés doivent dresser procès-verbal des autres, mais après l'affirmation nécessaire, dans les vingt-quatre heures, ils sont tenus d'envoyer leur procès-verbal au commissaire du Directoire près l'Administration munici-pale, auquel il appartient de poursuivre la condamna-tion des contrevenans par l'organe du commissaire du Directoire, près le tribunal civil.

Messageries.

Il y deux natures de poursuites à exercer, au vœu de la loi, sur les messageries; celles pour le recouvre-ment des droits dûs sur les déclarations; celles pour ob-tenir les condamnations encourues pour contraventions à ladite loi.

Le recouvrement des droits se poursuit par voie de contrainte, comme pour toutes les contributions dont la perception est confiée à la régie.

Les contraventions sont constatées par procès-verbal, affirmé dans les vingt-quatre heures. Les préposés de la Régie doivent y conclure à la confiscation et aux amendes prononcées par la loi, et le faire signifier au contreve-nant, avec assignation au tribunal civil.

Droits de garantie.

Ces droits s'acquittent à l'instant de la présentation des ouvrages qui y sont sujets.

Toutes les fois qu'ils n'ont pas été payés, il y a contra-vention.

Les employés des bureaux de garantie ne peuvent les constater qu'assistés d'un officier municipal, qu'ils requiè-rent à cet effet. Ils sont tenus de dresser, sans déplacer, procès-verbal de la saisie et de ses causes, d'y énoncer le dire des parties, et de leur faire signer ou mentionner leur refus. Ce procès-verbal doit être ensuite remis dans le délai d'une décade au plus, au commissaire du Directoire exécutif près le tribunal de police correctionnelle, qui est chargé de faire la poursuite également dans le délai d'une décade. Les objets saisis sont mis sous les cachets de l'officier municipal, des employés présens, et déposés sans délai au greffe du tribunal. Les procès-verbaux de cette nature n'ont pas besoin d'être affirmés. La présence de l'officier municipal, sa signature et celle des parties, si elles ne s'y refusent point, leur donnant une authenticité suffisante.

Tabacs.

La loi du 22 brumaire an 7, portant établissement d'une taxe sur le tabac, ne s'explique point sur la forme des poursuites qui sont dans le cas d'être exercées par les receveurs de l'enregistrement, contre les fabricans ou dépositaires qui y sont assujettis. Le ministre des finances y a suppléé par des instructions énoncées dans la circulaire n°. 1455.

Ou les redevables ont fait leur déclaration, et sont taxés, ou ils ont cherché à se soustraire à la loi.

Dans le premier cas, dès que les receveurs de l'enregistrement ont reçu l'état arrêté par les administrations de canton de la taxe des redevables, ils doivent leur en donner connaissance par un avertissement contenant invitation de se rendre dans la huitaine à leur bureau, pour remettre leurs bons : à défaut par les redevables de les remettre dans la huitaine de l'avertissement, les receveurs doivent leur donner un second avertissement d'en acquitter le montant, et, la décade suivante, leur faire un commandement ; trois jours après, ils feront procéder à la saisie de leurs meubles, avec établissement de garnison, et huit jours après à la vente d'iceux.

Si un fabricant ou dépositaire s'est permis une fausse déclaration, ou n'en a fait aucune, s'il a substitué sur les

enveloppes le nom d'un autre fabricant et d'un autre domicile, la poursuite des contraventions à constater par les
administrations municipales, est attribuée au commissaire
du Directoire exécutif, qui, après les jugemens de condamnation, est tenu d'en transmettre expédition aux receveurs de la Régie, pour suivre le recouvrement des
amendes prononcées.

Amendes et frais de justice.

Le recouvrement des amendes prononcées par les tribunaux se poursuit par voie de contrainte au pied de
copie ou extrait du jugement ; il en est de même des frais
de justice civile et criminelle qui doivent être recouvrés
sur les parties condamnées, en vertu des jugemens qui
les liquident.

Observations générales.

Toutes les fois qu'il y a lieu à poursuites, et que la
partie ne fait opposition, ou en est déboutée, elles doivent
être continuées jusqu'à procès-verbal de carence. Cet acte
constate l'insolvabilité reconnue du débiteur ; et forme
titre au receveur pour l'admission en dépense de ses frais.
Les préposés de la Régie font l'avance des frais de poursuites, et en font acquitter le montant avec celui des
droits ou condamnations encourues. Ceux tombés en non
valeur pour cause d'insolvabilité reconnue des parties condamnées, leur sont remboursés sur l'état qu'ils rapportent
à l'appui de leurs comptes. L'état est taxé sans frais par
le tribunal civil du département et appuyé de pièces justificatives. (*Loi du 22 frimaire an 7 , art. 66 .*

(*La suite au numéro prochain*).

INSTRUCTIONS

DÉCADAIRES

Sur l'Enregistrement, Droits y réunis, et
Domaines nationaux.

Rédigées par une Société d'Employés supérieurs
de la Régie de l'Enregistrement et du Domaine
national.

N°. 27.

ART. 205.

ENREGISTREMENT.

Peut-on percevoir, sur un acte portant interprétation
ou complément d'une disposition renfermée dans un
acte enregistré, le droit proportionnel résultant de
cette disposition, que l'on n'a point exigé lors de
l'enregistrement du contrat primitif, quoique la
prescription soit acquise depuis l'enregistrement du
premier acte?

Voici l'espèce qui a donné lieu à cette question.

D d

Par un contrat de mariage de double lien, du 3 ventôse an 2, Jacques compense ses droits légitimaires dans la succession de son père, avec ceux échus à Marie, future épouse de Pierre, frère de Jacques. Cette compensation est faite à la charge, par Pierre, de payer une soulte de 200 francs à Jacques.

Ce contrat est soumis à la formalité de l'enregistrement dans le délai prescrit. Le receveur omet de percevoir le droit qu'opérait la compensation ou échange dont il s'agit, et il se borne à celui résultant des constitutions dotales.

Des difficultés se sont élevées entre les parties par rapport à quelques ambiguités dans la stipulation de leurs conventions, et par acte du 27 prairial an 6, elles ont, sans rien innover sur le fond, interprété ce qu'il y avait d'obscur, et rectifié le tout.

On n'ignore pas que la prescription du droit est acquise, mais on estime que l'acte du 27 prairial, en renouvellant la disposition dont il s'agit, fournit un moyen de récupérer le droit. Pour appuyer ce sentiment on dit que l'article 2 de la quatrième section de la troisième classe du tarif du 19 décembre 1790, fixe à un franc le droit des actes qui ne contiennent que l'exécution, le complément et la consommation de contrats antérieurs et immédiats soumis à la formalité ; or la formalité n'a été remplie, à l'égard de cette

disposition , ni par l'enregistrement , ni par l'ac-
quittement du droit , puisque le contrat du 3
ventôse n'a reçu la formalité que sur les conventions matrimoniales. Il doit d'ailleurs demeurer
pour constant que les droits de la troisième classe
ne sont applicables aux actes susceptibles du droit
proportionnel qu'autant que ces droits auraient
déjà été payés sur le pied de la première classe.

Réponse des Rédacteurs.

Nous ne partageons pas cette opinion. Le contrat
du 3 ventôse an 2 renfermant la convention dont
est question, a été soumis à la formalité de l'enregistrement. L'on ne doit point examiner la
question de savoir si tous les droits sur cet acte
ont été ou non perçus. La relation mise au bas du
contrat, par le receveur, libère pleinement les
parties de tous les droits qu'opéraient les clauses y
stipulées ; et si cette perception était attaquable,
ce ne pouvait être que dans l'année ; ce délai étant
expiré, la prescription est acquise et la perception
est à l'abri de toute recherche.

Si les parties avaient payé le droit proportionnel
lors de l'enregistrement du contrat, bien certaine-
ment on ne pourrait l'exiger une seconde fois sur
l'acte du 27 prairial an 6, puisqu'il n'est que le
complément de celui du 3 ventôse an 2. Il en est de
même dans l'hypothèse ; car la prescription éteint
la dette tout comme le paiement. D'ailleurs l'art. 2

de la 4e. section de la troisième classe du tarif de 1790, invoqué pour soutenir l'opinion contraire, milite en notre faveur. Cet article n'assujettit les actes qui contiennent le complément et l'exécution de contrats antérieurs qu'au droit fixe d'un franc : la seule condition qu'il exige, c'est que l'acte ait été enregistré, et non toutes les dispositions qu'il renferme. Dans l'espèce cette condition est remplie.

Quoique pour interpréter la clause dont il s'agit on ait été obligé de la rappeler dans l'acte du 27 prairial an 6, néanmoins, par le contrat primitif, la mutation a été consommée; il a opéré une transmission parfaite et réciproque; il fait remonter l'hypothèque au jour de sa passation. Si, sous prétexte qu'une disposition qui n'aurait point acquitté le droit, se trouve rappelée ou confirmée par un autre acte, on pouvait répéter le droit non perçu, il s'ensuivrait que la prescription admise en faveur des parties serait presque toujours illusoire.

Enfin on doit observer que s'il eût été trop perçu lors de l'enregistrement du contrat du 3 ventôse, les parties ne seraient plus à tems, dans aucun cas, d'exiger la restitution des droits qui auraient pu être induement perçus ; *et vice versâ*, elles se trouvent libérées de tous les droits omis. L'acte du 27 prairial an 6 n'opère en conséquence que le droit fixe d'un franc, dès qu'il n'est qu'explicatif, et n'opère pas de mutation nouvelle.

La loi du 22 frimaire an 7 contenant, pour les

actes de complément et d'exécution de contrats antérieurs, la même disposition que celle de 1790, les développemens ci-dessus y sont également applicables.

ART. 206.

Les héritiers , légataires ou donataires sont-ils tenus d'annexer à la déclaration qu'ils font d'une succession mobilière, les inventaires faits par des officiers publics ?

Quelques receveurs ont cru qu'ils pouvaient l'exiger. C'est une erreur. Que dit la loi ? elle porte, art. 27 : « *Pour les biens meubles* , les héri- » tiers, légataires ou donataires doivent rapporter » à l'appui de leurs déclarations, un inventaire » ou état estimatif, article par article, par eux » certifié, s'il n'a pas été fait par un officier pu- » blic ; cet inventaire doit être déposé et annexé à » la déclaration, qui est reçue et signée sur le re- » gistre du receveur de l'enregistrement ».

L'on voit que la loi a formellement excepté les inventaires faits par des officiers publics, et qu'à leur égard les héritiers ne peuvent être tenus que d'en faire mention dans leurs déclarations, d'indiquer leur date, le nom et la résidence de l'officier public qui les a passés.

Le motif de cette exception est sensible. Lorsqu'un héritier, légataire ou donataire fait sa déclaration en vertu d'un inventaire authentique, le receveur a, ou du moins peut se procurer la certitude que tous les objets de la succession sont compris dans la déclaration qui en est faite. Mais lorsqu'il n'existe pas d'inventaire authentique, il faut que l'héritier fournisse un état estimatif article par article, pour acquérir la conviction que sa déclaration porte sur tous les objets qui en sont susceptibles. Quoique la fraude ne doive pas se présumer, la loi a dû la prévenir, et son but est rempli dès qu'il existe un titre qui dépose en faveur de la sincérité de la déclaration de l'héritier.

Au surplus, telle est la décision du ministre des finances, du 22 prairial an 7.

ART. 207.

Le droit fixe perçu sur une disposition éventuelle doit-il être déduit sur le droit proportionnel à recevoir sur la déclaration qui doit être faite lors de l'événement ?

Notre opinion est pour la négative. En effet il est vrai que la loi du 19 décembre 1790 voulait que les droits payés par le survivant, pour l'enregistrement d'un testament ou don mutuel, qui ne transmettrait que des immeubles, fussent déduits lors du décès, sur ceux à payer pour la déclaration à fournir, de ces immeubles.

Pourquoi? C'est que les droits perçus pour l'enregistrement des testamens ou dons mutuels, fixés au quinzième du revenu des contractans, étaient établis sur leurs facultés, et frappaient directement sur la valeur des objets, le droit proportionnel à percevoir sur la déclaration au moment de l'événement, frappait aussi sur la valeur des objets; il était donc juste de déduire le second droit du premier.

Mais il n'en est pas ainsi de la loi du 22 frimaire. Elle n'a établi sur toutes les dispositions éventuelles qu'un droit fixe qui est irrévocablement acquis par la simple formalité donnée à l'acte, et qui n'a rien de commun avec le droit à percevoir sur les valeurs. Ainsi il n'y a point lieu de déduire le premier droit du droit proportionnel.

Cette première question fait naître celle de savoir si on doit faire encore aujourd'hui sur les droits résultant des déclarations, la déduction du droit perçu à raison du quinzième du revenu, dans les cas où cette réduction était ordonnée par la loi du 19 décembre 1790.

L'affirmative est certaine. Dans cette hypothèse, la perception faite d'après les bases établies par la deuxième classe du tarif de 1790, et par l'art. 11 de la loi du 14 thermidor an 4, était simplement provisoire; c'était un à compte payé sur le droit que devait opérer la déclaration à passer lors de l'événement : la déduction en a été prescrite par la loi même qui en avait ordonné la perception. On ne peut donc pas s'en écarter aujourd'hui. La loi du 22 frimaire se tait sur ce point, et ne pouvait, sans injustice, apporter à cette règle aucun changement.

HYPOTHÈQUES.

Quel est le mode d'exécution de l'article 51 de la loi du 11 brumaire an 7 ?

Les extraits que les conservateurs sont tenus de délivrer d'après cet article, peuvent-ils être portés ensemble sur le même cahier ?

L'art. 51 prescrit aux conservateurs de délivrer, quand ils en sont requis, la copie des actes transcrits sur leurs registres, ainsi que l'état des inscriptions subsistantes, ou le certificat portant qu'il n'en existe aucune.

L'article 30 de la même loi oblige l'acquéreur de notifier dans le mois aux créanciers, 1°. son contrat d'acquisition; 2°. le certificat de transcription qu'il en a requis; 3°. l'état des charges et hypothèques dont est grevée la propriété.

Du rapprochement de ces deux articles, on a voulu inférer que le conservateur était obligé de délivrer aux acquéreurs un état semblable à celui que ceux-ci doivent notifier aux créanciers; c'est-à-dire, un tableau analytique et raisonné des hypothèques existantes sur leur vendeur; on a

prétendn que les extraits figurés de chaque inscription, donnés par les conservateurs, sont insuffisans, constituent les parties en frais de droit
de timbre inutiles, et ne sont point du tout prescrits par la loi.

Cette prétention est exagérée.

En effet, la responsabilité qui, par l'article 52
de la loi, pèse sur le conservateur, est déjà bien
onéreuse ; mais elle deviendrait insupportable si
celui-ci était tenu d'inscrire, et donner des états
analytiques et raisonnés, comme on le demande.
Cet état, fût-il parfait, ne peut que favoriser la
chicane. Souvent le conservateur deviendrait responsable d'une créance qui, nulle en elle-même,
serait cependant entrée dans son analyse.

L'article 15 de la loi du 21 ventôse, en réglant
le traitement des conservateurs, ne parle que de
chaque extrait d'inscription, ou de certificat qu'il
n'en existe aucuns : elle ne dit pas un mot de l'état
mentionné dans la loi du 11 brumaire, qui est
suffisamment suppléé par les extraits littéraux.

A l'égard de la seconde question de savoir si ces
extraits doivent être délivrés séparément, ou s'ils
peuvent l'être sur le même cahier, elle ne fait point
de difficulté.

L'article 51 de la loi, cité, ne prescrit pas aux
conservateurs de délivrer les états d'inscriptions,
mais l'état des inscriptions : il suppose donc qu'un
même état pourra contenir plusieurs inscriptions.

Il suppose en conséquence que l'on peut porter plusieurs inscriptions sur le même cahier. Cependant, quoique les différens extraits puissent être portés sur le même état, il n'en est pas moins dû pour chacun un droit tel qu'il est réglé par la loi.

(*Solution de la Régie, du 8 thermidor an* 7).

A R T. 209.

DES POURSUITES ET INSTANCES.

S U I T E D E L' A R T. 197.

Des instances.

La loi du 11 septembre 1790 porte, titre 14, art. 2 :
« Les actions civiles relatives à la *perception des im-*
» *pôts indirects*, seront jugées, *en premier et dernier*
» *ressorts,* sur simples mémoires, et sans frais de pro-
» cédure, par les juges de district (actuellement les ju-
» ges du tribunal civil du département), lesquels, une
» ou deux fois la semaine, selon le besoin du service, se
» formeront en bureau ouvert au public, composé d'au
» moins trois juges, et prononceront après avoir entendu
» le ministère public ».

Ces dispositions ont été confirmées par les lois des 19 décembre 1790, et 22 frimaire an 7. La première s'exprimait ainsi, art. 25 :

« L'introduction et l'instruction des instances relatives
» à la perception des droits d'enregistrement auront lieu
» par simples requêtes ou mémoires, respectivement
» communiqués sans aucuns frais, autres que ceux du
» papier timbré et de significations des jugemens inter-
» locutoires et définitifs, et sans qu'il soit nécessaire d'y

« employer le ministère d'aucuns avocats ou procureurs,
» dont les écritures n'entreront point en taxe ».

Celle du 22 frimaire an 7 porte, titre 9, art. 65 :

« L'introduction et l'instruction des instances auront
» lieu devant les tribunaux civils de département. La
» connaissance et la décision en sont interdites à toutes
» autres autorités constituées ou administratives.

» L'instruction se fera par simples mémoires, respec-
» tivement signifiés.

» Il n'y aura d'autres frais à supporter pour la partie
» qui succombera, que ceux du papier timbré, des signi-
» fications et du droit d'enregistrement des jugemens.

» Les tribunaux accorderont, soit aux parties, soit
» aux préposés de la Régie qui suivront les instances,
» le délai qu'ils leur demanderont pour produire leurs
» défenses. Il ne pourra néanmoins être de plus de trois
» décades.

» Les jugemens seront rendus dans les trois mois au
» plus tard, à compter de l'instruction des instances,
» sur le rapport d'un juge, fait en audience publique,
» et sur les conclusions du commissaire du directoire
» exécutif : ils feront sans appel, et ne pourront être
» attaqués que par voie de cassation ».

La législation est donc précise sur ce point. Il n'y a
qu'un seul degré de juridiction pour toutes les instances
relatives à la perception des impôts indirects.

Il n'est pas nécessaire que la loi qui crée une imposition indirecte, contienne des dispositions conformes à
celles que nous venons de citer pour fixer la compétence
des tribunaux civils. C'est à eux à connaître en premier
et dernier ressorts des contestations relatives, à moins de
loi contraire. Le ministre des finances l'a ainsi décidé,
pour les contestations relatives aux droits de messagerie,
quoique la loi du 9 vendémiaire an 4 eût gardé le silence
sur l'attribution aux tribunaux civils.

Ainsi sur les contestations auxquelles peut donner lieu

la perception des impôts, même indirects, confiée à la
régie, on ne peut appeler ni les commissaires du directoire, ni les préposés de la régie au bureau de paix.
Si ces derniers y étaient appelés, ils doivent déclarer
dans leurs réponses aux citations qui leur seraient noti-
fiées, qu'aux termes des lois ci-dessus citées ils ne peuvent y obtempérer.

Mais toutes les poursuites ne doivent point être exercées par ces préposés. Il est des contraventions aux lois
sur les patentes, dont la répression doit être poursuivie
par les commissaires du directoire.

C'est également à eux à suivre, devant le tribunal de
police correctionnelle, les condamnations encourues
pour contraventions aux lois des 19 brumaire an 6 et 22
brumaire an 7, sur les droits de garantie et la taxe du
tabac.

Dans cette espèce, les préposés de la régie n'ont qu'à
déférer leurs procès-verbaux aux commissaires du directoire, et leur fournir toutes les pièces et renseignemens
nécessaires pour l'instruction des affaires.

S'il s'agit d'actions relatives à la perception des autres
impositions indirectes confiées à la régie de l'enregistrement, telles qu'enregistrement, timbre, etc., les instances
portées au tribunal civil de chaque département doivent nécessairement être suivies par les directeurs. Mais les receveurs doivent concourir à l'instruction des affaires, par
l'envoi exact des actes signifiés et des pièces à produire.

Il y a opposition à une contrainte ou demande formée
sur un procès-verbal. Le receveur ou employé supérieur
qui a formé l'action défère l'un ou l'autre au directeur.
Celui-ci rédige un mémoire contenant les faits et moyens,
appuyés des articles de lois applicables à l'espèce, en
remet un double au commissaire du directoire près le
tribunal civil, et fait signifier l'autre à la partie. Elle peut
demander un délai pour fournir ses défenses, mais il
ne peut excéder trois décades. Ce délai expiré, il con-

vient de presser auprès du commissaire du directoire le rapport de l'affaire. Le directeur aurait également à réclamer par son organe l'autorité du tribunal, si en formant opposition à une contrainte, un redevable donnait assignation à un jour plus éloigné que le terme des délais ordinaires de la justice civile.

Lorsque le tribunal a prononcé, le directeur examine par le rapprochement des lois, si le jugement y est conforme. Dans le premier cas, il le renvoie au receveur pour en suivre l'exécution. Dans le deuxième, il le défère à la régie avec ses observations, et lui adresse une expédition en forme des jugemens contre lesquels il y aurait lieu au pourvoi en cassation, et de la signification qui en a été faite. Du jour de cette signification, la loi du 16 août 1790, article 14, accorde trois mois pour recourir au tribunal de cassation. Ce terme est de rigueur, et sa brièveté exige une grande activité de la part du directeur de la régie.

Mais souvent un jugement n'est pas signifié, et quelques personnes ont pensé que dans ce cas, avant de se pourvoir, la régie devait le faire signifier, pour obtenir date. Cette opinion est une erreur. Le délai de rigueur n'est ouvert que par la signification. Si elle n'a pas été faite, on est toujours recevable à se pourvoir. Il est également inutile de déclarer lors de la signification d'un jugement, qu'on entend se pourvoir, et de faire cette déclaration par acte distinct. Le recours au tribunal de cassation ne s'exerce et ne peut être admis que par la remise dans le délai utile, au tribunal de cassation, de la requête sur papier timbré, signée d'un avoué près le tribunal, et de l'expédition en forme du jugement que l'on attaque.

Il est possible que dans des affaires compliquées, les faits ne paraissent pas aux juges suffisamment éclaircis, et qu'il intervienne des jugemens interlocutoires. Le recours contre ces jugemens n'est point admis. La loi du 2

brumaire an 4 porte, titre 3, article 14 : « Le recours
» en cassation contre les jugemens préparatoires et d'ins-
» truction ne sera ouvert qu'après le jugement définitif;
» mais l'exécution même volontaire de tel jugement, ne
» pourra, en aucun cas, être opposée comme fin de non-
» recevoir. »

Ainsi les préposés de la régie doivent obtempérer à
ces jugemens avec les réserves de droit. Mais il importe
que les directeurs donnent connaissance de ces jugemens,
et en envoyent des expéditions en forme, lors des jugemens définitifs, s'ils contenaient des dispositions qui don-
nassent ouverture à la demande en cassation, pour le
maintien des principes.

Les jugemens définitifs des tribunaux civils doivent
être exécutés provisoirement, nonobstant le recours au
tribunal de cassation : mais s'il s'agit de restitution de
droits perçus, elle ne peut être effectuée, qu'au préalable
ceux au profit desquels les jugemens ont été rendus n'aient
donné bonne et suffisante caution, pour sûreté des sommes à eux adjugées. (*Loi du 16 juillet* 1795.)

Nous avons établi ci-dessus que toutes les instances
relatives à la perception des impôts indirects devaient être
jugées en premier et dernier ressorts par les juges des tribunaux civils, lesquels se formeraient à cet effet, une ou
deux fois la semaine, en bureau ouvert au public. Il
importe de rappeler ici les instructions données par le
ministre de la justice, aux juges des tribunaux civils,
dans sa lettre du 27 fructidor an 6. Il s'exprime ainsi :
« D'après l'article 120 de l'acte constitutionnel, aucune
» section ne pouvant juger au-dessous du nombre de cinq
» juges, il faut que le bureau ouvert sur les contestations
» du revenu domanial soit composé de ce nombre; au lieu
» de trois juges qu'admettait l'article 2 de la loi du 11
» septembre 1790; mais il n'est point nécessaire que ces
» cinq juges soient précisément ceux qui forment une des
» sections habituelles du tribunal civil. En effet, le bureau

» ouvert étant une sorte de section extraordinaire, tous
» les juges du tribunal, soit de l'une, soit de l'autre des
» sections ordinaires, peuvent être admis à former le bu-
» reau, pourvu toutefois que le tribunal établisse dans
» ce point, comme dans tout autre, un ordre de choses
» permanent, en désignant l'une ou l'autre des sections,
» ou bien cinq juges pris dans les deux sections, pour
» former celle qui doit s'occuper des instances relatives
» aux impôts indirects, sauf à suppléer par d'autres
» juges ceux de cette section extraordinaire qui se trou-
» veraient momentanément empêchés. Il suit de là que
» les juges qui composent la section des vacations, ou
» même d'autres juges, au nombre de cinq, pendant le
» temps des vacations, peuvent composer le bureau ou-
» vert; car il est à remarquer que les matières concer-
» nant le recouvrement des revenus nationaux, doivent
» toujours être considérées comme requérant célérité, et
» qu'elles ne doivent pas être suspendues ni ajournées à
» cause des vacations. »

Les directeurs doivent s'autoriser de ces instructions,
pour presser le jugement des instances. Dans le cas où
les tribunaux différeraient plus de trois mois à prononc-
cer, ils peuvent réclamer contre ces retards auprès du
commissaire du directoire près le tribunal, et en instruire
la régie. Ils ont d'ailleurs à fournir chaque mois les états
des procès-verbaux, instances et jugemens, et chaque
trimestre l'état des affaires instruites ou abandonnées.

Les frais des instances se réduisent à ceux du papier
timbré, des significations et du droit d'enregistrement.
Ils sont acquittés comme ceux des poursuites.

(*La suite au numéro prochain.*)

A V I S.

Bulletin des lois de la République.

Ceux de nos souscripteurs qui desireront recevoir la copie textuelle du bulletin des lois, et des arrêtés du directoire, voudront bien joindre au prix de leur abonnement 1 fr. 50 cent. pour 3 mois, 3 fr. pour 6 mois, et 6 fr. pour un an. Nous les prévenons que ce Recueil sera parfaitement complet à l'avenir, et qu'on ne se permettra pas d'y faire le moindre retranchement, même pour les simples lois de circonstances. Il fera suite à celui que les citoyens Rippert fournissaient à leurs abonnés au Journal de l'Enregistrement ; mais à compter du 1er. vendémiaire, nous le ferons paraître sur format in-8°., au lieu de l'in-12 qui avait été adopté depuis peu. Comme il reste quelques collections des lois, à compter du mois de nivôse an 6, jusqu'au 1er. vendémiaire an 8, nous les expédierons à ceux qui nous les demanderont, au prix de 9 fr. Nous faisons en ce moment la table alphabétique par ordre de matières, des lois qui composent les 3 volumes de cette collection. Ceux qui ne sont point abonnés aux Instructions décadaires pourront se procurer ce Recueil au prix de 4 francs pour trois mois, 7 francs pour 6 mois, et 12 francs pour un an.

Circulaires de la Régie.

Les CC. Rippert ont fait réimprimer toutes les Circulaires de la Régie, à compter du 29 décembre 1790, jusqu'au 1er. nivôse an 7. Presque tous ceux qui se sont procuré cette collection, composée de 5 vol., en demandent la continuation, ce qui nous a déterminés à l'entreprendre. Nous venons, en conséquence, de livrer à l'impression les Circulaires, à compter du n°. 1457. Le sixième volume que nous annonçons comprendra toutes celles qui auront paru jusqu'au 1er. vendémiaire an 8, avec une table alphabétique, par ordre de matières. Prix du vol. 4 fr. pour Paris, et 5 fr. pour les départemens, franc de port. Il sera livré le 15 vendémiaire prochain.

Nous prévenons nos abonnés que l'impression du 2e. tome de notre Dictionnaire sur l'Enregistrement est enfin terminée, et que nous nous occupons d'en faire l'expédition.

INSTRUCTIONS

DÉCADAIRES

Sur l'Enregistrement, Droits y réunis, et Domaines nationaux.

Rédigées par une Société d'Employés supérieurs de la Régie de l'Enregistrement et du Domaine national.

Nº. 28.

Nº. 210.

ENREGISTREMENT.

Une cession de droits immobiliers dont le prix est éventuel, opère-t-elle le droit proportionnel au moment où la formalité est donnée à l'acte, ou seulement le droit fixe de 3 francs, sauf le droit proportionnel lors de l'évènement?

LA question s'éclaire par l'exemple suivant :

E e

Pierre renonce au profit de Benoît à l'exercice d'un droit qu'il a sur une proprété immobilière. Pour prix de cette renonciation, Benoît lui constitue une rente viagère qui, cependant, ne sera payable qu'au décès du constituant, et qui, par conséquent, n'aura pas lieu, si Pierre prédécède.

Réponse des Rédacteurs.

Les droits proportionnels d'enregistrement ne sont remis à l'événement par la loi du 22 frimaire an 7, qu'à l'égard des dispositions *éventuelles;* c'est-à-dire, qui n'opèrent pas de transmission actuelle. Ici, la transmission de propriété est actuelle. Le prix seul est éventuel; c'est un contrat aléatoire. Il y a donc ouverture au droit proportionnel, mais non sur le prix énoncé, puisqu'il peut n'être jamais payé, et dès-lors est censé, dans sa quotité, excéder la véritable valeur, la valeur vénale qui fixe la perception suivant l'article 17. C'est donc sur la déclaration à passer de cette valeur, que le droit de 4 pour 100, doit être réglé.

No. 211.

La stipulation de communauté ou société d'acquêts entre les futurs, dans leur contrat de mariage, est-elle passible d'un droit particulier de 3 francs fixe ?

Non. Ce qui constitue le contrat de mariage,

ce sont les déclarations d'apports des futurs, les stipulations de communauté ou exclusion de communauté de biens établie entr'eux et toutes les clauses qui, en formant le pacte de famille et de société entre les conjoints, ne peuvent être considérées comme des dispositions de libéralité, soit au profit des futurs, soit de leurs parens ou autres. Les contrats de mariage qui ne contiennent pas d'autres stipulations, ne sont sujets qu'au droit fixe de 3 francs, réglé par la première disposition de l'article 68, §. 3, n°. 1er. de la loi du 22 frimaire an 7. Inutilement l'on invoquerait le n°. 4 de ce §; il n'a rapport qu'aux actes de société entre particuliers, et il n'est point applicable à la société entre futurs, laquelle fait partie intégrante du contrat de mariage; ensorte que le droit de 3 francs fixe perçu par le contrat, frappe également sur la société.

Il n'en serait pas de même d'une stipulation de communauté ou de société entre les futurs et leurs parens. C'est une disposition étrangère au contrat de mariage en lui-même, qui doit un droit particulier de 3 fr.

Nº. 212.

La promesse d'indemnité stipulée par un mari en faveur de sa femme, non commune en biens avec lui, dans une obligation solidaire qu'ils ont sous-crite, opère-t-elle un droit particulier d'enregis-trement ?

Dans une obligation solidairement souscrite par un mari et sa femme, la soumission faite par le mari d'acquitter, garantir et indemniser sa femme, n'est que la suite et l'expression du droit commun qui oblige tous les maris à garantir et indemniser leurs femmes des obligations qu'elles contractent, tant qu'elles sont sous la puissance maritale, sans distinction de celles qui sont communes en biens avec leurs maris, de celles qui ne le sont pas. Ainsi, la garantie et l'indemnité dont il s'agit étant de droit dans l'es-pèce, et devant avoir lieu aux termes des cou-tumes, quand même il n'y aurait point de sti-pulation, cette disposition, ou plutôt cette con-dition attachée à la disposition principale, ne donne point ouverture à un droit particulier.

N°. 213.

*Les délais pour faire les déclarations de la suc-
cession d'un condamné à laquelle la république
a des droits par l'émigration d'un des co-héritiers, doivent-ils courir du jour de l'envoi en
jouissance provisoire, autorisé par la loi du 13 ventose an 3, à la charge de donner caution, ou
seulement du jour de la liquidation et partage définitif de la succession entre la république et les
ayans droits ?*

Voici ce qui a donné lieu à cette question :

Par arrêté d'une administration centrale, du
29 nivose an 5, les héritiers d'un prêtre déporté
ont été envoyés en jouissance provisoire de la
totalité des biens de cette succession, en exécution de la loi du 13 ventose an 3 ; mais à la
charge de rendre compte et de donner bonne et
suffisante caution, à cause des drois de la république, représentant un des co-héritiers émigré.

Le partage définitif avec la république n'a été
arrêté que le 7 floréal dernier. A cette époque,
les héritiers se sont présentés pour acquitter les
droits de la succession.

Le receveur a exigé le demi-droit en sus,
fondé sur ce que l'ouverture du droit, remon-
tait au jour de l'arrêté, portant envoi en jouissance provisoire.

E e 3

Les héritiers ont prétendu, au contraire, qu'elle ne devait partir que de la date du partage, seule époque où ils ont pu se considérer en possession des biens de la succession ; ils ont invoqué les dispositions de l'article 24 de la loi du 22 frimaire an 7, qui portent que « les héri-» tiers des condamnés ou des déportés ne doi-» vent le droit de succession, qu'à compter de » l'envoi en possession ».

Ils ont ajouté, que s'il était question d'une succession restituée purement et simplement en exécution de la loi du 22 fructidor an 3, la prétention du receveur serait fondée, parce que le délai aurait couru, à compter de la restitution ; mais il s'agit ici d'une succession frappée du séquestre national, à cause de l'émigration d'un des héritiers, la nation ne s'en est point dessaisie au fond. A la vérité l'on a accordé à ses co-héritiers une jouissance provisoire, à charge de rendre compte et sous caution ; mais est-il juste d'exciper aujourd'hui de cette faveur, autorisée par la loi du 13 ventose 3, sous prétexe que les co-héritiers se sont trouvés dèslors dans la position où auraient été ceux à qui on aurait rendu une succession dans laquelle la république n'aurait eu à prendre aucune portion ?

Si la succession était restée sous le séquestre

jusqu'au moment du partage, on ne demande-
rait pas le demi-droit ; la condition des co-héritiers ne paraît pas être différente, par cela seul
qu'ils ont eu une jouissance provisoire.

Mais aux motifs qui viennent d'être présentés
on oppose ceux-ci :

La succession dont il s'agit est ouverte de
fait dès le 22 fructidor an 3, époque de la loi
qui abolit la confiscation des biens des déportés, parce que c'est en vertu de ses dispositions
que les héritiers ont dû se considérer propriétaires de tous les objets en dépendans ; mais
la restitution ne pouvant avoir lieu que par un
arrêté du département, qui fit connaître les individus auxquels cette loi devait s'appliquer,
ce n'est qu'à compter du 29 nivose an 5, que
ces héritiers, par leur entrée en jouissance, ont
pu connaître les forces de cette succession, et se
mettre en état d'en acquitter le droit ; c'est donc
du jour de cet arrêté que doivent courir les délais pour la déclaration.

L'article 24 de la loi du 9 vendémiaire an 6,
a accordé, à la vérité, un nouveau délai de trois
mois ; mais ces héritiers n'ayant point profité de
cette faveur, la peine prononcée par l'article 12
de la loi du 19 décembre 1790, leur devient
applicable.

Quant à la distinction que font ces héritiers

E e 4

entre une jouissance provisoire et une possession définitive, elle n'est point applicable à leur hypothèse, puisque d'une part ils ont possession définitive, quant à la propriété en vertu de la loi du 22 fructidor an 3, sauf la portion de l'émigré, et jouissance provisoire par l'arrêté du département; au surplus, dans l'un et l'autre cas, ils étaient toujours tenus de faire leur déclaration, à compter du jour de l'arrêté du département, parce que dès-lors leurs qualités sont reconnues, leurs droits acquis et les forces de la succession vérifiées par la levée des scellés sur les titres et le mobilier.

C'est d'après ces principes que la régie a décidé, le 8 thermidor an 7, que les délais pour faire la déclaration des portions indivises échues aux héritiers autres que l'émigré, ont couru à compter du jour que les héritiers ont été envoyés en possession par l'arrêt du département, du 29 nivôse an 5, et qu'en conséquence, le demi-droit en sus était exigible.

N°. 214.

Dans quel bureau doit être enregistrée une adjudication d'immeubles faite sur procès-verbaux d'enchères, reçus par un juge de paix, en exécution d'un jugement du tribunal civil?

« Jugement d'un tribunal civil qui ordonne que,
» pardevant le juge de paix du canton, il sera

» procédé à l'enchère par trois procès-verbaux de
» huitaine en huitaine , de tel immeuble , à
» charge de présenter ces procès-verbaux au tri-
» bunal, dans les dix jours, pour être homologués,
» aux fins *d'adjudication définitive s'il y échait*, et
» les procès-verbaux être déposés au greffe ».

On demande si le droit proportionnel d'enregistrement doit être acquitté au bureau de l'arrondissement du juge de paix , avant la remise
des procès-verbaux au tribunal civil, ou seulement après l'homologation du tribunal civil, au
bureau de l'arrondissement de ce tribunal.

Réponse des Rédacteurs.

Il résulte des termes mêmes du jugement du
tribunal civil, que les fonctions déléguées au
juge de paix se bornent à la réception des
enchères , et que les procès-verbaux par lui
reçus à cet effet, doivent être homologués au
tribunal, qui s'est réservé la faculté d'adjuger
définitivement , s'il y a lieu ; d'où il faut nécessairement conclure que les procès-verbaux d'enchères, ne transmettant au dernier enchérisseur
aucune propriété de l'immeuble dont il s'agit .
doivent être enregistrés sur le pied d'un franc
fixe , suivant l'article 68 , §. 1er., n°. 43 de la loi
du 22 frimaire an 7. Le droit proportionnel ne
devenant exigible que par l'adjudication définitive qui sera faite au tribunal civil, c'est au bu-

reau de l'arrondissement de ce tribunal qu'il doit être acquitté.

Mais il en serait autrement, si le pouvoir délégué au juge de paix consistait à adjuger définitivement l'immeuble ; l'homologation de son procès-verbal au tribunal ne serait plus qu'une simple formalité, qui n'empêcherait point que le droit proportionnel ne fût perceptible au bureau de l'arrondissement du juge de paix dans les délais déterminés par la loi, et avant qu'on pût délivrer expédition de l'adjudication.

Si cependant le procès-verbal du juge de paix avait son effet par l'entrée en jouissance de l'adjudication, sans être homologué, nul doute que le droit proportionnel n'en fût exigible dans le délai porté par la loi.

N°. 215.

HYPOTHÈQUES.

Les actes des corps administratifs, desquels il résulte des obligations et des charges à remplir par par les administrés, emportent-ils hypothèque ?

La loi du 11 brumaire an 7 ne s'explique pas sur ce point ; elle ne fait mention que des créances résultantes d'actes notariés, de jugemens de condamnation ou de ceux portant reconnaissance d'actes sous signature - privée ; mais il est évidemment dans le vœu de la loi de ne point refuser à des actes passés par les corps administratifs pour des objets de leur compétence, toute l'authenticité, toute la force qu'elle reconnaît à ceux des notaires et des tribunaux.

L'article 15 de la loi du 16 brumaire an 7, maintenue par l'art. 16 de celle du 26 vendémiaire, concernant l'aliénation des domaines nationaux, veut qu'il soit formé des oppositions aux hypothèques sur les acquéreurs, pour raison des obligations par eux contractées. Ces oppositions sont aujourd'hui représentées par les inscriptions aux hypothèques; elles n'ont pu être prescrites qu'en admettant que les actes des administrations centrales qui établissent les créances sur les acquéreurs, emportent hypothèque.

Il ne peut donc y avoir de difficulté sur ce point, pour tous les actes de la compétence des corps administratifs.

C'est ainsi que l'a décidé le ministre des finances, le 26 messidor dernier.

N° 216.

DOMAINES NATIONAUX.

CRÉANCES.

Quelles sont les formes à suivre pour opérer les compensations de créances nationales avec les inscriptions inscrites sur le grand-livre de la dette publique, autorisées par les lois des 24 août 1793, et 24 frimaire an 6.

Les liquidations étant faites, on les soumet

à l'approbation du ministre des finances ; sur
son ordonnance, le transfert s'effectue à la trésorerie en faveur de la république. Le créancier
inscrit reçoit, en échange, une rescription de
la trésorerie, imputable sur la somme par lui
due ; il la donne en paiement au receveur des
domaines nationaux, qui lui en délivre quittance. Celui-ci se charge en recette du montant
de la créance ainsi compensée, il en compte
comme du produit de ses autres recettes, et verse
la rescription comme valeur admissible.

Décision du ministre des finances, du 20 messidor dernier.

N°. 217,

DES POURSUITES ET INSTANCES.

SUITE DU N°. 197.

*De la poursuite et des instances relatives aux biens
nationaux.*

De la poursuite.

La loi du 12 septembre 1791, relative à la régie
des domaines nationaux corporels et incorporels, porte,
article IV : « Tous les revenus des domaines natio-
» naux, de même que le prix du rachat des droits
» incorporels qui ne seront pas rentrés à l'époque du
» présent décret, ne pourront être payés qu'entre les
» mains des préposés de la régie. Ils seront tenus de
» poursuivre le paiement de tous les revenus et droits
» échus, ainsi que du prix des adjudications des bois »

» aux termes convenus par lesdites adjudications. En
« cas de retard de la part des débiteurs ou adjudicatai-
» res, le directeur de la régiedécernera des contraintes
» qui seront visées par le président du tribunal de
» district de la situation des biens, sur la représen-
» tation d'un extrait du titre obligatoire du débiteur,
» et mises à exécution sans autre formalité ».

D'après cette disposition, les receveurs doivent,
toutes les fois qu'il est dû des fermages, arrérages de
rentes ou créances, remboursemens d'obligations, établir, dans une contrainte, l'analyse des titres qui fondent la demande, et les sommes à exiger, et adresser
cette contrainte à leur directeur pour être rendue exécutoire par le *visa* du juge. Revêtue de cette formalité, il la fait signifier au redevable, et poursuit,
à défaut d'y satisfaire, la saisie et vente des meubles
et récoltes.

Si les préposés n'avaient que des indications des titres de créances, comme carnets, colligendes, cueil-
loirs ou registres de recettes, ils doivent poursuivre,
dans la forme prescrite par la loi du 28 floréal an 3, les
déclarations auxquelles elle astreint les débiteurs.
Cette loi est ainsi conçue :

Article Ier.

« A défaut de titres originaux des créances dues à
la république, comme représentant les corporations
ecclésiastiques ou laïques supprimées, les émigrés et
autres individus frappés de confiscation, les directoires de district exigeront de tous les citoyens dont les
noms sont inscrits sur des registres sommiers ou carnets indicatifs des créances, la déclaration des sommes
dont ils sont débiteurs.

I I.

» Ceux qui feront de fausses déclarations seront condamnés à une amende égale au quadruple des sommes qu'ils auront dissimulées.

I I I.

» La déclaration sera jugée fausse, lorsqu'aux indications résultant des registres, sommiers ou carnets, on joindra, soit la preuve testimoniale, soit des indices tirés de quelques actes publics dont on pourra conclure la légitimité de la créance.

I V.

» L'amende sera prononcée par le tribunal du district, sur les poursuites du préposé de l'agence des domaines, à ce autorisé par un arrêté du directoire du département, sur l'avis de celui du district. »

L'exécution de la contrainte ne peut être suspendue que par une opposition avec assignation au tribunal civil. Les receveurs doivent, aussitôt qu'ils en ont reçu la notification, la déférer à leur directeur, avec les renseignemens et observations nécessaires pour le mettre à portée de défendre et faire prononcer la main-levée.

Des instances.

Une première loi, du 7 septembre 1790, avait fixé la législation sur le mode de jugement des contestations concernant la perception des impôts indirects.

Nous en avons présenté les dispositions dans notre précédent numéro, pag. 426.

Celle du 19 décembre 1790, sur les droits d'enregistrement, contenait une disposition conforme (art. 25),

Jusques-là, la perception des revenus des domaines
nationaux était faite par les receveurs de districts; elle
a été attribuée à la régie de l'enregistrement par la loi
du 12 septembre 1791. Les légistateurs reconnurent
bientôt qu'il fallait dégager les instances qui concer-
naient une partie intéressante des revenus publics, des
entraves et longueurs de la procédure ordinaire. Tel
fut le motif des dispositions de l'article 17 de la loi
du 9 octobre 1791, additionnelle à celle de l'enregistrement. Il s'exprime ainsi : » La forme de procédure prescrite par l'article 25 de la loi du 19 décembre 1790, sera suivie pour toutes les instances relatives aux domaines et droits dont la régie est réunie
à celle de l'enregistrement.

Du rapprochement de ces différentes lois, il était
naturel de conclure que, malgré que la disposition de
l'article 2 du titre 14 de la loi du 11 septembre 1790,
qui veut *que les actions relatives à la perception des
impôts indirects, soient jugées en premier et dernier
ressort*, ne fut pas littéralement rappellée dans l'article 25 de la loi du 19 décembre 1790, elle s'y trouvait néanmoins virtuellement confirmée et appliquée
aux instances pour le recouvrement des revenus des
domaines nationaux. Fondé sur ces motifs, le ministre
de la justice en avait conclu, dans sa lettre du 27
fructidor an 6, aux juges des tribunaux, que ces instances devaient subir la même forme et être également
jugées en premier et dernier ressort. Cet avis
était d'ailleurs conforme à la législation du tribunal
de cassation. Plusieurs jugemens d'admission rendus à
la section des requêtes, les 23 et 29 ventôse, et 8
floréal an 6, avaient reconnu le même principe. Mais
la question discutée de nouveau, vient d'y être

jugée contradictoirement ; et le 9 prairial an 7 , le tribunal de cassation a prononcé que l'article 2 de la loi du 11 septembre 1790 , était uniquement relatif aux impôts indirects , et par conséquent sans application à l'espèce, d'où il suit que les instances relatives au recouvrement des revenus des domaines nationaux ne sont point exemptées des deux dégrés de jurisdiction lorsque la contestation excède 1,000 fr.

(Nous en donnerons l'analyse dans notre prochain numéro).

La législation fixée sur ce point, la loi du 9 octobre 1791 ne s'applique qu'à la forme d'instruction des affaires ; elle doit se faire par simples mémoires respectivement communiqués.

Ainsi y a-t-il opposition à une contrainte? Le demandeur sur l'assignation fournit son mémoire au tribunal ; si le jugement qui intervient est contraire à la loi , il le défére à la régie pour statuer s'il y a lieu ou non d'en interjeter appel. Dans le cas où la régie prononce l'affirmative , le demandeur fait acte d'appel au greffe , et déclaration au tribunal , qu'il entend exclure , et le fait signifier , avec sommation à la partie adverse de faire son exclusion. Le directeur adresse ensuite les pièces avec ses instructions à son collègue du département au tribunal duquel est portée l'affaire.

AVIS

Le directoire exécutif a nommé régisseur de l'enregistrement, en remplàcement du citoyen Quinette , le cit. Bourguignon , ex-ministre de la police , qui a été installé le 26 de ce mois.

INSTRUCTIONS

DÉCADAIRES

Sur l'Enregistrement, Droits y réunis, et Domaines nationaux.

Rédigées par une Société d'Employés supérieurs de la Régie de l'Enregistrement et du Domaine national.

N°. 29.

N°. 213.

ENREGISTREMENT.

Doit-on regarder comme prescrits les droits d'enregistrement d'une transaction faite en bureau de paix, en 1792, contenant supplément de prix d'une vente d'immeubles passée par acte antérieur et duement enregistrée ; et dans le cas où les droits seraient encore exigibles, doit-on enregistrer cette transaction sur la minute ?

La première question ne fait point de doute. La prescription ne s'acquiert qu'après 30 ans, dans

F f

tous les cas qui ne sont point exceptés, et toutes les fois que la loi ne détermine pas un laps de tems plus ou moins long. Or, la loi du 19 décembre 1790, et celles postérieures sur l'enregistrement ne déterminent point le délai après lequel la prescription est acquise pour le cas dont il s'agit, il s'ensuit que l'action en répétition des droits résultant des actes non soumis à l'enregistrement dans le délai prescrit, ainsi que des amendes résultantes des contraventions, ne doit se prescrire que par trente ans.

Tous les délais établis au sujet de la prescription par la loi du 19 décembre 1790 et celles postérieures, sont autant d'exceptions qui ne peuvent s'étendre d'un cas à un autre, et qui confirment la règle générale. Telle est celle établie par l'art. 16 de la loi du 19 octobre 1791, portant que *la prescription des droits dus sur les actes publics antérieurs à la loi du 19 décembre, et non insinués, aura lieu après cinq ans, à compter du jour de leur date.*

Si le législateur eût entendu fixer le même laps de tems pour la prescription des droits dus sur les actes postérieurs à cette loi, il en aurait fait une disposition expresse.

On doit donc conclure du silence de la loi, que le cas dont il s'agit ne sort point de la règle générale, puisqu'on ne peut lui appliquer aucune règle particulière.

D'ailleurs, cette transaction n'ayant pas été présentée à l'enregistrement, ni consignée sur le répertoire de l'officier public, on pourrait soutenir qu'elle doit être regardée comme un acte sous-seing-privé. Or, il n'y a point de prescription pour les actes sous-seing-privé, qui ne sont connus que par l'enregistrement. On peut donc exiger les droits de l'acte dont il s'agit.

A l'égard de la seconde question de savoir si cette transaction doit être enregistrée sur la minute, elle ne peut être douteuse. L'acte tient essentiellement à la translation de propriété, il est le complément de celui qui l'a transmise, il est de même nature ; et comme tel, il est soumis à la même formalité que l'acte duquel il dérive. (Solution de la régie, du 18 thermidor an 7).

N°. 219.

Droit d'enregistrement d'une déclaration portant qu'un objet non compris dans un acte de vente, en fait néanmoins partie.

Un particulier, qui par acte en bonne forme, a vendu ses biens, déclare dans un acte particulier que par oubli, on n'a pas compris, dans le détail des objets vendus, le capital d'une rente perpétuelle de 42 francs, et qu'il entend qu'elle en fasse partie, toujours pour la même somme portée au premier acte de vente.

De quel droit cet acte est-il passible ?

On n'est point d'accord sur la nature de ce second acte.

Les uns y ont trouvé une contre-lettre, les autres une cession de rente constituée.

Nous n'adoptons aucune de ces opinions.

Cet acte n'est point une contre-lettre ; car il n'ajoute rien au prix porté dans le premier acte, et ne change aucune de ses dispositions.

Ce n'est point non plus une cession de rente, puisque d'une part il n'y a point de prix stipulé ; et que de l'autre, le principal de ladite rente, au moyen de la déclaration, est compris au premier acte de vente.

On ne peut donc considérer le second acte que comme une déclaration pure et simple de la part du vendeur, suivant laquelle la rente de 42 fr. quoique non portée dans le premier acte, fait partie des objets vendus et que sa valeur se trouve confondue dans le prix qui y est exprimé.

Nous pensons, en conséquence, qu'il n'est dû pour l'acte dont il s'agit qu'un droit fixe d'un franc, sauf au receveur, s'il pense qu'il y a fausse énonciation du prix total, à requérir l'expertise, comme il y est autorisé par la loi.

Nº. 220.

Lorsque, dans un bail à ferme d'un domaine, il est
stipulé par le cahier des charges que faute de
paiement du prix du bail dans les dix jours qui
suivront l'année, l'adjudicataire demeurera dé-
possédé sans autre formalité, le droit du cau-
tionnement peut-il être exigé pour toutes les
années du bail ?

Oui, un cautionnement est la garantie de
toutes les dispositions d'un acte, il suffit qu'il
puisse produire une action contre la caution,
jusqu'à concurrence du prix convenu avec le
principal obligé, pour que le droit soit exigible
sur tout ce qui est assujéti à cette garantie; or,
dans ce bail, le cautionnement stipulé garantit
le prix des fermages pendant tout le tems de
sa durée; c'est donc sur le prix de toutes les
années que le droit doit être liquidé; la cause de
la dépossession stipulée dans le cahier des charges, à défaut de paiement du prix de la première
année de fermage ne nuit point à la vérité de ce
principe; il dépend du bailleur de ne lui donner
aucune suite, et alors, si la caution ne réclame
pas elle-même la dépossession du preneur, elle
reste garante du paiement des termes échus et à
écheoir, tant que dure sa jouissance.

Au surplus, la régie a toujours décidé dans ce sens, lorsque le cas s'est présenté.

N°. 221.

Comment doit être liquidé le droit des baux faits pour 4, 5, 7 ou 8 années ?

Il est des questions qui, de leur nature, ne présentent absolument aucune difficulté. Telle est celle-ci. Mais comme elle nous a été proposée par différens abonnés, nous pensons devoir y répondre, quoiqu'elle n'offre, en général, qu'un faible intérêt.

L'article 69, §. 3, n°. 2 de la loi du 22 frimaire an 7, porte : « Seront considérés, pour » la liquidation et le paiement du droit, comme » baux de neuf années, ceux faits pour trois, » six ou neuf années ». De ces expressions, plusieurs en ont inféré que les baux de trois ans et au-dessus, quelle que fût leur durée jusqu'à neuf, devaient être enregistrés comme baux de neuf ans. C'est une erreur manifeste. Le droit ne peut être assis que sur le nombre d'années déterminé par le bail. Les baux dont parle la loi sont ceux dans lesquels on stipule qu'ils sont faits *pour* 3, 6 *ou* 9 *ans*, et qu'ils pourront être rési-

liés à l'expiration des trois ou six premières
années, au choix respectif des parties, en s'aver-
tissant trois ou six mois d'avance. Elle a voulu,
pour ces sortes de baux, lever les doutes qu'aurait pu faire naître cette faculté de pouvoir faire
résilier, et de laquelle on aurait pu conclure, à
la vérité sans fondement, que le droit devait être
restreint sur le prix des trois premières années,
sauf à payer le supplément, si le bail continuait
à avoir son exécution.

N°. 222.

PRESTATION DE SERMENT DES JUGES.

*Les expéditions des prestations de serment des juges
élus par le peuple, sont-elles assujéties à la formalité de l'enregistrement?*

Oui, mais comme ces actes ne se trouvent
dénommés dans aucun article de la loi du 22
frimaire, ils appartiennent aux actes compris
sous le n°. 5 du paragraphe 1er. de l'article 68,
et ne sont passibles que du droit fixe d'un franc
sur l'expédition.

(Décision du ministre des finances, du 12
thermidor an 7).

N°. 223.

Les expéditions délivrées par un notaire, des actes reçus par ses prédécesseurs et de ceux dont le dépôt peut lui avoir été fait, soit par les parties, soit après décès ou démission d'un autre notaire, en exécution du titre 3 du décret du 22 septembre 1791, sont-elles exemptes de l'enregistrement?

L'affirmative n'est pas douteuse. L'art. 8 du titre 1er. de la loi du 22 frimaire, porte qu'il n'est dû aucun droit d'enregistrement pour les extraits, copies ou expéditions des actes qui doivent être enregistrés sur les minutes ou originaux.

Cette disposition s'entend de tous les extraits, copies ou expéditions délivrés par les officiers publics sur les minutes ou originaux qu'ils ont en leur possession, soit à titre de dépôt ou autrement.

Ce serait une erreur d'appliquer à l'espèce proposée le nombre 18 du parag. 1er. de l'art. 68 de la loi ; il n'est relatif qu'aux copies ou expéditions collationnées d'actes et pièces représentés et rendus.

Ainsi, pour ne pas s'écarter des principes, il faut faire cette distinction établie par la loi. Point de droit s'il s'agit d'une copie ou expédition dé-

livrée par un notaire sur la minute ou original
dont il est dépositaire ; et le droit est dû si la
collation est faite sur une pièce ou acte *repré-
senté et rendu.*

N° 224.

SUBVENTION DU DÉCIME PAR FRANC.

*La subvention du décime par franc établie par la
loi du 6 prairial an 7, doit être perçue en sus de
tous les droits non acquittés au jour de la publication de la loi dont il s'agit, quoique les actes
soient antérieurs, et dans les délais pour les acquitter.*

Le ministre a consacré ce principe dans sa décision du 6 messidor dernier, relative aux acquéreurs de domaines nationaux, qui sont encore
dans les délais pour payer les droits d'enregistrement. Il n'y a d'exception que pour les droits
que le receveur aurait omis de percevoir sur un
acte enregistré avant l'établissement du décime.
Sa recette doit être forcée, sauf son recours contre
la partie, mais seulement pour la somme qui
était due lors de la formalité donnée.

N°. 225.

DROITS DE GREFFES.

*Dans les interrogatoires sur faits et articles, et les
enquêtes, les défenseurs officieux peuvent-ils plaider
ur de simples notes, sans lever les expéditions ?*
L'article 5 de la loi du 21 ventôse an 7 met

les interrogatoires sur faits et articles, et les enquêtes au rang des actes assujétis sur la minute au droit de rédaction; et l'article 9 fixe en même tems le droit d'expédition dû pour raison des mêmes actes à raison d'un franc le rôle.

Pour éviter les droits d'expédition, ainsi que ceux du timbre et d'enregistrement, il est arrivé dans quelques tribunaux, que les parties ne se font point délivrer d'expéditions. Les défenseurs officieux se contentent de recueillir des notes des déclarations dont ils font usage dans les plaidoyers; et les juges se sont fait donner lecture des mêmes actes sur les minutes.

Le ministre des finances a regardé cet usage comme un abus contraire non-seulement à la loi du 21 ventôse, mais encore à celle concernant les droits d'enregistrement. En conséquence il a décidé, le 6 thermidor, que les minutes ne devaient pas sortir du dépôt du greffe, pour être lues et servir d'instructions à l'audience, et que les parties devaient se faire délivrer des expéditions en forme.

N°. 226.

Le droit de mise au rôle établi par la loi du 21 ven-
tôse an 7, est-il exigible pour les anciennes causes ?

On a pensé que les causes étant insérées sur les registres prescrits par la loi du mois de septembre 1791, ce serait donner un effet rétroactif à celle du 21 ventôse, que de les assujétir au droit de mise de rôle. Pour résoudre cette question, il suffit de savoir si, d'après la loi du 21 ventôse, les anciennes causes peuvent être appelées sur les registres ou rôles formés antérieurement, ou si cette loi a entendu que les appels de causes ne pussent avoir lieu, pour toutes les affaires, que sur les nouveaux rôles cotés et paraphés par le président ; dans le premier cas, il n'y a point de doute que les anciennes causes ne soient exemptes du droit de mise au rôle, et ce serait réellement donner à la loi un effet rétroactif, que de les y assujétir.

Mais l'article 3 de cette loi dit expressément que l'usage des placets pour appeler les causes est interdit, et qu'elles ne pourront l'être que sur les rôles, dans l'ordre du placement.

Nous pensons donc que les anciennes, comme les nouvelles causes, doivent être inscrites sur les nouveaux rôles, et qu'elles sont sujètes au droit de mise au rôle.

N°. 227.

DES POURSUITES ET INSTANCES.]

SUITE DU N°. 197.

N°. 228.

Les affaires suivies à la requête de la régie de l'en-
registrement, dans lesquelles il s'agit de la per-
ception DES FRUITS OU REVENUS DES DOMAINES
NATIONAUX, *doivent subir les deux degrés de juri-*
dictions, lorsque la contestation EXCÈDE 1,000 *fr.*

JUGEMENT DE CASSATION DU 9 PRAIRIAL AN 7,

Rendu sur le rapport du citoyen SIBUET, dans
l'affaire de la veuve BLAIMONT.

La veuve Blaimont, en qualité de fermière de la
ferme de Hautoer, appartenante à l'émigré Beaufort,
devait à la nation une somme d'environ 1,500 francs,
pour le fermage de l'an 3.

Des poursuites et contraintes furent dirigées contre
elle, pour l'obliger à payer cette somme, dont elle
prétendait n'être plus débitrice, au moyen d'un paiement vicieux qu'elle alléguait avoir fait le 1er. fructidor an 5, à l'agent de l'émigré.

La contestation fut soumise au tribunal civil du département de Sambre et Meuse qui, par jugement du
15 fructidor an 6, a déchargé la veuve Blaimont du
paiement demandé.

Ce jugement était contraire aux lois. Il fut dénoncé par la régie au tribunal de cassation; et la

bonté des moyens fut préjugée par un jugement d'admission du 8 nivose an 7, qui fut signifié le 18 pluvios suivant à la veuve Blaimont.

Celle-ci se défendit devant le tribunal; elle signifia un mémoire dans lequel elle soutint que la demande en cassation n'était pas recevable, attendu que le jugement du tribunal de Sambre et Meuse devait être considéré comme rendu *en premier ressort*, puisqu'il s'agissait d'une somme de 1,500 francs, et qu'ainsi la régie aurait dû se pourvoir préalablement *par appel*, et non pas intenter directement une demande en cassation.

L'affaire avait été portée à l'audience du 7 prairi an 7, le citoyen Huart-Duparc, défenseur de la régie, repoussa la fin de non-recevoir, en observant au tribunal, qu'il avait fixé lui-même sa jurisprudence sur la difficulté que l'on élevait maintenant, par plusieurs jugemens rendus l'année dernière, dans des affaires semblables qui lui avaient été soumises par la régie.

Dans ces affaires, comme dans l'affaire présente, il s'agissait *de la perception du revenu des domaines nationaux*, le défenseur de la régie avait alors élevé lui-même la question de savoir, si les jugemens devaient être considérés comme rendus *en premier et dernier ressort*, nonobstant qu'ils prononçassent sur des objets de plus de 1,000 francs; et il avait conclu à l'affirmative, en s'appuyant sur les lois suivantes:

1°. Sur l'article 17 de la loi du 9 octobre 1791, ainsi conçue:

« *La forme de procédure* prescrite par l'article 25 » de la loi du 19 décembre 1790, sera suivie pour

» toutes les instances relatives *aux domaines et droits*
» dont *la régie* est réunie à celle de l'enregistrement».

2°. L'article 25 de la loi du 19 décembre 1790 qui
porte :

« L'introduction et l'instruction des instances rela-
» tives à la perception des droits d'enregistrement ,
» auront lieu par simples requêtes ou mémoires res-
» pectivement communiqués, sans aucuns frais , autres
» que ceux du papier timbré , et des significations des
» jugemens interlocutoires et définitifs ».

3°. L'article 2 de la loi des 6 et 7 septembre 1790
qui s'exprime ainsi :

«Les actions civiles relatives à la perception des im-
» pôts indirects , seront jugées *en premier et dernier*
» *ressort* , sur simples mémoires, et sans frais de pro-
» cédure , par les juges de district, lesquels sélon les
» besoins du service, se formeront en bureau ouvert
» au public, et prononceront après avoir entendu le
» ministère public ».

De ces lois , que l'on vient de présenter dans un
sens rétrograde, il suit, disait le défenseur, que les
affaires relatives *aux revenus des domaines* doivent
être jugées sur-le-champ *en premier et dernier ressort*, et cela résulte de la *combinaison* des articles.

En effet, on apperçoit d'abord une liaison intime
entre les deux derniers articles ci-dessus transcrits.
L'un veut que les actions relatives à la perception des
impôts indirects soient jugées *en premier et dernier
ressort ;* l'autre, règle l'introduction et l'instruction
des instances relatives à la perception du droit d'enregistrement.

Il n'est pas dit dans l'article 25 que les affaires d'enregistrement seront jugées en premier et dernier ressort ; mais cela s'induit nécessairement de l'article précédent, puisque l'enregistrement est *impôt indirect.*

Maintenant que l'on reporte ses regards sur l'article 17 de la loi du 9 octobre 1791, *additionnel à l'enregistrement*, et l'on verra que les instances relatives *aux domaines et droits* confiés à la régie, doivent être jugées *dans la forme prescrite par l'article 25 de la loi du 19 décembre* 1790.

Et puisque cet article indiquait un genre d'instruction, à la suite duquel se prononçait un jugement *en premier et dernier ressort*, il était naturel de conclure que l'article 17 de la loi du 9 octobre 1791 avait eu pour objet de faire juger *de cette manière* les affaires relatives *aux revenus des domaines.*

Le tribunal de cassation, après avoir délibéré, avait accueilli ces réflexions du défenseur ; il avait par suite admis les mémoires en cassation, et définitivement cassé les jugemens dénoncés, sans s'arrêter à la considération que les affaires n'avaient éprouvé qu'un degré de juridiction.

Le ministre de la justice qui avait eu connaissance de ce jugement, avait cru devoir en faire la matière d'une circulaire expresse et détaillée, pour régler la forme de procédure dans ces sortes d'affaires, et lever le partage d'opinions existant dans différens tribunaux.

Mais en dernier lieu, la veuve Blaimont ayant proposé directement une fin de non-recevoir, ce qui n'avait pas été fait lors des jugemens précédens, cette circonstance a éveillé plus particulièrement l'attention du tribunal, et il a mis de nouveau la question en délibéré.

Le 9 prairial an 7, il a rendu un jugement par lequel il a déclaré la régie non-recevable dans sa demande en cassation, attendu que la contestation excédait 1000 fr. et qu'il n'y avait eu qu'un degré de juridiction.

Il s'est fondé 1°. sur la loi de l'organisation judiciaire, qui accorde en général aux citoyens deux degrés de juridiction; droit qui ne peut être enlevé, si ce n'est par une expression expresse contenue dans une loi.

2°. Il a considéré que *cette exception* n'existait pas dans l'espèce d'une manière expresse, et qu'on ne pouvait l'induire de l'art. 17 de la loi du 9 octobre 1791, parce que cet article, en parlant de *forme de procédure*, se référait seulement à l'art. 25 de la loi du 9 décembre 1790, qui se bornait à dire que l'instruction se ferait *par mémoires respectivement communiqués et sans frais;* qu'ainsi la relation existante entre les deux articles avait seulement pour objet de faire juger les affaires relatives aux domaines, dans une forme plus simple, mais non pas de les exempter des deux degrés de juridiction, chose pour laquelle il aurait fallu une disposition expresse. Dès-lors, il a regardé l'art. 2 de la loi des 6 et 7 septembre 1790, comme uniquement relatif aux *impôts indirects*, et par conséquent sans application à l'espèce.

Nota. Le 17 messidor dernier, le tribunal de cassation a rendu un second jugement semblable. Ainsi cette dernière jurisprudence paraît fixée, d'autant plus que l'un des jugemens est émané de la section temporaire, et de l'autre de la section civile du tribunal de cassation, et qu'ainsi un plus grand nombre de juges a concouru à la former.

INSTRUCTIONS

DÉCADAIRES

SUR L'ENREGISTREMENT, DROITS Y RÉUNIS, ET
DOMAINES NATIONAUX,

*Rédigées par une Société d'Employés de la
Régie de l'Enregistrement et du Domaine
national.*

(Nº 30.)

A R T. 228.

E N R E G I S T R E M E N T.

*Sur quel pied doit-on fixer le capital d'une rente
constituée au futur par ses père et mère dans son
contrat de mariage.*

Par le contrat de mariage de Titius, ses père et
mère l'instituent leur héritier universel et lui consti-

G g

tuent, en avancement d'hoirie, une somme de 2400 fr. payable chaque année.

Pour la liquidation du droit d'enregistrement, l'on a estimé que le capital de cette constitution devait être réglé à raison du denier vingt de la rente.

Cette fixation ne nous paraît pas exacte. L'intention des parties ne peut avoir été de créer une rente perpétuelle ; elles ne se sont point expliquées à cet égard, leur silence prouve que la rente ne serait payable que jusqu'au décès des père et mère, conséquemment elle est simplement viagère. Tout s'oppose à ce qu'on puisse la considérer comme une rente perpétuelle ; 1°. le futur est institué héritier universel par ses père et mère, ceux-ci n'ont donc pas voulu créer à son profit une rente perpétuelle, puisqu'à leur décès il doit recueillir l'universalité de leur succession. 2°. Dans le cas même où l'institution d'héritier ne pourrait avoir son effet, parce qu'au décès de ses père et mère le futur ne serait pas seul et unique héritier, le partage, par égalité, qui, en ce cas, devrait avoir lieu entre tous les enfans, d'après les lois nouvelles sur les successions, s'opposerait également à toute idée de création d'une rente perpétuelle. Ainsi, nous estimons que le droit d'enregistrement doit être réglé sur le capital au denier 10 de la constitution dont il s'agit.

ART. 229.

Quel est le droit dû pour une donation faite dans un contrat de mariage par le futur à la future, d'une somme de 30,000 fr. à prendre SUR LA SUCCESSION DU DONATEUR.

Ceux qui ne chercheront point à approfondir quel est l'effet de cette donation, se persuaderont peut-être qu'elle présente la même question que celle proposée par l'art. 199 des instructions du 11 thermidor, n°. 26, mais l'espèce en est tout-à-fait différente.

Dans l'hypothèse de la question, sous l'art. 199, la donation est faite à la future, soit qu'*elle survive ou non*, dès-lors elle est actuelle, indépendante de tout événement de décès, et elle doit nécessairement avoir lieu au profit de la future ou de ses héritiers directs ou collatéraux, conséquemment elle est assujétie au droit proportionnel au moment où la formalité est donnée à l'acte.

Dans l'espèce actuelle, au contraire, la donation étant faite d'une somme à prendre *sur la succession du donateur*, ne peut avoir d'effet que lors du décès du futur. Par conséquent, elle devient donation à cause de mort; elle ne produira même aucun effet, si la future prédécède sans enfans. C'est ainsi qu'il a été jugé en la grande chambre du ci-devant parlement de Paris, le 19 mars 1759, contre Deboris , héritier du donataire prédécédé qui a été débouté de sa demande. Les motifs de cet arrêt sont : 1°. « Que la donation » d'une somme à prendre sur la succession du » donateur , considérée dans la thèse générale , » et abstraction faite de la faveur du mariage , est » une disposition à cause de mort. 2°. Que la » faveur du mariage fait qu'une pareille donation » a son effet en faveur des conjoints et de leurs » descendans , mais qu'elle n'en change point de » nature , de manière que relativement aux col- » latéraux , elle est toujours donation à cause » de mort sujette à caducité. »

Ainsi , dans ce cas , il ne doit être perçu , lors de l'enregistrement du contrat , que 3 francs fixe , sauf le droit proportionnel lors de l'événement.

Il ne doit être perçu également que 3 francs fixe sur les donations ci-après.

1°. Pour celle faite par la future , *dès à présent au futur ce acceptant pour lui , ses hoirs et ayans-cause.* Jugé au même parlement le 29 février 1760 que ces derniers termes ne signifiaient rien autre chose , sinon que les héritiers du donataire jouiraient après lui , s'il jouissait lui-même ; conséquemment , que la donation à leur égard ne pouvait avoir d'effet par le prédécès du donataire.

2°. Et pour une donation de tous les biens appartenans à la future au tems du contrat de mariage, pour, par le futur, *en jouir en pleine propriété, du jour du décès de ladite future*. Il a été aussi jugé, le 30 août 1760, que l'effet de cette donation ne pouvait s'étendre aux héritiers du donataire prédécédé, dont la jouissance, d'ailleurs ne devait commencer qu'au décès de la donatrice.

On nous a opposé ces arrêts pour combattre l'opinion que nous avons émise sous l'art. 199; mais comme ils ne sont nullement applicables à la donation qui a fait l'objet de la question, nous persistons à penser qu'elle donne ouverture au droit proportionnel.

Au reste, dans tous ces cas, il faut s'assurer que d'après les termes de l'acte et la jurisprudence suivie, l'effet de la disposition dépend du prédécès du donateur ou autre événement, et qu'ainsi le donataire n'est pas actuellement saisi. Le receveur doit avertir, dans sa relation sur l'acte, du droit proportionnel à payer lors de l'événement, et consigner l'article sur sa table des dispositions éventuelles.

ART. 230.

D'après quelles lois la quotité des droits d'enregis-
trement doit-elle être fixée à l'égard des actes sous
signature privée présentés à la formalité?

Cette question nécessite une distinction. Si
l'acte sous signature privée qui est présenté à
l'enregistrement est d'une date antérieure à la
publication de la loi du 22 frimaire an 7, la perception doit être établie d'après la loi du 9 vendémiaire an 6, et celles antérieures, qui étaient
suivies à l'époque de cette publication.

Si l'acte est d'une date postérieure, c'est la
loi du 22 frimaire qui doit régler la perception.

En effet, l'article 73 de cette loi porte que
celles précédemment rendues continueront d'être
exécutées à l'égard des actes faits et des mutations, par décès, effectuées avant sa publication.

La disposition étant absolue, on ne peut opposer le principe général que les actes sous - seing
privé n'ont point de date avant l'enregistrement.

La régie s'est expliquée sur cette question par
sa circulaire du 23 frimaire an 7, n°. 1450.

Ce que nous disons ici n'est point en contra-
diction avec les principes rappelés à l'article 102
de notre feuille, n°. 16, où il est question d'un
acte sous-seing privé, du 29 fructidor an 2.

enregistré le 16 nivose an 6 , d'après la loi en vigueur à l'époque de la formalité.

En effet , cet acte ayant été *fait* et *enregistré* antérieurement à la loi du 22 frimaire , le principe général qui voulait qu'un acte sous-seing privé n'eût de date qu'à compter du jour de l'enregistrement, a dû être suivi.

Mais pour les actes sous-seing privé *antérieurs* à la loi précitée, du 22 frimaire , et présentés à l'enregistrement, postérieurement à sa publication , il suffit qu'ils aient été faits antérieurement à cette publication , pour qu'ils doivent être enregistrés conformément au principe posé par la dernière loi.

A r t. 231.

La stipulation dans un contrat d'acquisition faite par un mari et sa femme , que le survivant jouira en usufruit de l'objet acquis , donne-t-elle ouverture au droit fixe de 3 francs ?

Cette clause, qui ne nuit point au droit qu'à le mari de disposer des conquês de la communauté , a été insérée dans un contrat de vente passé dans l'étendue d'une coutume qui accorde aux conjoints par mariage , l'usufruit de la moitié du prémourant , dans les acquisitions faites pendant la communauté.

D'après ces motifs , l'on a pensé que le droit fixe sur cette disposition ne pouvait être exigé.

Mais c'est une erreur. Suivant l'article 11 de la

loi du 22 frimaire an 7, il est dû un droit particulier pour chacune des dispositions indépendantes ou ne dérivant pas les unes des autres
contenues dans les actes. Or, la donation mu-
tuelle d'usufruit au profit du survivant des époux,
dans un acte d'acquisition, ne dérive en aucune
manière de la vente. Le droit fixe de trois francs,
réglé par l'article 68, § 3, n°. 5 de la loi, doit
donc être perçu.

Les motifs allégués contre la légitimité de ce
droit ne sont d'aucune considération.

De ce que le mari peut disposer par vente des
biens acquis, et rendre conséquemment de nul
effet la réserve de l'usufruit, au profit du survivant, il résulte que la donation est éventuelle; et
c'est par cela même qu'elle est éventuelle, que la
loi ne la soumet qu'au droit fixe de 3 francs,
sauf le droit proportionnel lors de l'événement,
c'est-à-dire si la donation a son effet.

De ce que la coutume locale accorde au survivant des époux l'usufruit des biens acquis pendant le mariage, l'on n'est point fondé à conclure
que la disposition contenue dans le contrat de
vente n'ajoute rien au droit qui lui était déjà at-
tribué, parce que, d'après la nouvelle législation,
le survivant des époux ne peut plus prétendre, en
vertu de la coutume, à l'usufruit des conquets de
la communauté appartenant au prédécédé ; il ne

ne peut y avoir droit que par une disposition con-
ventionnelle entre les parties, et cette disposition,
dans quelqu'acte qu'elle soit renfermée, donne
ouverture au droit particulier de 3 francs, en conformité de l'article 68, § 3, n°. 5 de la loi du 22
frimaire,

ART. 228.

DES POURSUITES ET INSTANCES.

SUITE DE L'ART. 197.

*Du pourvoi en cassation et du mode de procéder après
le jugement de cassation.*

On a vu, page 429, qu'aux termes de l'art. 14 de la loi
du 16 août 1790, le délai pour se pourvoir au tribunal de
cassation était de trois mois à partir du jour de la signification des jugemens que l'on veut attaquer. A cette
disposition, confirmée par l'article 14 du décret du 27
novembre 1790, il a été ajouté par décret du premier
brumaire an deux, que dans les trois mois du délai, ne
seraient pas compris, ni le jour de la signification du
jugement à personne ou domicile, ni le jour de l'aché-
ance, non plus que les jours complémentaires. Il ne peut
être accordé de relief de laps de tems aux termes de l'article 15 de la loi du 2 brumaire an 4.

Nous avons également fait connaître, page 430, que le
recours en cassation n'était ouvert contre les jugemens
préparatoires et d'instruction, qu'après le jugement définitif. (Art. 15 de la loi ou 2 brumaire an 4.)

Les articles 16, 17 et 18 de la même loi déterminent
la forme d'instruction ; ils portent,

Art. XVI.

L'instruction au tribunal de cassation se fera par simple requêtes ou mémoires déposés au greffe; ils ne pourront y être reçus, et les juges ne pourront y avoir égard, que lorsqu'on y aura joint, en les déposant, l'original de la signification à la partie ou à son domicile, excepté pour la requête ou mémoire introductif, qui ne sera signifié, qu'en cas d'admission et avec le jugement d'admission.

Art. XVII.

La requête ou mémoire de cassation, en matière civile, ne sera pas reçue au greffe, et les juges ne pourront y avoir égard, à moins que la quittance de consignation d'amende n'y soit jointe.

Seront néanmoins dispensés de la consignation d'amende,

1°. Les agens de la république, lorsqu'ils se pourvoiront pour affaires qui la concernent directement.

2°. Les citoyens indigens, aux termes de la loi du 8 juillet 1793.

Art. XVIII.

Il ne pourra en matière civile y avoir plus de deux mémoires de la part de chaque partie, compris en ce nombre la requête introductive.

Pour mettre la régie à portée d'exécuter ces dispositions, les directeurs doivent se procurer les expéditions en forme et duement enregistrées, des jugemens susceptibles d'être réformés, à moins que la signification n'en ait été faite à ses préposés, et faire parvenir ces pièces assez promptement pour que la requête puisse être rédigée et présentée à tems utile. Il est essentiel qu'ils y joignent les procès-verbaux ou copie des titres qui ont donné lieu à l'instance, ainsi que tous les actes de procédure signifiés, parce que la requête doit en présenter l'analyse et les dates, et qu'il est quelquefois indispensable de les joindre.

Il faut enfin observer que s'il s'agissait de pourvoi en cassation contre des jugemens rendus sur des questions de propriété, ce sont les commissaires du directoire exécutif, auxquels est attribuée, dans ce cas, la poursuite, qui doivent exercer le recours. Un jugement rendu par le tribunal de cassation, le 21 prairial an 7, a décidé ce principe. Les directeurs doivent donc se borner alors à provoquer les diligences des commissaires du directoire et les fixer sur le vœu de la loi.

La requête est portée d'abord à la section des requêtes du tribunal de cassation, par laquelle elle est admise ou rejettée. Si elle est *admise*, le jugement porte permission d'assigner à comparaître dans le délai de la loi. Ce délai est de 3 mois aux termes de l'art. 30 du titre 4 de la première partie du réglement du conseil de 1738, dont l'exécution a été ordonnée par l'article 25 de la loi du 2 brumaire an 4. Cet article déclare que le demandeur en cassation, faute d'avoir fait signifier dans ledit tems le jugement d'admission qu'il a obtenu, *demeurera déchu de la demande en cassation, sans qu'on puisse y avoir égard par la suite, sous quelque prétexte que ce soit.*

Il importe, pour prévenir la déchéance, que les directeurs ne diffèrent point de faire signifier les jugemens d'admission aussitôt qu'ils leur sont parvenus.

Aux termes de l'article 1 du titre premier de la seconde partie du réglement du 28 janvier 1738, cette signification doit être faite au domicile de la partie; si elle est absente, et si sa maison est fermée ou vacante, l'huissier doit afficher la signification à la porte et en faire mention dans l'original de son acte. Cette signification contiendra sommation de fournir les moyens de défense dans le délai de l'ordonnance, et le nom du défenseur, (Article 2, titre *ibid.* du réglement ci-dessus cité.)

Modèle *de la signification.*

L'an . . . . le . . . .
à la requête des citoyens régisseurs de l'enregistrement et du domaine national, demeurans à Paris, lesquels font élection de domicile, aux fins des présentes, en la demeure du citoyen HUART DU PARC, leur fondé de pouvoir, située à Paris, rue Benoît, Nº. 836, division de l'Unité ; je
     Huissier patenté . . exerçant auprès du tribunal civil de . . . soussigné, ai signifié et avec ces présentes donné copie au citoyen . . . .
(Il faut dénommer toutes les personnes comprises dans le dispositif du jugement d'admission, et ne pas assigner d'autres personnes que celles dénommées ; (Article 7 du titre premier, deuxième partie du réglement de 1738.)
demeurant . . . . . . parlant à
d'un jugement rendu par le Bureau des Mémoires du Tribunal de cassation, le
duement signé, scellé et enregistré, portant admission du mémoire y inséré, et ce faisant, et en vertu dudit jugement, j'ai donné assignation audit
à comparaître dans les délais du Réglement, devant le tribunal de Cassation, établi à Paris au Palais de justice, pour y répondre et procéder sur et aux fins desdits mémoire et jugement, circonstances et dépendances, et en outre comme de raison, requérant dépens, et j'ai audit
     parlant comme dessus, laissé

copie, tant desdits mémoire et jugement, que du présent, à ce qu'il n'en ignore, dont acte.

Les directeurs doivent recommander la plus grande
attention dans la signification des jugemens d'admission, parce que la moindre faute peut occasionner la déchéance de la demande en cassation; et porter le plus
grand préjudice à la république.

Lorsque la signification est faite, les directeurs auront
soin de renvoyer le jugement d'admission, avec l'original
de la signification, pour donner suite à l'instance.

Les parties assignées ont, pour produire leurs défenses
au tribunal, un délai différent suivant les distances. On
suit encore ce qui est prescrit par l'art. 3 du titre 1er., 2e.
partie du règlement de 1738. Les citoyens domiciliés dans
le ressort des ci-devant parlemens de Languedoc, Guyen-
ne, Grenoble, Aix, Pau, Besançon et Bretagne, ont *deux
mois* pour se présenter; ceux domiciliés dans le ressort
des ci-devant parlement de Paris, Rouen, Dijon, Metz
et Flandre, *un mois*, et ceux qui habitent dans l'étendue
de la ville de Paris, ou de dix lieues à la ronde, *quinze
jours.*

Lorsque les parties assignées ont laissé passer les délais ci-dessus, sans présenter aucunes défenses, on prend
contre eux un certificat de défaut, et on poursuit le jugement de l'instance. Les jugemens par défaut ne sont
pas rendus sans examen; ils le sont, après un rapport
préalable et public, et après avoir entendu les conclusions du commissaire du directoire exécutif.

Les jugemens de cassation par défaut, peuvent être
attaqués par la voie de l'opposition, en se conformant à ce
qui est ordonné par l'art. 11 du titre 2, 2e, part. du règlement de 1738, qui veut que le défendeur obtienne un
jugement de restitution, et le fasse signifier, *le tout,*

dans trois mois, *à compter du jour de la signification du jugement par défaut*, lorsque l'assignation a été donnée *à deux mois*; *dans deux mois*, lorsque l'assignation a été donnée *à un mois*; et *dans un mois* lorsque l'assignation a été donnée *à quinze jours*.

Lorsqu'il est intervenu un jugement de cassation, soit par défaut, soit contradictoire, le directeur auquel l'expédition est adressée, doit le faire signifier au défendeur, avec sommation de payer les frais liquidés, et d'acquitter les droits qui avaient d'abord été refusés.

Si le jugement est *par défaut*, le défendeur peut y former opposition, comme on vient de le dire.

S'il est contradictoire, il peut encore saisir un autre tribunal de la connaissance de la contestation, parce que le tribunal de cassation *ne connaît pas du fond des affaires*, et qu'il se borne à renvoyer l'affaire *devant les juges qui en doivent connaître.*

Ainsi, dans le premier cas, *une opposition* devra arrêter les poursuites.

Dans le second, le directeur fera les diligences nécessaires pour saisir un nouveau tribunal, en suivant la marche tracée par l'art. 24 de la loi du 2 brumaire an 4, ainsi conçu :

« En matière civile, lorsque la procédure seule aura
» été cassée, elle sera recommencée, à partir du premier
» acte où les formes n'auront pas été observées. Si le ju-
» gement seul a été cassé, l'affaire sera portée devant l'un
» des tribunaux d'appel de celui qui avait rendu le juge-
» ment. Ce tribunal sera déterminé de la même manière
» que dans le cas d'appel. Il procédera au jugement sans
» nouvelle instruction. »

L'article 219 du titre 8 de l'acte constitutionnel, porte :

» l'appel des jugemens prononcés par le tribunal civil, se
» porte au tribunal civil de l'un des trois départemens
» les plus voisins, ainsi qu'il est déterminé par la loi. »

En conséquence de ces différentes dispositions, si l'intention de la partie adverse est de soumettre l'affaire à un
nouveau tribunal, le directeur de la régie doit faire procéder aux exclusions dans la forme usitée pour les appels; et lorsqu'il y a un tribunal saisi par l'effet des
exclusions, il fait parvenir les pièces et instructions nécessaires à son confrère, résidant dans le ressort du
nouveau tribunal, dans un délai suffisant, après avoir fait
donner à la partie une assignation pour y comparaître.

Ici il se présente une difficulté que les lois n'ont pas
prévue. Dans les contestations où il y a deux dégrés de
jurisdiction ; il peut arriver que l'un des trois tribunaux
d'appel de celui qui a rendu le jugement cassé, *ait déjà
connu de l'affaire*, et alors le nombre devient incomplet
pour faire les exclusions. Cela résulte de ce que par erreur sans doute, on a indiqué souvent, dans le tableau
général, deux tribunaux *comme tribunaux d'appel à
l'égard l'un de l'autre*.

Ainsi, en suivant la voie ordinaire des exclusions sur
trois tribunaux, il serait possible que l'affaire fût reportée
devant l'un des tribunaux qui en aurait déjà connu en
première instance, ou sur appel.

Pour éviter cet inconvénient, il ne reste d'autre
parti à celui qui veut accélérer la décision, que d'exclure
le tribunal qui a déjà connu de l'affaire, afin que l'autre
partie, en excluant sur les deux autres tribunaux, saisis-
se nécessairement *un tribunal nouveau*.

Autrement, si après les exclusions respectives, le tri-

bunal restant se trouvait *avoir déjà connu de la contes-*
tation , il faudrait nécessairement se pourvoir en réglement de juges devant le tribunal de cassation , ce qui oc-
casionnerait des longueurs et des frais.

Cette question concerne plus particulièrement les commissaires du directoire exécutif près les départemens ,
chargés de défendre les intérêts de la nation sur *les contestations relatives à la propriété*; mais il était utile d'en
instruire les préposés de la régie qui doivent surveiller et
diriger la marche de ces affaires , par le canal des commissaires du directoire.

Si la requête de la régie n'est point admise , ou s'il
intervient après l'admission un jugement qui la rejette ,
il n'y a plus lieu de contester la validité du jugement du
tribunal civil , et s'il n'a été provisoirement exécuté , il
faut y obtempérer , et faire acquitter les frais sur la signification du jugement de cassation et sommation qui
en est faite.

Enfin , il est des affaires sur lesquelles s'élève un con-
flit entre les autorités judiciaires et administratives. L'article 27 de la loi du 21 fructidor an 5, veut , dans ce cas
qu'il soit sursis jusqu'à décision du ministre, confirmée
par le directoire exécutif, qui en réfère , s'il en est besoin,
au corps législatif.

INSTRUCTIONS

Sur l'Enregistrement , Droits y réunis, et Domaines nationaux.

Rédigées par une Société d'Employés de la Régie de l'enregistrement et du domaine national.

N°. 31.

N°. 234.

ENREGISTREMENT.

Les fournisseurs de la république , ou leurs agens , sont-ils dispensés de faire enregistrer dans le délai fixé par la loi, les adjudications de domaines nationaux qui leur sont faites ?

Dans le numéro 18, page 274 de nos Instructions Décadaires , nous avons inséré une

H h

décision du ministre des finances du 22 germinal an 7, portant que les fournisseurs de la république étaient passibles du double droit comme les autres adjudicataires, lorsqu'ils ne justifiaient pas avoir versé à la trésorerie, avant l'expiration du délai, le montant des droits d'enregistrement de leurs adjudications. Le ministre a rapporté depuis cette décision; en conséquence, on ne peut pas exiger des fournisseurs le paiement du double droit, pour les adjudications dont il s'agit, quoiqu'ils présentent en paiement une rescription d'une date postérieure à l'expiration du délai dans lequel ces adjudications doivent être enregistrées.

(*Décision du ministre du 16 floréal an 7.*)

Nº. 235.

Un cautionnement passé devant un juge de paix, pour une somme de 80 francs, opère-t-il le droit proportionnel de 50 centimes, ou le droit fixe d'un franc.

L'article 69, § 2, Nº. 8 de la loi du 22 frimaire an 7 assujétit au droit de 50 centimes par 100 francs les cautionnemens de sommes et objets mobiliers, (sans distinction de ceux passés devant notaire ou en justice.)

Suivant l'article 6, le moindre droit à percevoir sur un acte qui donne lieu au droit
proportionnel, doit être du montant de la quotité sous laquelle chaque acte se trouve classé.

Ces dispositions claires et précises établissent une règle générale dont il n'est pas permis de s'écarter, à moins qu'il n'y soit dérogé
par une exception formelle. Dans l'espèce,
cette exception n'existe pas ; il y a donc lieu
de conclure que le cautionnement dont il s'agit
n'opère que le droit proportionnel de 5o cent.
et non le droit fixe d'un franc.

Cependant ceux qui embrassent l'opinion
contraire, s'appuient des moyens suivans : " en
" considérant la loi dans son ensemble, on
" voit que son esprit est que le moindre droit
" d'enregistrement d'un acte judiciaire soit d'un
" franc. Les numéros 46 et 47 du § premier
" de l'article 68, et 9 du § 2 de l'article 69
" ne laissent aucun doute à cet égard. Or, il
" est incontestable que le cautionnement dont
" il s'agit est un acte judiciaire, il doit donc
" être passible du droit fixe d'un franc. "

Mais, par ce raisonnement, on confond et les
choses et les principes établis par la loi, on les
étend d'un cas à un autre, et l'on en tire une conséquence erronée ; pour le démontrer, il suffit
de rappeler les articles mêmes que l'on invoque et

de prouver que leur application ne peut être faite à un cautionnement passé au greffe de la justice de paix.

L'art. 68 § 1er. n°. 46 porte: *Les actes et jugemens préparatoires, interlocutoires ou d'instructions des juges de paix etc.*, (cette première disposition, sans contredit, n'a rapport qu'aux actes et jugemens simplement préparatoires, et comme tels assujétis au droit fixe, elle ne peut donc s'appliquer à ceux définitifs et passibles du droit proportionnel) *et leurs jugemens définitifs portant condamnation de sommes, dont le droit proportionnel ne s'éleverait pas à un franc.* (Cette 2e. disposition fait exception à la règle générale établie par l'article 6 précité; dès lors elle doit être restreinte au cas déterminé, c'est-à-dire, aux jugemens portant condamnation, sans pouvoir être appliquée à aucun autre acte.)

Le n°. 47 du même § est conçu en ces termes: « Tous les procès-verbaux des bureaux de » paix desquels il ne résulte aucune disposi- » tion, donnant lieu au droit proportionnel, » ou dont le droit proportionnel ne s'éleverait » pas à un franc. »

Cet article ne comprend que les procès-verbaux *des bureaux de paix*, il ne peut donc être étendu aux actes de la justice de paix. En effet, la loi a distingué par-tout, et elle a classé dans des articles différens les actes des bureaux , et ceux de la justice de paix.

D'après cette distinction , l'application que l'on voudrait faire du nombre 47 aux actes de la justice de paix , ne peut être fondée. La raison en est, d'ailleurs, que l'exception portée par cet article à la disposition générale de l'article 6 tient à la nature de l'acte qui est un procès-verbal dressé en bureau de paix et contenant le dire des parties etc.

Enfin , l'article 69 , § 2 , n°. 9 , établit la perception de 50 centimes par cent francs sur les expéditions des jugemens contradictoires, ou par défaut des juges de paix, portant condamnation, collocation, ou liquidation de sommes et valeurs mobiliaires , *sans que le droit puisse être au-dessous d'un franc.*

Il est sans doute inutile de remarquer que cet article n'est que le corrélatif du nombre 46, § Ier. de l'article 68 ; d'où il résulte que l'observation que nous avons faite sur ce dernier article s'applique nécessairement à celui-ci. On ajoutera encore que, dans le cas de l'art. 69 , il s'agit des droits dûs sur des *expéditions de jugemens* portant condamnation, ect. , tandis que , dans l'espèce actuelle , il s'agit des droits dont est passible *un acte judiciaire* à enregistrer *sur la minute*; conséquemment il n'y a point de parité.

L'on doit considérer aussi qu'un cautionnement passé en justice ne tient nullement au contentieux, que la présence du juge n'y est point nécessaire, que c'est une espèce d'acte volontaire passé en justice; d'où il résulte qu'il ne peut être soumis à un plus fort droit que celui passé devant notaire, puisqu'aucune différence n'a été faite par la loi entre l'un et l'autre.

En nous résumant, nous observerons que, quant à la perception des droits proportionnels, la quotité en est la même indifféremment et pour les actes judiciaires et pour ceux passés devant notaires. La seule exception qui existe à cet égard, n'est relative qu'aux jugemens de condamnation, et aux procès-verbaux des bureaux de paix. Cette exception est déterminée par la seule nature de l'acte. Ainsi, tout milite en faveur de la perception du droit proportionnel de 5o centimes pour le cautionnement dont il s'agit.

N°. 236.

Adjudication du service des étapes ou convois militaires.

L'on a prétendu que ces adjudications ne devaient être assujéties qu'au droit fixe d'un franc,

réglé par l'article 68 , § 1er., n°. 51 de la loi du
22 frimaire an 7 , sous prétexte que l'objet ad-
jugé n'est pas susceptible d'évaluation , le plus
ou moins de fournitures dépendant de circonstances qu'on ne peut prévoir.

Il est évident , au contraire , qu'il s'agit d'un
véritable marché , sujet au droit proportionnel
d'un franc par 100 franc , suivant l'art. 69 , § 3 ,
n°. 1.

S'il est vrai qu'on ne puisse pas faire une évaluation, rigoureusement juste, de l'objet de l'adjudication , on peut du moins l'évaluer par ap-
proximation , et prendre à cet effet pour base le
montant des fournitures des années précédentes ,
constaté par les registres et par les paiemens qui
ont été faits. C'est aux adjudicataires à faire leur
déclaration estimative , conformément à l'article
14 , n°. 4.

N°. 237.

Les arrêtés des administrations centrales de dépar-
tement , portant confirmation absolue et défini-
tive, en faveur des engagistes , conformément à
la loi du 14 ventose an 7 , sont-ils assujétis à
l'enregistrement ?

Dans ce cas, le droit est-il perceptible sur le quart
seulement que ces engagistes sont tenus de payer ?
. quelle est la quotité de ce droit ?

La loi du 14 ventose an 7 ne contient aucune
disposition qui assujétisse ces arrêtés à l'enre-

gistrement ; mais celle du 22 frimaire an 7, n'exceptant que les actes d'administration publique, non compris dans les articles qui précèdent le titre des exceptions, et les actes qui intéressent des particuliers ainsi que les ventes de domaines nationaux, étant soumis à cette formalité par cette loi et par celle du 26 vendémiaire an 7, il est hors de doute que sous quelque rapport que l'on considère les arrêtés dont il s'agit, ils doivent être enregistrés.

Pour savoir si le droit doit être perçu sur le quart seulement, il suffit d'examiner l'art. 14 de la loi du 14 ventose an 7 ; il porte que les détenteurs seront *maintenus* ou *réintégrés* dans leur jouissance, s'ils en ont été dépossédés, et qu'ils seront *reconnus* et *déclarés propriétaires incommutables*. Les expressions de la loi prouvent évidemment que la première aliénation n'est pas révoquée, mais seulement ratifiée ou confirmée moyennant un supplément de prix du quart de la valeur. Ce n'est donc que sur ce quart que le droit d'enregistrement est exigible.

Enfin, à l'égard de la quotité de ce droit, l'acte dont il s'agit, étant le complément d'une aliénation de domaines nationaux, il est dû, comme pour les ventes de ces biens, deux pour cent, sur la valeur du quart payé par les dé-

tenteurs , conformément à la loi du 26 vendémiaire an 7.

(*Ainsi décidé par la Régie , le troisième jour
complémentaire an* 7.

Nº. 238.

TIMBRE.

*LES mémoires , consultations , observations ,
précis et autres écrits rédigés pour la défense
des parties sont-ils dans tous les cas assujétis
au timbre.*

L'art. 12 de la loi du 13 brumaire an 7 ,
assujétit au droit de timbre de dimension ,
1º. les actes des avoués et défenseurs officieux
près les tribunaux, et les copies ou expéditions
qui en sont faites ou signifiées.

2º. Les consultations , mémoires , observations et précis *signés des hommes de loi et défenseurs officieux.*

L'art. 16 n'exceptant point les mémoires
imprimés, on a pensé qu'en général , ils étaient
assujétis au timbre, suivant l'art. Ier. portant
qu'il n'y a d'autres exceptions que celles nommément exprimées dans la loi.

D'un autre côté on a soutenu qu'il n'y a de
soumis au timbre que les exemplaires signifiés
des mémoires imprimés, et que ceux distribués au public en sont exempts.

Sur ces différentes opinions, la Régie a, par une solution du 29 thermidor an 7, établi les distinctions suivantes :

„ Les mémoires imprimés, distribués au
„ public ne sont point soumis au timbre, à
„ moins qu'ils ne soient signés par les hommes
„ de loi ou les défenseurs officieux. „

„ Il en est de même de ceux qui ne sont
„ signés que des parties ; ils ne sont sujets
„ au timbre qu'autant qu'ils seraient produits
„ dans l'instance. La distribution faite indi-
„ viduellement aux juges n'est point considérée
„ comme production. „

No. 239.

AVIS IMPRIMÉS.

La loi du 6 prairial an 7 assujétit au timbre *les avis imprimés.* On s'est prévalu de cette expression pour soutenir que les avis pouvaient êrre timbrés après l'impression. Sur le rapport de cette difficulté, fait à la Régie, elle a décidé le 6 fructidor dernier, que le papier destiné aux avis devait, comme celui des journaux, être timbré avant l'impression.

No. 240.

DOMAINES NATIONAUX.

Rentes viagères constituées en faveur d'individus qui sont émigrés. — *Ces rentes doivent-elles continuer d'être servies, et pour quel tems ?*

Plusieurs débiteurs de ces rentes ont voulu se

faire , de l'émigration de ceux à qui ils les ser-
vaient, un titre pour se refuser à les servir. Ils
ont dit : L'existence des rentes viagères est subordonnée et tient essentiellement à la durée de
la vie du créancier ; les émigrés sont morts civilement, ils ne peuvent exercer aucun droit en
France. Les rentes se trouvent donc éteintes ; la
nation qui les représente n'a d'autres droits qu'eux-
mêmes ; et comme elle ne peut justifier de leur
existence, elle ne peut, par la même raison ,
former aucune demande contre le débiteur.

On a opposé à ces motifs les dispositions des
lois des 28 mars et 3 juin 1793. La première
déclare que la mort civile , dont sont atteints les
émigrés , ne peut , pendant cinquante ans , être
opposée à la république ; la seconde porte que
les usufruits dûs aux émigrés seront perçus par
la nation , pendant tout le tems qui sera déterminé , pour leur durée , par le corps législatif.

Ces deux lois , les seules rendues dans l'espèce , établissent clairement que jusqu'à ce que
le corps législatif ait prononcé définitivement
sur la durée de la vie présumée des émigrés, les
rentes viagères doivent continuer d'être servies à
la nation qui les représente.

Par ces motifs , le tribunal du département de
l'Orne a condamné , par jugemens des 7 nivose
an 6 et 28 prairial an 7 , plusieurs créanciers
de ces sortes de rentes à continuer de les servir.

No. 241.

DOMAINES ENGAGÉS.

Les engagistes légalement dépossédés, en vertu de la loi du 10 frimaire an 2, peuvent-ils, après avoir rempli les formalités prescrites par les articles 13 et 14 de la loi du 15 ventose an 7, rentrer dans la propriété des domaines dont ils ont été dépossédés ; et dans le cas de l'affirmative, sont-ils tenus de rembourser les dépenses des réparations, améliorations et autres qui ont été faites pour le compte de la république, depuis qu'elle s'était mise en possession?

La première question ne souffre pas de difficulté. Loin de s'opposer à la réintégration, la loi l'autorise, en disant qu'il sera fait déclaration des biens non encore vendus par la nation ; et la circulaire, n°. 1531, fait connaître que les engagistes, même dépossédés, sont admis à jouir de l'avantage prévu par l'article 14, lorsque les biens ne sont pas aliénés.

Quant à la seconde question, la loi se tait ; mais il est évident qu'on ne peut pas plus exiger des engagistes le remboursement des réparations et améliorations qui ont pu être faites pendant que la république jouissait, qu'on ne peut exiger de la nation la restitution des fruits perçus. — Les réparations ont amélioré le bien ; l'estimation en sera d'autant plus forte, et le quart à payer plus considérable. Il est naturel d'ailleurs que celui qui jouit soit tenu des réparations. Les engagistes ne sont donc pas tenus de rembourser les réparations et autres dépenses faites pendant le tems de la jouissance de la nation. *Solution de la Régie, du 21 fructidor an 7.*

N°. 241 bis.

DES POURSUITES ET INSTANCES.

SUITE DU N°. 197.

De la poursuite et des instances relatives aux discus-sions de propriété.

La première loi qui règle le mode de procéder dans les actions intentées par la nation et dans celles diri-gées contre elle, est celle du 5 novembre 1790.

Voici comme elle s'explique :

TITRE III.

ART. XIII.

« Toutes actions en justice, principales, incidentes » ou en reprise, qui seront intentées par les corps ad-» ministratifs, le seront au nom du département, » poursuite et diligence du procureur-syndic du dis-» trict ; et ceux qui voudront en intenter contre ces » corps, seront tenus de les diriger contre ledit pro-» cureur-général-syndic.

ART. XIV.

» Il ne pourra être intenté aucune action par le » procureur-général-syndic, qu'en suite d'un arrêté » du directoire du département, pris sur l'avis du » directoire du district, à peine de nullité et de res-» ponsabilité, excepté pour les objets de simple re-» couvrement.

ART. XV.

» Il ne pourra en être exécuté aucune contre ledit » procureur-général-syndic, en ladite qualité, par » qui que ce soit, sans qu'au préalable on ne se soit » pourvu par simple mémoire, d'abord au directoire » de district pour donner son avis, ensuite au direc-» toire du département pour donner une décision, » aussi à peine de nullité. Les directoires de district et de

» département statueront sur le mémoire dans le mois,
» à compter du jour qu'il aura été remis avec les
» pièces justificatives, au secrétariat du district, dont
» le secrétaire donnera son récépissé, et dont il fera
» mention sur le registre qu'il tiendra à cet effet : la
» remise et l'enregistrement du mémoire interrompront
» la prescription; et dans le cas où les corps ad-
» ministratifs n'auraient pas statué à l'expiration du
» délai ci-dessus, il sera permis de se pourvoir devant
» les tribunaux. »

Il fallait adopter ces dispositions au régime constitutionnel. La loi du 19 nivose an 4 a été rendue
dans cet esprit; elle porte :

ARTICLE PREMIER.

« Toutes les actions en justice, principales, inci-
» dentes ou en reprise, qui seront intentées par les
» corps administratifs, le seront, au nom de la répu-
» blique française, par le commissaire du directoire
» exécutif près l'administration municipale, dans le
» ressort de laquelle se trouveront les objets con-
» tentieux.

ART II.

» Si ces actions donnent lieu à des poursuites de-
» vant le tribunal du département, elles y seront sui-
» vies et dirigées par le commissaire du directoire exé-
» cutif près l'administration départementale, au nom
» de laquelle elles auront été intentées. »

Pour régulariser l'exécution de ces loix, le directoire
exécutif a pris, le 10 thermidor an 4, l'arrêté suivant :

ARTICLE PREMIER.

» Dans les affaires portées devant les tribunaux
» dans lesquelles la république sera partie, les com-
» missaires du directoire exécutif près les adminis-

» trations, en vertu des arrêtés desquels elles seront
» poursuivies, seront tenus d'adresser aux commissaires
» du directoire exécutif près ces tribunaux, des mé-
» moires contenant les moyens de défense de la
« nation.

A r t I I.

» Les commissaires du directoire près les tribunaux,
» pourront lire à l'audience les mémoires qui leur
» ont été adressés par les commissaires du directoire
» exécutif près les administrations, et soit qu'ils les
» lisent ou non, ils proposeront tels moyens, et pren-
» dront telles conclusions que la nature de l'affaire leur
» paraîtra devoir exiger. »

Du rapprochement de ces dispositions, il résulte que
les poursuites et instances relatives aux propriétés mobiliaires ou immobiliaires sont étrangères aux préposés
de la Régie. Les poursuites sont commencées par les
commissaires du directoire exécutif près les administrations municipales, et les instances portées aux tribunaux y sont instruites par les commissaires du directoire exécutif près les administrations centrales, par
l'organe des commissaires du directoire exécutif près
les tribunaux. Si l'action est formée contre la république, elle ne peut être admise que sur la justification
du pourvoi préalable à l'administration centrale.

L'affaire instruite, si le jugement qui intervient
condamne la république, le commissaire poursuivant
examine si le jugement est contraire à la loi, et dans
cet état interjette appel, et transmet les pièces et
instructions nécessaires aux commissaires près le tribunal auquel est porté l'appel. Le jugement est-il
confirmé, et l'intérêt de la république exige-t-il le
recours au tribunal de cassation, le même commissaire
dresse sa requête, et l'adresse, avec l'expédition du

jugement qu'il attaque, au commissaire près le tribunal de cassation.

L'attribution donnée, dans cette espèce d'affaire, aux commissaires du directoire, ne décharge point les directeurs de la Régie de l'enregistrement de l'obligation importante, où ils sont, de concourir au succès des poursuites qui intéressent la république. Ils doivent déférer à ces commissaires les contestations ou actes de procédure relatifs aux questions de propriété, et leur fournir tous les renseignemens et observations utiles à l'instruction des instances. Ils en trouveront les moyens dans l'instruction préparatoire qu'ils ont dû faire sur la communication des mémoires remis par les parties adverses, aux administrations de département, avant l'instruction des instances. Ils doivent également se tenir toujours au courant de la suite des instances, et donner connaissance à la Régie des jugemens qui interviennent sur leur objet.

ERRATA.

N°. 30, page 475, ligne 11, au lieu de *registre*, lisez *des requêtes.*

Page 479, ligne 20 et 21, au lieu de : *dans les contestations où il y a deux dégrés de juridiction, il peut arriver que celui qui* ; lisez : *dans les contestations où il y a deux dégrés de juridiction, il peut arriver que l'un des trois tribunaux d'appel de celui qui.*

Page *Idem*, ligne 23, après *incomplet*, ajoutez : *pour faire les exclusions.*

AVIS.

Plusieurs Directeurs nous ont fait parvenir leur souscription pour les Mémoires de tournée, ou ont augmenté leurs demandes après la débite totale des exemplaires ; nous leur avons répondu que notre édition était épuisée : nous voyons aujourd'hui que le nombre de demandes s'est multiplié au point de nous couvrir les frais d'une réimpression qui serait, quoique tardive pour les Directeurs, utile aux Receveurs ; nous sommes décidés à y faire travailler si ceux de nos Souscripteurs, que nous n'avons pu satisfaire, le desirent. Nous les invitons en conséquence à renouveller et préciser leurs demandes. --- Nous annonçons à nos Souscripteurs que nous nous occupons en ce moment de l'envoi de notre ouvrage sur les Domaines engagés.

De l'Imprimerie des Instructions Décadaires, Recueil des Lois et Guide des Notaires, rue Neuve-Augustin, n°. 917.

INSTRUCTIONS

Sur l'Enregistrement , Droits y réunis , et Domaines nationaux.

Rédigées par une Société d'Employés de la Régie de l'enregistrement et du domaine national.

Nº. 32.

Nº. 242.

ENREGISTREMENT.

Lorsqu'il a été perçu un double droit sur un acte sujet au droit proportionnel , pour n'avoir pas été enregistré dans les délais , quel droit peut-on encore exiger , lorsque cet acte contient une fausse évaluation ?

Voici le fait qu'on nous expose : Par un procès-verbal de comparution devant le juge de paix, une mère abandonne à ses enfans tous ses biens, qu'elle évalue 10,000 francs. On laisse écouler les délais pour l'enregistrement, et le receveur perçoit le double droit ; mais, peu après, il est constaté que ces biens estimés 10,000 francs valent 40,000 francs, d'où il résulte une insuffisance de 30,000 francs.

Il est bien evidemment dû un double droit pour l'insuffisance d'estimation ; l'article 39 de la loi le veut ainsi ; mais peut-on en outre exiger un second double droit sur cette même insuffisance de 30,000 francs, parce que l'acte dans lequel a été commise la contravention n'a pas été enregistré dans les délais ?

Non, sans doute. Il est bien vrai qu'il y a eu deux contraventions, l'acte n'a pas été enregistré dans les délais ; il porte une fausse évaluation. Mais ces deux contraventions n'ont rien de commun entr'elles. Pour la première, il est dû une *somme égale au montant du droit qu'opèrent les dispositions de l'acte.* Cet acte présente une évaluation de 10,000 francs. Le double droit a été perçu sur cette somme ; c'est une affaire finie.

Quand à la seconde, l'article 39 de la loi veut qu'elle soit passible *d'une somme égale au montant du droit principal qui aurait été perçu sur l'insuffisance constatée.* Là se borne la peine ;

et on ne peut l'étendre. D'ailleurs, pourquoi exige-t-on dans ce dernier cas le paiement du double droit, c'est parce qu'il a été fait une fausse évaluation et non parce qu'il y a eu des retards dans l'enregistrement de l'acte ; et cela est si vrai, que si l'acte eût porté le prix des biens abandonnés à 40,000 francs au lieu de 10,000 francs, cette seconde contravention n'existerait pas.

Nous pensons, en conséquence, qu'il n'est dû que le droit principal sur 30,000 francs, et une somme égale au montant de ce droit, pour raison de la fausse évaluation.

Nous n'avons donné place dans notre Feuille à une pareille question, que pour préserver le jugement des subtilités de l'esprit.

No. 243.

Lorsqu'un jugement susceptible d'être enregistré sur la minute, est rendu par défaut, et que le demandeur domicilié hors du territoire français ne possède aucun bien, le receveur peut-il décerner contrainte contre le défendeur qui a succombé et qui réside en France, en paiement du droit d'enregistrement résultant de ce jugement ?

Un exemple rendra plus sensible la question : Pierre, négociant à Madrid, avait en France,

pour 5o,ooo francs de marchandises qu'il a ven-
dues à Paul , négociant à Rheims. Ce dernier
n'en ayant pas payé le prix dans le délai convenu , Pierre a obtenu contre lui , au vu des lettres , registres , factures , et autres documens ,
un jugement par défaut, qui l'a condamné à lui
payer les 5o,ooo francs portés en la citation.

Le jugement devait être enregistré dans les
vingt jours de sa date , aux termes de la loi du
22 frimaire an 7 ; mais le demandeur n'en ayant
pas consigné le droit, le greffier a remis , en tems
utile , un extrait de ce jugement au receveur de
l'enregistrement , conformément à l'art. 38.

Dans ces circonstances , on demande quel est
le mode de poursuites à diriger par le receveur,
pour le recouvrement du droit. Il est incontestable que le demandeur est tenu d'acquitter le
coût et le droit d'enregistrement de l'expédition
de ce jugement , sauf son recours contre le défendeur défaillant , car il a été rendn à sa requête. Mais le demandeur est étranger, il est
domicilié hors du territoire français , où il n'a
aucun bien , on ne peut donc le poursuivre.

A l'égard du défendeur domicilié en France ,
nous pensons qu'il peut être contraint au paiement de ces droits, en vertu du jugement même.
En effet , l'article 31 de la loi ci-dessus rappelée , veut que les droits d'enregistrement des

actes civils et judiciaires emportant obligation, libération ou translation de propriétés de meubles, soient supportés par les débiteurs : or, le jugement dont il s'agit, oblige le défendeur de payer les 30,000 francs qui lui sont demandés. Il est donc débiteur de cette somme, tout le tems que, sur l'opposition ou l'appel, ce jugement n'est pas réformé. Le receveur peut donc lui donner un avertissement d'acquitter ce droit ; et dans le cas où il s'y refuserait, décerner contrainte contre lui, et procéder aux poursuites ultérieures.

Mais si le défendeur, sur la notification de la contrainte, forme opposition ou interjette appel, il convient de surseoir aux poursuites jusqu'au jugement définitif, en consignant l'article au sommier douteux, sauf à reprendre les diligences, si le premier jugement est confirmé, et que le droit n'ait pu être acquitté.

N°. 244.

Adjudication de la taxe aux barrières, restée sans effet par le rejet de la caution.

Le ministre de l'intérieur ayant transmis à celui des finances la réclamation d'un adjudicataire des barrières, dans le département d'Eure et Loir, contre la demande qui lui a été faite du droit d'enregistrement de son adjudication restée sans effet par le rejet de la caution qu'il avait présentée, le ministre des finances a répondu, le 6 fructidor an 7 : « D'après ce que » vous observez que les adjudications des » barrières ne peuvent avoir d'effet qu'autant » qu'elles sont revêtues de votre approbation, » et le principe qui veut qu'un acte ne soit » soumis à l'enregistrement et au paiement des » droits, que lorsqu'il est parfait, la demande » du receveur n'est pas fondée, et il a été pré- » venu de n'y donner aucune suite. »

Il résulte de cette décision, que le droit d'enregistrement des adjudications des barrières n'est acquis au trésor public que lorsque l'adjudication peut être regardée comme définitivement arrêtée; c'est-à-dire, après l'admission de la caution et l'approbation du ministre de l'intérieur; et que c'est à partir de la date de cette approbation que le délai pour l'enregistrement commence à courir.

Nº. 245.

Est-il dû un droit proportionnel d'enregistrement pour une déclaration de command, faite par un acquéreur de domaines nationaux, dans les trois jours de son adjudication, lorsque cette déclaration n'a pas été notifiée; et la notification en est-elle de rigueur?

L'article 11 de la loi du 26 vendémiaire an 7, porte :

« Tout adjudicataire pourra, dans les trois
» jours de l'adjudication, faire des déclarations
» d'ami ou de command, aux termes des lois
» précédentes, sans que les citoyens, en fa-
» veur desquels ces déclarations seront faites,
» soient tenus à un droit d'enregistrement, autre
» que celui qu'aurait payé l'adjudicataire lui-
» même. »

La loi rendue postérieurement le 22 frimaire
an 7, assujétit (art. 68, § 1er., n°. 14) au droit
fixe d'un franc les déclarations ou élections de
command ou d'ami, lorsque la faculté d'élire
un command a été réservée dans l'acte d'adjudication ou le contrat de vente, et que la déclaration est faite par acte public et notifié dans
les vingt-quatre heures de l'adjudication ou du
contrat ; mais cette dernière disposition ne peut
se rapporter aux domaines nationaux, puisque
les acquéreurs ont, au vœu de la loi du 26
vendémiaire, trois jours pour la faire notifier ;
en vain voudrait-on opposer à ce principe le
silence de la loi du 26 frimaire, qui ne fait aucune distinction. Elle a considéré les déclarations de command des acquéreurs de domaines
nationaux, sous un rapport bien distinct, puisqu'elle les excepte (de l'art. 69, § 7, n°. 3) de
l'assujétissement au droit de quatre pour cent
que supportent les déclarations de command des

biens des particuliers, faites après les vingt-quatre heures de l'adjudication ou du contrat, et dit formellement (art. 69 , § 7 , n°. 1er.) que la quotité des droits des adjudications de domaines nationaux sera réglée par des lois particulières.

Ainsi, il n'y a pas lieu à la notification de la déclaration de command dans les trois jours, lorsqu'il s'agit d'adjudication de biens nationaux, et cette déclaration ne donne overture à aucun droit.

(Décision de la Régie, du 28 fructidor an 7.)
A noter en marge de l'art. 186 , pag. 386 , du n°. 25 de nos instructions.)

N°. 246.

TIMBRE.

Les contraintes pour le recouvrement des contributions directes ne peuvent être visées pour timbre ?

Le commissaire central, agent général des contributions directes du département de la Seine-Inférieure, avait pensé qu'on pouvait étendre aux contraintes pour le recouvrement des contributions, la faculté *de viser pour timbre*, qui a été accordée pour les bordereaux d'inscriptions hypothécaires, requises par le commissaire du directoire exécutif.

Le ministre des finances lui a répondu le 26

fructidor an 7. « S'il est 'dans la nature des
» choses que les commissaires ne soient pas
» tenus de l'avance des droits pour les actes du
» ministère public, il n'en est plus de même des
» percepteurs des contributions qui sont indis-
» pensablement obligés de payer les droits ré-
» sultans de leurs poursuites, qui, toutes, doi-
» vent être écrites sur papier timbré , dont ils se
» font rembourser le prix par les contribuables.
» Ainsi , aucune considération ne peut porter
» à autoriser à cet égard , *le visa pour timbre*
» *même , en acquittant les droits.* »

N°. 247.

HYPOTHÈQUES.

L'inscription d'une créance antérieure à la publi-
cation de la loi du 11 brumaire an 7 , requise
depuis l'expiration des délais , est-elle assujétie
à la même quotité de droit que celle qui est
fixée pour les créances postérieures à cette époque ?

Pour soutenir l'affirmative , on a dit : « L'hy-
» pothèque ne prend rang que du jour de l'ins-
» cription ; ainsi , une créance ancienne qui ,
» faute d'inscription dans les délais prescrits ,
» a perdu son caractère et ses avantages , ne peut
» plus être considérée que comme une créance

,, hypothécaire nouvelle ; et comme telle , elle
,, doit être assujétie au droit d'un pour mille.

,, Cela est si vrai (a-t-on ajouté) , que d'après
,, les principes actuels , un créancier , avec un
,, pareil titre , ne pourrait plus , à défaut de
,, la formalité de l'inscription , être admis que
,, comme créancier chirographaire , et ne vien-
,, drait plus que sur le mobilier , au marc la livre,
,, avec les créanciers qui ne seraient porteurs
,, que de simples billets. ,,

Cette opinion spécieuse contrarie les principes de la jurisprudence et le texte précis des
lois des 11 brumaire et 21 ventose an 7 , il
faut distinguer entre la date de la créance hypothécaire , et le rang de son hypothèque. Il
n'est pas exact de dire que l'inscription seule
lui confère l'hypothèque. Elle ne fixe ni sa date ,
ni son existence , ni sa qualité : elle établit seulement le rang de son hypothèque. Une créance
ancienne peut avoir moins d'avantage qu'une
créance nouvelle , si elle est inscrite après celle-
ci ; mais elle n'en existe pas moins , sa date n'en
est pas moins certaine , ainsi que sa qualité ;
son rang seul peut se perdre. Elle sera primée
par toutes les autres créances hypothécaires ,
même par celles postérieures à sa date, qui seront

déjà inscrites ; mais elle ne cessera d'exister comme hypothécaire.

Ce serait une erreur de croire qu'elle devient, par le défaut d'inscription, nne simple créance chirographaire ; car si après le paiément de toutes les créances hypothécaires précédemment inscrites, il reste encore des sommes provenant du prix de la vente d'un immeuble, elle passera avant les créances chirographaires, qui ne viennent point par ordre sur les immeubles, mais seulement, au marc la livre, sur le mobilier.

Au surplus, que disent les lois ? L'art. 20 de celle du 21 ventose an 7, porte que : « le droit d'inscription de créances hypothécaires sera, 1°. d'un pour deux mille du capital de chaque créance hypothécaire antérieure à la promulgation de la loi du 11 brumaire dernier ; 2°. d'un *pour deux mille du capital* des créances postérieures à ladite époque. »

D'un autre côté, l'art. 39 de celle du 11 brumaire dernier, porte que : « les hypothèques existantes lors de sa publication, et qui n'auraient pas été inscrites dans les trois mois à partir de cette époque, n'auront rang et effet qu'à compter du jour de l'inscription qui en serait requise postérieurement. »

Il résulte bien évidemment de ces deux arti-

cles que le droit dû pour les créances antérieures au nouveau régime hypothécaire n'est
exigible que sur le pied d'un pour deux mille
du capital de ces créances. Le créancier a pu ;
par une inscription tardive, renoncer au rang
de son hypothèque ou le perdre ; mais ce n'est
pas une raison de l'assujétir à un plus fort droit
que celui qu'il aurait payé, s'il avait requis son
inscription dans les délais qui n'ont été accordés
que pour donner à chacun le tems de conserver
son rang.

Solution de la Régie, du 23 fructidor an 7.

N°. 248.

DOMAINES ENGAGÉS.

*Le cessionnaire d'un domaine engagé, pour la
durée du règne du dernier roi, peut-il en
acquérir la propriété incommutable aux conditions prescrites par les articles 13 et 14 de la
loi du 14 ventose an 7.*

Tout engagement fait pour la durée d'un
règne finissait de plein droit avec lui, à moins
que le nouveau roi n'accordât des lettres de
prorogation de jouissance. D'après ce principe,
tous les biens distraits du domaine, à titre

d'engagement pour la durée du règne du dernier roi, ont dû, à sa mort, être réunis au domaine national. Le cessionnaire n'a d'autres droits que ceux de l'engagiste ; et dans l'espèce, ce dernier n'en a plus. Il ne peut donc se prévaloir des dispositions de la loi du 14 ventose, qui ne concerne que les aliénations existantes.

(Décision du ministre des finances, du 8 fructidor an 7.)

N°. 249.

DES POURSUITES ET INSTANCES.

SUITE DU N°. 241. *bis.*

A qui appartient-il de décider sur la validité ou l'invalidité des ventes ?

L'article 374 de la charte constitutionnelle s'exprime ainsi :

« La nation française proclame pareillement, comme
» garantie de la foi publique, qu'après une adjudica-
» tion légalement consommée de biens nationaux,
» quelle qu'en soit l'origine, l'acquéreur légitime ne
» peut en être dépossédé, sauf aux tiers réclamans à
« être, s'il y a lieu, indemnisés par le trésor national. »

De ce principe, il résulte que lorsqu'une adjudication est légalement consommée, il ne peut plus y avoir lieu à une discussion judiciaire sur le domaine qui a fait l'objet de l'adjudication ; car, puisque l'acquéreur, suivant la charte constitutionnelle, n'en peut plus être dépossédé, il ne reste à statuer, en cas que le tiers réclamant soit trouvé fondé, que sur l'indemnité à lui accorder par le trésor national ; là loi a exigé beaucoup de formalités avant qu'un domaine, réputé national, soit exposé en vente. Jusque-là, se dépouillant en quelque sorte de sa souveraineté, la nation, en cas de litige sur un domaine, se présente par ses agens devant les tribunaux, elle y discute ses droits, et se soumet d'avance aux mêmes condamnations que celles qu'un simple particulier peut subir ; jusque-là le droit de réclamation, le droit de citer la nation par-devant les tribunaux, dans la personne du commissaire du directoire exécutif près l'administration centrale du département, est laissé à tous les citoyens. Mais l'adjudication une fois consommée, elle est hors de toute atteinte. Ainsi l'exigeait la sécurité des acquéreurs, et l'intérêt du trésor public, essentiellement liés à la stabilité des adjudications. Le tiers réclamant n'a, dans ce cas, à demander qu'une indemnité sur le trésor public, équivalente au montant de la vente qui en a été faite : or, toute indemnité sur le trésor public est, par sa nature, une chose purement administrative.

Les administrations et le gouvernement sont donc les seuls juges des réclamations qui peuvent s'élever sur la validité ou l'invalidité des ventes consommées.

Cette question est au surplus traitée avec tous les développemens dont elle est susceptible, dans un rapport fait par le ministre de la justice, le 2 nivose an 6, inséré au bulletin des lois, n°. 170.

ORGANISATION

DE LA RÉGIE DE L'ENREGISTREMENT

ET

DU DOMAINE NATIONAL,

POUR L'AN VIII.

Division des Départemens de la République, entre les douze Régisseurs, pour l'ordre du travail des bureaux établis à Paris, rue Choiseul, et distribution des différentes parties que les Régisseurs sont chargés de surveiller particulièrement.

NOMS DES RÉGISSEURS.

CITOYENS,

— Barrairon, rue du Mont-Blanc, n°. 3, ou 379, près le Boulevard.

— Bochet, rue de la Roche-Foucault, N°. 12.

— Bourguignon, rue Denis, N°. 18, près le Boulevard.

— Chardon-Vaniéville, rue de la Tour-d'Auvergne, N°. 714.

— Deschamps, rue Florentin, N°. 6.

— Duchatel, rue des Champs-Élisées, N°. 9.

— Ginoux, Place-Vendôme, N°. 11.

— Hourier-Eloy, rue Florentin, N°. 2.

— Lacoste, rue de Provence, N°. 49.

— Loysel, rue de la Loi, N°. 152 et 890.

— Poissant, rue de la Loi, N°. 88.

— Viot, rue Cadet, N°. 429.

Les Régisseurs tiennent leur assemblée les 1, 3, 4, 6, 8 et 9 de chaque décade.

NOMS des départemens.	CHEFS-LIEUX de direction.	NOMS des directeurs de départemens.	NOMS du Régisseur et du Directeur de correspondance.
Division D'Aix.			
Alpes (basses.)	Dignes.	Rippert-Villecrose	Bourguignon, régisseur.
Alpes (hautes.)	Gap.	Cohas.	
Alpes Maritimes.	Nice.	Magnien.	
Bouches du Rhône	Aix.	Rippert.	
Drôme.	Valence.	Robin.	
Gard.	Nimes.	Péridier.	Poujade, directeur.
Golo.	Bastia.	Tiffet.	
Liamone.	Ajaccio.	Mainssonat.	
Var.	Brignoles.	Gissey.	
Vaucluse.	Avignon.	Montauban.	
Division de Bordeaux.			
Charente.	Angoulême.	Vincent.	Duchatel, régisseur.
Charente-Infér.	Saintes.	Descures.	
Dordogne.	Périgueux.	Barbedette.	
Gers.	Auch.	Colas.	
Gironde.	Bordeaux.	Magnan, par intér.	Delarue, directeur.
Landes.	Mont-de-Marsan.	Origet.	
Lot et Garonne.	Agen.	Descressonnière.	
Pyrennées (bass.)	Pau.	Beauregard.	
Pyrennées (haut.)	Tarbes.	Darrabiat.	
Division de Bruxelles.			
Dyle.	Bruxelles.	Guilléminot.	Deschamps, régisseur.
Escaut.	Gand.	Harmand.	
Forêts.	Luxembourg.	Wanderbach.	
Jemmappes.	Mons.	Trablaine.	
Lys.	Bruges.	Masson-Longpré.	Courtin, directeur.
Meuse-Inférieure.	Maëstricht.	Dav'siès.	
Nethes (les deux.)	Anvers.	Boucher.	
Ourthe.	Liège.	Bounel.	
Sambre et Meuse.	Namur.	Serigny.	
Division de Dijon.			
Allier.	Moulins.	Papon.	Bochet, régisseur.
Aube.	Troyes.	Bourgoin.	
Côte-d'Or.	Dijon.	Berard.	
Doubs.	Besançon.	Rey-Morande.	
Jura.	Lons-le-Saulnier.	Richette.	
Nièvre.	Nevers.	Gauvillier.	Finot, directeur.
Saône (haute.)	Vesoul.	Pinard.	
Yoane.	Auxerre.	Guignon.	

NOMS des départemens.	CHEFS-LIEUX de direction.	NOMS des Directeurs de départemens.	NOMS du Régisseur et du Directeur de correspondance.

Division de Douay.

Aisne.	Laon.	Guinguené.	
Ardennes.	Mézières.	Hauffroy.	Hourrier-Éloy,
Marne.	Châlons.	Bauny.	
Marne [haute.]	Chaumont,	Duport.	régisseur.
Nord.	Douai.	Julien-Souhait.	
Pas-de-Calais.	Arras.	Coupry-Laireau.	Chardon ,
Seine et Marne.	Melun.	Jaquin-Margerie.	
Somme.	Amiens,	Genet.	directeur.
Meuse.	Bar.	Parisot.	

Division de Lyon.

Ain.	Bourg.	Rougeot.	
Ardèche.	Brivas.	Éparvier.	Ginoux ,
Isère.	Grenoble.	Boullée.	
Lac-Lément.	Genève.	Bovet.	régisseur.
Loire.	Montbrison.	Couturier.	
Loire [haute.]	Lepuy.	Berthier.	
Mont-Blanc.	Chambéry.	Bella	Alea ,
Puy-de-Dôme.	Clermont.	Paillard.	
Rhône.	Lyon.	Peyrony.	directeur.
Saône et Loire.	Mâcon.	Mottin.	

Division de Montpellier.

Arriège.	Foix.	Collet.	
Aude.	Carcassonne.	Loysel.	Barrairon ,
Aveyron.	Rhodez.	Lechartreux.	
Cantal.	Aurillac.	Bouygues.	régisseur.
Garonne (haute.)	Toulouse.	Joly.	
Hérault.	Montpellier.	Marcel.	
Lot.	Cahors.	Roure-Lalauzière.	Lacoste ,
Lozère.	Mende.	Tarteyron.	
Pyrennées Occid.	Perpignan.	Cavaignac.	directeur.
Tarn.	Castres.	Bouire.	

Division de Nantes.

Côtes du Nord.	Port-Brieux.	Boucault.	
Finistère.	Quimper.	Bois-de-Pacé.	Viot ,
Ille et Vilaine.	Rennes.	Suin.	
Loire-Inférieure.	Nantes.	Lamairie.	régisseur.
Mayenne.	Laval.	Choblet.	
Maine et Loire.	Angers.	Lemonier-Lahaitrie	
Morbihan.	Vannes.	Maccaire.	Girard ,
Sarthe.	Le Mans.	Garnier,	
Vendée.	Fontenay.	Paliern.	directeur.

K

NOMS des départemens.	CHEFS-LIEUX de direction.	NOMS des directeurs de départemens.	NOMS du Régisseur et du Directeur de correspondance.

Division de Paris.

Seine.	Paris.	Gentil, pour l'enregistrement, rue Neuve du Luxembourg, n°. 163.	Vaniéville, régisseur.
Seine et Oise.	Versailles.	Girard, pour les domaines, même rue, n°. 353 Simonis, par interim.	Lacharmotte, directeur.

Division de Rouen.

Calvados.	Caën.	Letourneur.	Poissant, régisseur.
Eure.	Évreux.	Delarue.	
Eure et Loir.	Chartres.	Sieyes.	
Manche.	Saint-Lô.	Fipaud.	
Oise.	Beauvais.	Langlumé.	Piet, directeur.
Orne.	Alençon.	Barragly.	
Seine-Inférieure.	Rouen.	Lebon.	

Division de Strasbourg.

Meurthe.	Nancy.	Chardon.	
Mont-Terrible.	Porentruy.	Schifler.	
Moselle.	Metz.	Dumaine.	Loysel, régisseur.
Rhin (bas.)	Strasbourg.	Thomassin.	
Rhin (haut.)	Colmar.	Martin.	
Vosges.	Épinal.	Bourgeois.	

Pays Conquis.

			Renesson, directeur.
La Sarre.	Trèves.	Lelièvre.	
La Roër.	Aix-la-Chapelle.	Robillard.	
Mont-Tonnerre.	Mayence.	Guyon.	
Rhin et Moselle.	Coblentz.	Golbery.	

Division de Tours.

Cher.	Bourges.	Reymond.	Lacoste, régisseur.
Corrèze.	Tulle.	Vassal.	
Creuze.	Gueret.	Boisteux.	
Indre.	Châteauroux.	Tibaut.	
Indre et Loire.	Tours.	Wlriot-Courbières.	
Loir et Cher.	Blois.	Gauvillez.	
Loiret.	Orléans.	Deszille.	Magnien, directeur.
Sèvres (les deux.)	Niort.	Boutant.	
Vienne.	Poitiers.	Farjon.	
Vienne (haute.)	Limoges.	Theurey.	

COMPOSITION

DU BUREAU CENTRAL,

ET ATTRIBUTIONS

DE CHAQUE SECTION.

————————

PREMIÈRE SECTION.

L'enregistrement et la distribution des dépêches; la rédaction des délibérations de la Régie; les comptes périodiques à présenter au Ministre; la formation des États Généraux et Tableaux de situation; le Réglement des dépenses de la Régie; la Liquidation et le Paiement des pensions de retraits, l'Ordre intérieur et les Approvisionnemens de la Maison Centrale; le Dépôt général des Archives.

	RÉGISSEURS.		DIRECTEUR.
Citoyens	Barrairon. Loysel.		Citoyen Pajot.

DEUXIÈME SECTION.

Les Ordres généraux de Régie; les Instructions, Circulaires et Impressions relatives aux droits d'Enregistrement, Timbre et autres Contributions indirectes, et celles concernant le Domaine National; la Correspondance avec le Ministre et les Autorités, relative aux questions générales et aux affaires qui ne concernent aucune Division en particulier.

	RÉGISSEURS.		DIRECTEUR.
Citoyens	Duchâtel. Ginou.		Citoyen

TROISIÈME SECTION.

La Comptabilité générale; l'Examen et Rectification des comptes des Directeurs et des pièces à l'appui, et la Correspondance relative à la formation du compte général des Régisseurs.

	RÉGISSEURS.		DIRECTEUR.
Citoyens	Chardon-Vaniéville. Poissant. Viot.		Citoyen Morin.

K 2

QUATRIÈME SECTION.

L'Administration forestière ; tout le travail y relatif, sauf celui concernant la rentrée du prix des coupes, dont la suite est confiée aux bureaux de Division, par localités.

RÉGISSEURS.   DIRECTEURS.

Citoyens { Bochet.
          Deschamps.   } Citoyen Bergon.
          Hourrier-Éloy.

CINQUIÈME SECTION.

Les Décomptes avec les acquéreurs des domaines nationaux; le Contentieux des aliénations et la Formalité des états de ventes.

RÉGISSEUR.   DIRECTEUR.

Citoyen Lacoste.   } Citoyen Sédaine.

SIXIÈME SECTION.

La Liquidation des créances résultant des ventes de biens nationaux ou soumissions annullées; de droits supprimés dépendans des domaines aliénés, d'excédent de paiement du prix, d'indemnités dues en remplacement de biens aliénés par la nation, enfin, de taxations dues aux ci-devant trésoriers de districts.

RÉGISSEUR.   DIRECTEUR.

Citoyen Bourguignon.   } Citoyen Boizot.

___

NOTA. Les lettres écrites à la Régie pour affaires relatives aux départemens doivent être timbrées. { DIVISION DE
                                                      DÉPARTEMENT D

Les lettres concernant LES AFFAIRES GÉNÉRALES, dont le Bureau central est chargé, seront timbrées, outre l'indication ci-dessus BUREAU CENTRAL et désigneront le n°. et la Section.

TABLEAU

DES

CONSERVATEURS DES HYPOTHÈQUES,

*ÉTABLIS en exécution de la Loi du 21 Ventôse an 7;
dans l'étendue de la République.*

NOMS des Départemens.	LIEUX de la Résidence.	NOMS des Conservateurs.
AIN.	Belby.	Béatrix.
	Bourg.	Sonbeyrand.
	Châtillon.	Godin.
	Nantua.	Beroud.
	Pont-de-Vaux.	Duhamel.
AISNE.	Château-Thurry.	Morel.
	Laon.	Canon.
	St. Guestin.	Beauville.
	Soissons.	Lecrocq.
	Vervins.	Clocquet.
ALLIER.	Galmat.	Tavernier.
	Lapalitse.	Avignon.
	Mont-Luçon.	Valleton.
	Moulins.	Conchard.
ALPES (basses.)	Barcelonette.	Conotellne.
	Dignes.	Martes.
	Sisteron.	Provençal.
ALPES (hautes.)	Briançon.	Froment–Coste.
	Embrun.	Blanque.
	Gap.	Margot–Duclos.
ALPES (maritimes.)	Monaco.	Bernard.
	Nice.	Loigereau.
	Puget-Tenières.	Chambonier.
ARDÈCHE.	Largentièrès.	Majand.
	Privas.	Bourras.
	Tournon.	Boutaud.

DÉPARTEMENS.	LIEUX de la Résidence.	NOMS des Conservateurs.
ARDENNES.	Charleville. Rethel. Rocroy. Sedan.	François. Dhoudain. Andouillé. Guerin.
ARRIÈGE.	Foix. Pamiers. St.-Girons.	Gardeboé. Boudon. Dehansy.
AUBE.	Arcis-sur-Aube. Bar–sur–Aube. Troyes. Beausse.	Collardet. Lelorrain. Henry. Bretagne.
AUDE.	Carcassonne. Castelnaudary. Limoux. Narbonne.	Prades. Dulignon. Moreau. Risele.
AVEYRON.	Espalion. Milhaud. Rodès. St.-Affrique. Villefranche.	Bestion. Blaquières. Chabbert. Crebassa. Blondel.
BOUCHES-DU-RHÔNE.	Aix. Marseille. Tarascon.	Lesueur. Aubert. Olivier.
CALVADOS.	Bayeux. Caën. Falaise. Lisieux. Pont-l'Evêque. Vire.	Gautier. Degand. Pierre-de-Moutiers. Perrier. Aléaume. Robillard.
CANTAL.	Aurillac. Mauriac. Murat. St.-Flour.	Brunon. Brunon. Andrieu. Chivaille.
CHARENTE.	Angoulême. Barbezieux. Confolens. Rouffec.	Behagle. Filhon. Salomon. Garderat.

DÉPARTEMENS.	LIEUX de la Résidence.	NOMS des Conservateurs.
CHARENTE-INFÉRIEURE.	Jonsac.	Penetreau.
	Larochelle.	Darangues.
	Marennes.	Bouche.
	Rochefort.	Poujet.
	St.-Jean-d'Angély.	Roland-la-Duerie.
	Saintes.	Tardy.
CHER.	Bourges.	Batailler.
	St.-Amand.	Haton.
	Sancerre.	Fargist.
	Sancoins.	Pelletier.
CORRÈZE.	Brives.	Theveneau.
	Tulle.	Lespinas.
	Ussel.	Beauregard.
CÔTE-D'OR.	Châtillon sur-Seine.	Borromée.
	Dijon.	Bonnal.
	Semur.	Thibault.
CÔTES-DU-NORD.	Dinan.	Faisant.
	Lannion.	Robinet.
	Loudéac.	Querengal.
	Guingamp.	Briand.
	Port-Brieux.	Querengal.
	Rostrenen.	Rouillon.
CREUSE.	Aubusson.	Theurey.
	Bourgeneuf.	Vidaud.
	Boussac.	Peyrot.
	Gueret.	Boucaumont.
DORDOGNE.	Périgueux.	Durieu.
	Nontron.	Ribadeau.
	Ribérac.	Fajol.
	Bergerac.	Brunet.
	Sarlat.	Fréger.
DOUBS.	Beaume.	Grand.
	Besançon.	Bouillet.
	Pontarlier.	Perenet.
	St.-Hippolite.	Bourdon.
DRÔME.	Dye.	Buis.
	Montélimart.	Faure.
	Nyons.	Craponne.
	Valmec.	Archinard.

DÉPARTEMENS.	LIEUX de la Résidence.	NOMS des Conservateurs.
DYLE.	Bruxelles.	Daubreme.
	Diest.	Lafond.
	Jodoigue.	Huin.
	Louvain.	Allart.
	Nivelles.	Moltz.
ESCAULT.	Alost.	Amnont.
	Ecloo.	Sont–Juby.
	Gand.	Héricault.
	Oudenarde.	Fonson.
	St.–Nicolas.	Loriot.
EURE.	Bernay.	Carrère.
	Andelys.	Legrand.
	Evreux.	Thiroux.
	Louviers.	Coursuelle.
	Pont–Audemer.	Dulong.
EURE ET LOIR.	Chartres.	Madeline.
	Châteaudun.	Bricet.
	Dreux.	Gimet.
	Nogent-le-Rotrou.	Boissy.
FINISTÈRE.	Brest.	Lecain.
	Châteaulin.	Bernard.
	Landernau.	Leroux.
	Morlaix.	Guyet.
	Quimper.	Roussin.
	Quimperlé.	Onfray.
FOREST.	Habay-la-Neuve.	Perin.
	Luxembourg.	Fauvel.
	Ritsbourg.	Doutreloup.
GARD.	Alais.	Serres.
	Beaucaire.	Barraly.
	Nismes.	Serres.
	Vigan.	Barral.
	Uzès.	Vignoles.
GARONNE (haute.)	Castel-Sarrazin.	Bourjade, fils.
	Moret.	Lacroix.
	St.-Gaudens.	Adema.
	Toulouse.	Marcillac.
	Villefranche.	Puiggari.

ÉPARTEMENS.	LIEUX de la Résidence.	NOMS des Conservateurs.
GERS.	Auch.	Bourgeois.
	Plaisance.	Lafargue.
	Lectoure.	Cezerac.
	Condom.	François.
	Lombez.	Dussercle.
GIRONDE.	Bazas.	Becquet.
	Blaye.	Charpentier.
	Bordeaux.	Lavalette.
	Laréole.	Pagua.
	Lesparre.	Laumond.
	Libourne.	Dufaux.
GOLO.	Bastia.	Mattagly.
	Corté.	Mariani.
	Calvi.	Quista.
HÉRAULT.	Beziers.	Asselin.
	Lodève.	Jeanjean.
	Montpellier.	Petit.
	St.-Pons.	Borias.
JEMMAPPES.	Mons.	Voidel.
	Tuin.	Mongin.
	Tournay.	Dubron.
ILLE- ET-VILAINE.	Bain.	Filioux.
	Fougères.	Hay.
	Montfort.	Bestin.
	Rennes.	Mintière.
	St.-Servan.	Gauchet.
	Vitré.	Pollet.
INDRE.	Argenton.	Dupertuy.
	Châteauroux.	Bertrand.
	Inondast.	Tournois.
NDRE ET LOIRE.	Chinon.	Poltier.
	Loches.	Monniau.
		Archambeault.
	Tours.	Lapichardière.
ISÈRE.	Bourgoing.,	Chevalier.
	Grenoble.	Fonché.
	St.-Marcellin.	Chabert.
	Vienne.	Michaud.

DÉPARTEMENS.	LIEUX de la Résidence.	NOMS des Conservateurs.
JURA.	Dôle.	Clerc.
	Lons–le–Saulnier.	Lolière.
	Poligny.	Bataillard.
	St.-Claude.	Christin.
LANDES.	Dax.	Chambon.
	Mont–de–Marsan.	Toutan.
	St.-Sever.	Pradier.
	Tartas.	Lalanne.
LIAMONE.	Ajaccio.	Lerie.
	Sartene.	Pietri.
	Viceo.	Moltedo.
LÉMAN.	Bonneville.	Lathaise.
	Genève.	Degouy.
	Thonon.	Maursée.
LOIR ET CHER.	Blois.	Mouton.
	Romorantin.	Symonet.
	Vendôme.	Cadion.
LOIRE.	Montbrison.	Lebon.
	Roanne.	Houdaille.
	St.-Etienne.	Balme.
LOIRE (haute.)	Brionde.	Granchier.
	Issengeaux.	Carrier.
	Lepuy.	Qunique.
LOIRE– INFÉRIEURE.	Ancenis.	Terrier.
	Château–Briant.	Charruau.
	Clisson.	Brager.
	Nantes.	Fidière.
	Paimbœuf.	Cavareau.
	Savenac.	Ducrest.
LOIRET.	Gien.	Priandy.
	Montargis.	Ambert.
	Neuville.	Levesque.
	Orléans.	Darotte.
LOT.	Cahors.	Cap-de-Ville.
	Figeac.	Marty.
	Martel.	Calmon.
	Moissac.	Feyt.
	Montauban.	Lefoulon.

DÉPARTEMENS.	LIEUX. de la Résidence.	NOMS des Conservateurs.
LOT ET GARONNE.	Agen.	Lostua, fils.
	Nérac.	Lefevre.
	Tonneins.	Roquette.
	Villeneuve.	Guiot.
LOZÈRE.	Florac.	Velay.
	Marvejols.	Vincens.
	Mende.	Bonnassiès.
LYS.	Bruges.	Savages.
	Courtray.	Rabœuf.
	Ypres.	Hervin.
MAYENNE.	Château–Gontier.	Quinefault.
	Lassay.	Moreau.
	Laval.	Barate.
	Mayenne.	Durant, père.
MAINE ET LOIRE.	Angers.	Courtigné.
	Baugé.	Leconte.
	Beaupreau.	Leroy.
	Saumur.	Lieutaud.
	Segré.	Bancelin.
MANCHE.	Avranches.	Gauthier.
	Cherbourg.	Leroux.
	Coutances.	Roblin.
	Mortain.	Covin.
	St.-Lô.	Duprelle.
	Valognes.	Mariette.
MARNE.	Châlons.	Labaume.
	Rheims.	Coleson.
	Ste.-Menehoult.	Durand.
	Sézanne.	Lebreton.
	Vitry.	Chirol.
MARNE (haute.)	Chaumont.	Gilson.
	Langres.	Garnier.
	Wassy.	Borel.
MEURTHE.	Lunéville.	Chardon.
	Nancy.	Lacretelle.
	Pont-à-Mousson.	Dieudonné.
	Sarrebourg.	Grebus.
	Toul.	Wlriot.
	Vic.	Georges.

DÉPARTEMENS.	LIEUX de la Résidence.	NOMS des Conservateurs.
MEUSE.	Bar-sur-Ornain.	Magnier.
	Montmédy.	Besson.
	St.-Michel.	Formentel.
	Verdun.	Poiré.
MEUSE-INFÉRIEURE	Maëstricht.	Lefranc.
	Hassch.	Payan.
	Ruremonde.	Parrée.
MONT-BLANC.	Anecy.	François Roux.
	Chambery.	Armanjon.
	Moutiers.	Majan.
	St.-Jean-de-Maurienne.	Jourdan.
	Sallanches.	Gaillard.
MONT-TERRIBLE.	Coutelary.	Favrot.
	Dellemonde.	Persmet.
	Porentruy.	Bouveret.
	Ste.-Ursanne.	Lecomte.
MORBIHAN.	L'Orient.	Charil.
	Ploërmel.	Brobant.
	Pontiry.	Ponsard.
	Vannes.	Trémaudan.
MOSELLE.	Brice.	Richard.
	Faulquemont.	Mathieu.
	Metz.	Jossin.
	Farguemines.	Lhomme.
	Thionville.	Grossert.
NETHES (deux.)	Anvers.	Jouvancourt.
	Malines.	Canon.
	Turnhout.	Renard.
NIÈVRE.	Clamecy.	Loyré.
	Lacharité.	Poujaud.
	Moulins et Gilbert.	Jubien.
	Nevers.	Chardon.
NORD.	Avennes.	Aubry.
	Douai.	Collet.
	Dunkerque.	Deray.
	Hazebrouck.	Dussaert.
	Lille.	Jeanne.
	Valenciennes.	Paillard.

ÉPARTEMENS.	LIEUX. de la Résidence.	NOMS des Conservateurs.
OISE.	Beauvais. Clermont. Compiègne. Senlis.	Laurey. Bonnet. Troussel. Delarue.
ORNE.	Alençon. Argentan. Domfront. Mortagne.	Edont. Barbot. Dubris. Guerin.
OURTHE.	Huy. Liége. Malmedy. Verviers. Warenis.	Rollin. Lemarié. Huberty. Beccard. Lautour.
AS-DE-CALAIS.	Arras. Béthune. Boulogne. Montreuil. St.-Omer. St.-Pol.	Groesemy. Limonna. Dupont. Maria. Buffin. Noé.
UY-DE-DÔME.	Ambert. Clermont. Issoire. Riom. Thiers.	Frestier. Goyon. Jouré. Paillard. Bernard.
PYRENNÉES (basses.)	Bayonne. Mauléon. Orthés. Oléron. Pau. St.-Palais.	Mercadier. Roquebert. Garos. Pommé. Delas. Roques.
PYRENNÉES (hautes.)	Argellès. Bagniéres. Tarbes.	Aubert. Vergez. Maurin.
PYRENNÉES- ORIENTALES.	Ceret. Perpignan. Prades.	Penot. Marrot. Circan.

DÉPARTEMENS.	LIEUX de la Résidence.	NOMS des Conservateurs.
RHIN (bas.)	Barr.	Marande.
	Sarr–Union.	Jordy.
	Saverne.	Leclerc.
	Strasbourg.	Galimard.
	Wissembourg.	Vallet.
RHIN (haut.)	Altkirch.	Chevrier.
	Belfort.	Holder.
	Colmar.	Dervieux.
RHÔNE.	Lyon.	Leron.
	St.-Genis-Laval.	Choin.
	Villefranche.	Guyot.
SAMBRE ET MEUSE.	Dinant.	Lavie.
	Marche.	Mallarmé.
	Namur.	Sorel.
	St.-Hubert.	Dontretoux.
SAÔNE (haute.)	Gray.	Richard.
	Lure.	Mairet.
	Vesoul.	Rethoré.
SAÔNE ET LOIRE.	Autun.	Lanneuville.
	Châlons.	Chambosse.
	Choroles.	Bertucat.
	Lonchans.	Guillemin.
	Mâcon.	Bonnard.
SARTHE.	La Flèche.	Laguérinière.
	Le Mans.	Balan.
	Mamert.	Lamarre.
	St.-Calais.	Canehan.
SEINE.	Choisy.	Lebon.
	Françiade.	Astoud.
	Paris.	Darnaud.
SEINE-INFÉRIEURE.	Dieppe.	Revelle.
	Hâvre.	Degournay.
	Neufchâtel.	Champeroux.
	Rouen.	Miger.
	Yvetot.	Royer.
SEINE ET MARNE.	Fontainebleau.	Adam.
	Meaux.	Fabre.
	Melun.	Guerin.
	Provins.	Cardonne.

DÉPARTEMENS.	LIEUX de la Résidence.	NOMS des Conservateurs.
SEINE ET OISE.	Corbeil.	Letricheux.
	Etampes.	Delahaye.
	Mantes.	Cassein.
	Pontoise.	Bouée.
	St.-Germain.	Lefuel.
	Versailles.	Loriot.
SÈVRES (deux.)	Bressuire.	Bonsergent.
	Melle.	Laubier-Beauchamp
	Niort.	Texier.
	Parthenay.	Pontier-Chamaillar.
SOMME.	Amiens.	Hourier.
	Abbeville.	Cochet.
	Doublens.	Dorbis.
	Montdidier.	Lemarchant.
	Péronne.	Dargnies.
TARN.	Alby.	Faramond.
	Castres.	Deblanque.
	Haillac.	Vignols.
	Lavaur.	Fabre.
VAR.	Brignoles.	Nicolet.
	Draguignan.	Malespine.
	Grasse.	Blampignon.
	Toulon.	Reverdit.
VAUCLUSE.	Avignon.	Croze.
	Carpentras.	Desantels.
	Apt.	Jacquet.
VENDÉE.	Fontenai.	Poye–Davant.
	Moutaigu.	Chabrol.
	Les Sables.	Malescot.
VIENNE.	Chatellerault.	Hérault.
	Civray.	Verniac.
	Londust.	Arnault.
	Montmorillon.	Guillau-du-Chizeaux
	Poitiers.	Motheau.
VIENNE (haute.)	Bellas.	Mignot.
	Limoges.	Vidaul.
	Rochechouart.	Dubourg.
	St.-Yrieux.	Gaudet.

DÉPARTEMENS.	LIEUX de la Résidence.	NOMS des Conservateurs.
VOSGES.	Epinal.	Gobert.
	Mirecourt.	Millot.
	Neufchâteau.	Chemin.
	Remiremont.	Masson.
	St.-Diez.	Lebel.
YONNE.	Auxerre.	Guinault.
	Avalon.	Malot.
	Joigny.	Chasié.
	Sens.	Bertrand.
	Tonnerre.	Fayolle.

De l'Imprimerie des Instructions Décadaires, Recueil des Lois et Guide des Notaires, rue Neuve-Augustin, n°. 917.

INSTRUCTIONS

DÉCADAIRES

Sur l'Enregistrement, Droits y réunis, et Domaines nationaux,

Rédigées par une Société d'Employés de la Régie de l'Enregistrement et du Domaine national.

Du 21 Vendémiaire an 8 de la République.

Le Bureau d'abonnement est, à Paris, rue Projettée-Choiseul, n°. 1. Prix, 18 fr. pour un an; 10 francs pour six mois, et 6 fr. pour trois mois, franc de port par la poste; et pour la copie textuelle du Bulletin des lois 1 franc 50 centimes par trimestre.

N°.250.

ENREGISTREMENT.

Le droit d'enregistrement perçu pour la vente régulière d'un bien national, ne peut être restitué sous prétexte qu'un command refuse d'accepter la déclaration passée à son profit, et que, par cette raison, l'adjudication a été résiliée.

Un particulier s'est rendu adjudicataire d'un domaine national pour lui ou son command :

L

celui-ci a refusé d'accepter et de ratifier l'adjudication. L'adjudicataire est hors d'état de présenter une garantie suffisante, il demande que la vente soit résiliée. La république était intéressée à ce que le domaine fût vendu à quelqu'un qui pût en payer le prix ; le ministre des finances, par ce motif, autorise le résiliement : l'adjudicataire alors a réclamé la restitution du droit d'enregistrement perçu sur le procès-verbal d'adjudication, sous prétexte qu'une vente annullée ne peut opérer aucun droit.

Le ministre a décidé sur cette réclamation, les 28 ventose et 12 fructidor an 7, que l'adjudication ayant été régulièrement faite, les droits en résultant ont été acquis au trésor public à l'instant même où cet acte a été passé et signifié, et que par suite la réclamation était inadmissible.

N°. 251.

Les procès-verbaux d'adjudication de fournitures pour l'habillement et l'équipement de bataillons des conscrits, sont-ils sujets à l'enregistrement et au timbre ?

Quelques administrations centrales avaient pensé que ces actes, d'après leur objet, étaient purement administratifs, et, à ce titre, exempts de l'enregistrement et du timbre : c'est une erreur. Les lois des 10 et 14 messidor, sur la formation des bataillons de conscrits, n'ont dérogé, dans aucune de leurs dispositions, à celles des lois sur l'enregistrement et sur le timbre.

Or, celle du 22 frimaire an 7, article 69, § 2, n°. 3, porte textuellement que les adjudications au rabais pour approvisionnemens et fournitures, dont le prix doit être payé par le trésor national ou par les administrations, doivent le droit de 50 centimes par 100 francs ; et celle du 13 brumaire précédent assujétit au timbre les actes des autorités administratives qui sont soumis à l'enregistrement.

Ainsi les adjudications, dont il s'agit, doivent sans difficulté supporter les droits de timbre et d'enregistrement. D'après les mêmes principes il est dû un droit de 50 centimes pour 100 pour le cautionnement fourni par les adjudicataires.

(Décision du ministre des finances, du deuxième jour complémentaire an 7.)

N°. 252.

Les actes de prestation de serment des commissaires du directoire exécutif prés les administrations centrales et municipales, sont-ils sujets à l'enregistrement et passibles du droit de 15 francs.

La loi du 22 frimaire an 7, désigne, article

68 , § 3 , n°. 3 , et § 6 n°. 4 , les prestations de serment qui doivent être enregistrées. Comme elle n'y comprend point celles des commissaires du directoire exécutif près les différentes administrations , on doit croire qu'elle a entendu les excepter. Elles ne peuvent donc être assujéties au droit. (Décision du ministre , du 2 complémentaire an 7.)

N°. 253.

Lorsqu'une femme survivante a droit , en vertu de la coutume , à l'usufruit des biens de son mari , le droit d'enregistrement est-il dû sur le capital du revenu de la moitié , ou seulemeut sur celui du quart des acquêts de la communauté ?

Cette question doit être résolue d'après l'article 13 de la loi du 17 nivose an 2 , sur les successions : cet article , après avoir confirmé les avantages coutumiers entre les époux encore existans, ajoute : néanmoins , s'il y a des enfans de leur union ou d'un précédent mariage , ces avantages, au cas qu'ils consistent en *simple jouissance* , ne pourront s'élever au-delà *de moitié du revenu des biens délaissés par l'époux décédé.* Or , dans l'espèce , les biens du mari ne consistaient que dans la moitié de ceux composant la communauté (en supposant que la femme n'y ait pas renoncé) le droit de jouissance de sa femme ne porte donc que sur un quart de la totalité de ces mêmes biens. Ainsi le droit ne peut être perçu que sur un quart des revenus, d'après l'évaluation qui en sera portée à dix fois le produit des biens, ou le prix des baux courans, *sans distraction des charges*, conformément au n°. 8, article 15 de la loi du 22 frimaire an 7; le droit d'enregistrement est de 2 francs 50 centimes pour cent pour les immeubles, article 69, § 6, n°. 3; et de 62 centimes et demi pour cent pour les meubles, article 69, § 4, n°. 2, sans préjudice au droit dû par les enfans pour la propriété de la moitié des biens de la communauté qu'ils recueillent par le décès de leur père.

N . 254.

Est - il dû un droit particulier d'enregistrement pour la clause insolite insérée dans un contrat de vente d'un immeuble, portant promesse par l'acquéreur d'indemniser le vendeur, d'une rente féodale supprimée par les lois, dans le cas où ce dernier serait recherché par la suite pour le paiement de cette rente ?

Dans l'espèce, un particulier a acquis, par acte en forme, un domaine moyennant une rente de 700 francs, supprimée par les lois des 25 août 1792, 17 juillet 1793 et 7 ventose an 2, comme rente ci-devant seigneuriale.

Nonobstant cette suppression, il a offert à la république, représentant aujourd'hui le vendeur, le remboursement de cette rente; laquelle n'a pas accepté, attendu que les dispositions formelles des lois s'y opposent.

Depuis, et postérieurement à la loi du 22 frim. an 7, il a revendu ce domaine avec *garantie de ses faits et promesses seulement*, moyennant 5,000 fr., et le nouvel acquéreur s'est obligé en outre de le *garantir et indemniser, s'il était par la suite recherché à raison de cette rente de 700 francs, pour le tems qu'a duré sa jouissance depuis l'époque de la suppression des rentes de cette nature.*

On nous demande quels sont les droits d'enregistrement dûs pour cette vente. Percevra-t-on le droit de quatre pour cent, tant sur les 5000 fr. prix de la vente, que sur le capital de la rente de 700 francs, dont l'acquéreur s'est éventuellement chargé ; ou percevra-t-on un droit, comme vente, sur 5000 francs, et une autre, comme indemnité, sur le capital de la rente de 700 francs ?

Nous observerons d'abord que les rentes féodales ayant été abolies, la clause ne devait point être insérée dans un acte passé par un officier public. Au surplus, nous estimons que l'une ou l'autre perception serait mal fondée.

En effet, si le n°. 1er. du § 7, art. 69 de la loi du 22 frimaire, fixe à quatre pour cent le droit d'enregistrement des contrats de vente d'immeubles, le n°. 6 de l'art. 15 de la même loi veut que la valeur en soit déterminée pour la liquidation et le paiement du droit , par le prix exprimé , en y ajoutant toutes les charges en capital, ou par une estimation d'experts dans les cas autorisés : et d'après l'article 17 , la Régie peut requérir l'expertise , dans l'année de l'enregistrement du contrat, lorsque le prix énoncé paraît inférieur à la valeur vénale de l'immeuble à l'époque de l'aliénation , par comparaison avec les fonds voisins de même nature. Or , en appliquant les dispositions de cette loi au contrat de vente dont il s'agit, il est certain qu'il n'y a pas lieu d'ajouter au prix le montant d'une rente qui n'existe plus, puisqu'elle est supprimée par la loi , et que dès-lors elle ne grève plus le bien ; qu'ainsi elle n'est plus une *charge*. On ne peut également régler la perception comme promesse d'indemniser, comme cautionnement de l'acquéreur envers le vendeur , car il n'intervient pas de tierce personne ; c'est une disposition inhérente à la vente , une modification de la garantie. Cette clause ne donne donc pas lieu à un droit particulier. La perception doit , dans l'espèce , être réglée sur 5000 francs : mais il est évident qu'il y a lieu de requérir l'expertise , car le prix de la vente est nécessairement inférieur à la valeur vénale de l'immeuble.

N°. 255.

TIMBRE.

Les négocians sont-ils astreints à représenter tous les registres qu'ils doivent tenir en papier timbré, pour obtenir leur patente ?

L'art. 1ᵉʳ. du titre 3 de l'ordonnance de 1680, porte que les négocians et marchands, tant en gros qu'en détail , auront *un livre* qui contiendra tout leur négoce, leurs lettres-de-change, leurs dettes actives et passives, et les deniers employés à la dépense de leurs maisons. Ce livre est ce qu'on appelle *le journal*, qui doit, aux termes de l'article 5 du même titre , être écrit de suite , par ordre de date, article par article, sans aucun blanc. Suivant cette disposition, les négocians et marchands ne sont obligés d'avoir d'autre livre que ce journal qui est le seul, à proprement parler , qui fasse foi en justice. Il est vrai que ceux qui font un grand commerce, soit en gros , soit en détail , ont plusieurs autres livres, dont l'usage leur est utile pour l'ordre de leurs affaires ; mais la loi ne leur impose pas l'obligation d'en tenir plusieurs. Les préposés de la Régie ne peuvent donc exiger que la représentation de celui dont la tenue est prescrite par l'ordonnance. Si les autres ne sont pas dans la forme exigée par la loi du 13 bru-

maire dernier, relative au timbre, les marchands
et négocians qui s'en servent, courent les ris-
ques de ne pouvoir pas les produire en justice ; mais on ne peut pas les contraindre à ce
que la loi n'exige pas.

N°. 256.

Les certificats délivrés aux cultivateurs, par les
administrations, pour les faire jouir de l'exemp-
tion de la taxe d'entretien des routes, sont-ils
sujets au timbre ?

Pour faire jouir le cultivateur du bénéfice des
articles 75 de la loi du 9 vendémiaire et de celle
du 3 nivose de l'année dernière, les administrations doivent leur délivrer un certificat dont un
double reste au bureau de la barrière.

On avait pensé que cet acte ayant pour objet
le paiement d'une contribution, devait être
exempt du timbre.

Ni la loi du 13 brumaire an 7, ni les précédentes, ne contiennent aucune disposition d'où
l'on puisse induire que ces actes sont dispensés
du timbre. L'article 3 de la loi du 11 février 1791
et l'article 12 de celle du 11 brumaire an 7 que
nous avons citée, assujétissent textuellement au
timbre tous les actes des corps administratifs
formant titre, ou pouvant être produits pour obligation décharge ou justification. Les certificats

dont il s'agit, se trouvant compris dans cette classe, doivent donc sans difficulté être soumis au timbre ?

Cette opinion est conforme à celle que la Régie a manifestée sur les différentes questions qui lui ont été proposées.

N°. 257.

Certificats et autres pièces, produits pour recevoir paiement des pensions militaires.

Les certificats et toutes les pièces justificatives exigées pour toucher le paiement des traitemens de retraite pour tous les militaires qui ont cessé ou cesseront d'être en activité, pourront être expédiés sur papier non timbré. Art. 64 de la loi du 28 fructidor dernier.

N°. 258.

DROITS DE GREFFE.

Est-il dû un droit de mise au rôle 1°., pour les causes qui se jugent en référé; 2°. pour les demandes en intervention ?

La loi du 21 ventose an 7, qui a établi des droits de greffe dans les tribunaux civils et de commerce, a ordonné (article 2 et 3) qu'il sera perçu un droit pour la formation et tenue de rôle, et l'inscription de chaque cause sur le rôle auquel elle appartient; que ce droit ne pourra être exigé qu'une seule fois; qu'en cas de radiation, la cause sera replacée gratuitement à la fin du rôle en y faisant mention du premier placement. Ces dispositions ont reçu leur exécution dans ces tribunaux; mais on a demandé si ce droit de mise au rôle est dû pour les causes qui se jugent en référé, et s'il est exigible pour les demandes en intervention ? Les référés sont des rapports faits au juge chargé de tenir l'audience, sur les obstacles qui s'opposent, soit à l'exécution d'un jugement, soit à la levée d'un scellé, ou à la confection d'un inventaire, soit enfin sur les affaires urgentes et qui requièrent célérité.

Cette procédure est particulière au département de la Seine, elle est nécessitée par l'immense population de la commune de Paris; dans ce cas, il est statué *sommairement* en l'absence de l'une des parties, ou après les avoir entendues, si elles sont présentes. Ainsi il y a une cause judiciaire, et le droit de mise au rôle est exigible. Il n'y a d'exception que pour les affaires portées en référé, et qui sont accessoires ou dépendantes d'une cause pour laquelle le droit de mise au rôle a été perçu.

A l'égard des demandes en intervention et de mise en cause pour garantie ou autrement, ce ne sont que des incidens à un procès principal, des parties de plus appelées à figurer, mais toujours dans une seule et même cause déjà placée au rôle. Or, le droit d'inscription en ayant été acquitté, d'après l'article 3 précité, il n'en peut être répété un nouveau en pareil cas.

(Décision du ministre des finances, du 2 fructidor an 7, conforme à l'opinion du ministre de la justice.)

N°. 259.

DOMAINES NATIONAUX.

Les bons délivrés en l'an 6 pour versemens faits antérieurement à cette année, de différentes espèces de denrées, dans les magasins de la République, peuvent-ils être admis en paiement des fermages dûs pour l'an 6 et pour l'an 7 ?

D'après les lois du 9 fructidor an 5, les bons de réquisition délivrés aux fermiers de biens nationaux pour versement des denrées par eux effectués dans les magasins de la République en l'an 3 et en l'an 4, ne peuvent être admis en paiement de leurs fermages que pour ces deux années seulement : ainsi les bons de réquisition délivrés pour versement des denrées effectués en l'an 4, ne peuvent être donnés en paiement des fermages de l'an 6. Ces fermages doivent être acquittés en numéraire, et ceux qui ont obtenu des bons de réquisition doivent se pourvoir par-devant le ministre de la guerre pour en être payés.

(Décision du ministre des finances, du 8 fructidor an 7.)

Nº. 260.

RENTES.

A qui appartient-il de diriger les poursuites, lors-
qu'une rente constituée au profit d'une ci-devant
communauté ecclésiastique ou un émigré, est con-
testée par celui qui paraît la devoir ?

Pour l'intelligence de cette question, il est utile de préciser les faits.

Les registres de recette d'une fabrique, la colligendre d'une communauté supprimée, annoncent que Pierre devait une rente de deux septiers de bleds, un chapon ou 40 francs; le receveur des domaines, pour forcer le paiement des arrérages, décerne une contrainte signée du directeur et visée du juge : elle est signifiée; Pierre y forme opposition, fondée sur ce que le titre constitutif de la rente n'est point rapporté.

Il ne s'agit point ici d'examiner si Pierre est fondé, mais de savoir comment on fera juger le mérite de son opposition. Il faut distinguer les contestations relatives à la propriété, et celles relatives aux revenus. Les premières, aux termes de la loi du 5 novembre 1790, et 19 nivose an 4, (nous avons rapporté ces lois dans notre nº. 31) ne peuvent être instruites qu'à la diligence des commissaires du directoire exécutif, après l'autorisation nécessaire des administrations centrales. Le jugement des autres doit être provoqué par les préposés de la Régie de l'enregistrement, au vœu de la loi du 10 septembre 1791.

Ce principe posé : Est-ce la validité du titre de demande de la rente que l'on conteste ? L'action doit être suivie par les commissaires du directoire exécutif. Ne s'agit-il que d'opposition au paiement des arrérages, l'isntance doit être suivie à la diligence du préposé de la Régie.

Mais, disent quelques commissaires du directoire exécutif, une contrainte est le commencement d'une action possessoire à laquelle donne lieu le refus de payer de la part des redevables. Cette action ne peut être cumulée avec aucune autre, et doit nécessairement être suivie d'une décision qui ne peut être suspendue par l'action pétitoire, ou prétention relative à la propriété. C'est une erreur.

Une contrainte est bien le commencement d'une action possessoire ; mais ce caractère disparaît à l'instant que le défenseur constate la propriété de l'objet sur lequel porte la contrainte. Dès cet instant l'action n'a plus que la nature de pétitoire, et ne peut plus être suivie que sous ce rapport. Les redevables contestant l'existence ou l'exigibilité des rentes qui leur sont demandées, la section domaniale du tribunal civil ne peut les condamner ou décharger sans prononcer sur la question de propriété à laquelle celle possessoire est nécessairement subordonnée ; et elle ne pourrait, sans excéder ses attributions, juger sommairement les contestations de cette nature sous le rapport de la simple perception de revenus nationaux. (Instructions du ministre des finances à plusieurs commissaires du directoire exécutif, des 24 messidor et 17 thermidor an 7.)

N°. 261.

FRAIS DE POURSUITE.

Les commissaires du directoire exécutif ne sont tenus à aucune avance pour les affaires qui concernent la République.

Le commissaire du directoire exécutif près l'administration centrale du département de la Somme ayant demandé au ministre des finances qu'il lui fût ouvert un crédit de 300 francs, pour le mettre à portée de faire face aux avances des menus frais de timbre, d'huissiers, etc. dans les affaires concernant la République, qu'il était dans le cas de suivre devant les tribunaux ; ce ministre lui a répondu, le 16 fructidor an 7 ; « Je vous observe que lorsque les commissaires » du directoire agissent pour l'intérêt de la nation, sans » adjonction d'aucune partie, ils ne sont point tenus » de faire des avances de frais.

» Les régisseurs de l'enregistrement ont été autorisés » à faire viser pour timbre, sans droits et sauf à les » exiger des parties, les papiers que les commissaires » du directoire emploieraient en pareil cas.

» Ils ont de même été autorisés à appliquer aux » actes à la requête des commissaires du directoire » près les administrations, les dispositions du n°. 2 » du 1er. § de l'article 70 de la loi du 22 frimaire » dernier, qui veut que l'on enregistre en débet ceux » à la requête des commissaires près les tribunaux ; et » à étendre ces débets aux droits de greffe, qui se » perçoivent au profit de la République.

» Quant aux salaires des huissiers et greffiers, ceux- » ci ne peuvent exiger que vous en fassiez l'avance » mais ils doivent vous en remettre tous les trois mois » ou plus souvent s'ils le jugent à propos, un état que » vous viserez et approuverez, et que vous présenterez » au tribunal, pour qu'il décerne un exécutoire à leur » profit sur le receveur de l'enregistrement. Ces exé- » cutoires, après avoir été visés par l'administration » centrale, ainsi qu'il est prescrit pour les frais de jus- » tice, à la charge de la République, seront payés » par le receveur, sauf à en répéter le montant sur » les parties condamnées. »

N. 262.

Les Rentes censitiques ne sont point féodales.

Jugement du tribunal civil du Bas-Rhin, du 26 thermidor an 7.

On appelle censitiques, dans les départemens du Rhin, des biens concédés a des cultivateurs par des chapitres, corps et communautés ecclésiastiques, ou par de simples bénéficiers, avant la réunion de l'Alsace à la France, soit a emphytéose perpétuelle, soit à bail héréditaire, moyennant un canon annuel. Les titres de ces concessions diffèrent dans leur nature ; par les uns, appellés colonges, les propriétaires ont réparti leurs biens entre plusieurs preneurs, en se reservant un canon annuel et modique, avec la faculté de faire juger les différends qui s'eleveraient entre eux, à raison de ces fonds pour le bailleur, comme président, assisté des preneurs comme assesseurs. Les autres, dénommés Trægerey, ou contrat au porteur, sont un bail fait par un gros propriétaire à plusieurs colons, avec institution parmi eux d'un chef chargé de recouvrer les canons, et de lui en compter.

Les citoyens Kimpssel et consorts, tenanciers à ce dernier titre, avaient formé opposition aux contraintes décernées contre eux pour le paiement des arrérages de leurs canons, fondée sur ce que les rentes, comme féodales, devaient etre abolies.

Le directeur de la Régie, à Strasbourg, a établi dans sa réponse que les rentes dues par les opposans, étaient le prix stipulé par la concession qui, dans ces effets, ne pouvait être considérée que comme bail héréditaire ; qu'elles étaient purement foncières, et devaient être servies aux termes des lois des 25 août 1792, et 17 juillet 1793.

Ces moyens ont été accueillis par le tribunal civil du Bas-Rhin ; et par jugement du 26 thermidor, il a debouté Kimpsel et consorts de l'opposition par eux formée à la contrainte.

De l'Imprimerie des Instructions Décadaires, Recueil des Lois et Guide des Notaires, rue Neuve-Augustin, n°. 917.

INSTRUCTIONS

Sur l'Enregistrement, Droits y réunis, et Domaines nationaux.

Rédigées par une Société d'Employés de la Régie de l'enregistrement et du domaine national.

N°. 34.

N°. 263.

ENREGISTREMENT.

Les co-héritiers sont-ils solidaires pour le paiement du droit d'enregistrement des mutations par décès ?

Il n'y a pas lieu à la solidarité entre les héritiers, pour les successions ouvertes avant la pu-

M

blication de la loi du 22 frimaire an 7 ; et chacun d'eux n'est tenu des droits, qu'en raison de
la portion qu'il recueille : mais d'après les dispositions précises de l'article 32, les co-héritiers
sont solidaires pour les mutations par décès,
postérieures à la promulgation de cette loi. (Décision du ministre des finances, du 12 vendémiaire an 8.)

Nº. 264.

*Est-il dû un droit proportionnel d'enregistrement
pour une déclaration de command, faite par un
acquéreur de domaines nationaux, dans les trois
jours de son adjudication, lorsque cette déclaration n'a pas été notifiée, et la notification est-
elle de rigueur ?*

L'article 11 de la loi du 26 Vendémiaire an
7, porte :

« Tout adjudicataire pourra, dans les trois
» jours de l'adjudication, faire des déclarations
» d'ami ou de command, aux termes des lois
» précédentes, sans que les citoyens en faveur
» desquels ces déclarations seront faites, soient
» tenus à un droit d'enregistrement autre que ce-
» lui qu'aurait payé l'adjudicataire lui-même. »

La loi rendue postérieurement, le 22 frimaire
an 7, assujétit (article 68, § 1er., nº. 24) au
droit fixe d'un franc, les déclarations ou élec-

tions de command ou d'ami , lorsque la faculté d'élire un command a été réservée dans l'acte d'adjudication , ou le contrat de vente , et que la déclaration est faite par acte public , et notifiée dans les 24 heures de l'adjudication ou du contrat ; mais cette première disposition ne peut se rapporter aux domaines nationaux , puisque les acquéreurs ont, d'après le vœu de la loi du 26 vendémiaire, trois jours pour la faire notifier. En vain voudrait-on opposer à ce principe le silence de la loi du 22 frimaire, qui ne fait aucune distinction ; elle a considéré les déclarations de command des acquéreurs de domaines nationaux , sous un rapport bien distinct, puisqu'elle les excepte (article 69 , § 7 , n°. 3) de l'assujétissement au droit de 4 pour 100 que supportent les déclarations de command des biens des particuliers , faites après les 24 heures de l'adjudication ou du contrat ; et dit formellement (n°. 1er. du même paragr.) que la quotité des droits des adjudications des domaines nationaux sera réglée par des lois particulières.

Ainsi, il n'y a pas lieu à la notification de la déclaration de command dans les trois jours, lorsqu'il s'agit d'adjudications de biens nationaux ; et cette déclaration ne donne ouverture à aucun droit. (Décision de la Régie, du 28 fructidor an 7.) *A noter en marge de l'article 186, page 386 du n°. 25 de nos Instructions.*

N°. 265.

Les partages des biens indivis avec la République sont-ils tous exempts de l'enregistrement ?

Il faut distinguer les partages qui se font par la nation avec les ascendans d'émigrés, de ceux qui ont lieu entre elle et les co-héritiers des émigrés.

Les premiers, comme nous l'avons dit au n°. 7, fol. 97 de nos Instructions, ne bénéficient qu'à la République, et comme elle ne peut se payer à elle-même, ils sont exempts des droits d'enregistrement. Mais les partages de biens indivis avec les co-héritiers des émigrés ont un effet tout différent, la nation exerce seulement les droits de l'absent, elle recueille la portion qui lui est acquise par la confiscation ; les autres co-héritiers prennent la portion que la loi leur défère, et ils doivent acquitter les mêmes droits qu'ils auraient payés s'ils avaient partagé avec l'émigré leur co-héritier. La portion échue à la nation est seule exempte de la formalité de l'enregistrement, pour les raisons ci-dessus rappelées.

N°. 266.

Les contraintes pour le recouvrement des contributions directes ne peuvent être visées pour timbre.

Le commissaire central, agent-général des contributions directes du département de la

Seine - Inférieure, avait pensé qu'on pouvait étendre aux contraintes pour le recouvrement des contributions, la faculté *de viser pour timbre*, qui a été accordée pour les bordereaux des inscriptions hypothécaires, requises par les commissaires du directoire.

Le ministre des finances lui a répondu, le 26 fructidor an 7. « S'il est dans la nature des
» choses que les commissaires ne soient pas
» tenus de l'avance des droits pour les actes
» du ministère public, il n'en est pas de même
» des percepteurs des contributions qui sont
» indispensablement obligés de payer les droits
» résultans de leurs poursuites, qui, toutes,
» doivent être écrites sur papier timbré, dont
» ils se font rembourser le prix par les con-
» tribuables. Ainsi, aucune considération ne
» peut porter à autoriser à cet égard, *le* visa
» *pour timbre, même en acquittant les droits.* »

N. 267.

PATENTES.

Les contraintes pour droits de patentes doivent-elles être visées par l'agent municipal de la commune des redevables ?

Non : 1°. Ce serait attribuer à cet agent, un droit, un caractère que la loi ne lui donne pas : ce serait entraver la marche des poursuites, en les subordonnant à son *visa.*

2°. Ces contraintes ayant pour base *un rôle exécutoire*, il n'y a pas de motif pour les assujétir au *visa*, puisque le receveur du droit de patente n'agit que d'après une taxe faite en vertu de la loi, par l'autorité administrative.

3°. Enfin, les commandemens pour la rentrée des contributions directes, *faits d'après un rôle*, sont exempts du *visa*; il en doit être de même des contraintes pour le recouvrement des droits de patente, fixés par un tableau arrêté par les administrations centrales de départemens.

(Décision du ministre des finances, du 12 vendémiaire an 8).

N. 268.

DOMAINES ENGAGÉS.

Le cessionnaire d'un domaine engagé pour la durée du règne du dernier roi, peut-il en acquérir la propriété incommutable aux conditions prescrites par les articles 13 et 14 de la loi du 14 ventose an 7.

Tout engagement fait pour la durée d'un règne finissait de plein droit avec lui, à moins que le nouveau roi n'accordât des lettres de prorogation de jouissance. D'après ce principe, tous les biens distraits du domaine à titre d'engagement pour la durée du règne du dernier roi, ont dû, à sa mort, être réunis au domaine national. Le cessionnaire n'a d'autres droits que ceux de l'engagiste, et dans l'espèce, ce dernier n'en a plus ; il ne peut donc se prévaloir des dispositions de la loi du 14 ventose, qui ne concerne que les aliénations subsistantes.

(Décision du ministre des finances, du 8 fructidor an 7).

N°. 269.

CONTRIBUTION SOMPTUAIRE.

Les inspecteurs ne peuvent jouir de l'exemption de la taxe somptuaire due à raison du cheval dont ils se servent pour l'exercice de leurs fonctions.

La Régie ayant remis un rapport au ministre des finances dont le but était d'obtenir l'exemption de la taxe somptuaire à laquelle les inspecteurs sont assujétis à raison du cheval dont ils se servent pour l'exercice de leurs fonctions, le ministre leur a marqué le deuxième jour complémentaire de l'an 7 : « Les chevaux dont se » servent les inspecteurs pour leurs tournées, ne » sont point compris dans l'exception que pro- » nonce l'article 15 de la loi du 3 nivose an 7. » Cette exception ne peut avoir lieu que pour » les fonctionnaires auxquels il est accordé des » rations pour l'entretien des chevaux néces- » saires à leur service. »

N°. 270.

SUBVENTION DU DÉCIME PAR FRANC.

Le décime par franc doit-être perçu sur les amendes prononcées antérieuremint à la loi du 6 prairial an 7, mais qui ne sont recouvrées que postérieurement. — Les amendes de contravention, relatives aux patentes et aux taxes sur les tabacs, sont passibles de cette subvention.

Le ministre de la justice ayant consulté celui des finances, sur la question de savoir si la loi du 6 prairial an 7, qui établit la subvention du décime par franc, était applicable aux amendes et condamnations pécuniaires prononcées avant sa promulgation et non encore recouvrées, ce dernier lui a répondu le 2 vendémiaire an 8 : « La difficulté proposée se résout » par un principe constant en finance, auquel il n'a- » vait été dérogé que par l article 73 de la loi du 22 » frimaire an 7 sur l'enregistrement, qui n'a aucun » rapport à la question dont il s'agit ; *c'est que les* » *perceptions se font toujours sur le pied fixé par* » *la loi qui est en vigueur au moment du paiement ;* » il en résulte que, quelle que soit l'époque à laquelle » une amende ou autre condamnation pécuniaire a » été prononcée, dès que le paiment est postérieur » à la loi du 6 prairial an 7, la subvention du décime » par fr. est exigible. L'art. 73 de la loi du 22 frimaire » n'empêche pas que ce décime ne soit dû sur les » droits d'enregistrement, qui se paient suivant le tarif » du 19 décembre 1790. Il n'y a en cela nul effet » rétroactif ; et les parties qui ont différé le paiement » ne peuvent s'en prendre qu'à elles-mêmes, si elles » ne sont pas libérées avant l'établissement de la taxe » dont il s'agit . . . . .

» Mais je pense, et j'ai déjà décidé, que dans le cas » d'une condamnation à des amendes et à des resti- » tutions pour délits dans des bois nationaux, le dé- » cime n'est dû que pour l'amende et non sur le » montant de la restitution, qui, étant la valeur pré- » sumée du dommage, ne paraît pas plus susceptible » de cette taxe que toute autre estimation de dom-

» mages et intérêts accordés à celui qui a souffert
» d'une entreprise sur sa propriété . . . . .

» Quant à la question de savoir si, par ces mots :
» *condamnations pécuniaires* (insérés dans la loi du
» 6 prairial an 7, on doit entendre toutes celles pro-
» noncées, même en matière civile, en principal et
» dépens, je pense, comme vous, que les mots con-
» damnations pécuniaires, ne signifient que les *peines*
» prononcées au profit de la République. »

Cette décision est conforme à celle du même ministre, transmise par la circulaire de la Régie, n°.
1,643 Nous ajouterons seulement que les dommages-
intérêts, indemnités et restitutions, prononcés au profit
de la République, doivent être tirés hors ligne, au
registre des amendes, dans une colonne particulière,
et que le produit doit en être porté distinctement
dans les bordereaux de compte et les états de mois,
parmi les recettes non passibles du décime.

Nous observerons aussi que les *amendes* prononcées
par les lois des 1er. et 22 brumaire an 7, relatives aux
patentes et aux taxes sur les tabacs, sont passibles du
décime par franc, quoique les droits en soient exempts,
puisque la loi du 6 prairial établit cette subvention
sur toutes les amendes indistinctement. Par suite,
le produit de ces amendes, dont la Régie a prescrit
de tirer le montant dans une colonne particulière du
registre de recette des droits de patente, et de celui
des taxes sur les tabacs, ne doit plus être confondu,
dans les bordereaux de compte et les états de mois,
avec le montant de ces droits : il faut le porter distinctement dans lesdits états et bordereaux, après les amendes de condamnation, et avant l'addition des recettes
passibles du décime.

N°. 271.

HYPOTHÈQUES.

*Rejet de la Résolution qui prescrivait de nouvelles
Tables Hypothécaires.*

Le conseil des Anciens, sur un rapport du citoyen SEDILLEZ,
au nom d'une commission spéciale, a rejetté, le 7 vendemiaire

an 8 , la résolution du 21 fructidor précédent , qui déterminait une forme des Tables Hypothécaires , autre que celle adoptée par la Régie. La justesse des idées , les réflexions utiles et instructives sur le systême Hypothécaire, que renferme ce Rapport , nous déterminent à en donner ici l'analyse. Cette matière intéresse non-seulement les Préposés aux hypothèques , mais aussi tous nos Lecteurs , puisque c'est , en partie, de l'exécution de la loi du 11 brumaire an 7 que dépendent le retour de la confiance , la sûreté dans les transactions , et le crédit des particuliers.

Voici comment s'explique le Rapporteur :

« Vous n'avez pas oublié , dit-il à ses collègues , la discussion solemnelle qui eut lieu , et dans la Convention nationale , et depuis , sur l'établissement d'un nouveau systême hypothécaire.

« Ce systême eut de nombreux partisans , parce qu'il est bon, et de nombreux adversaires , parce qu'il froissait beaucoup d'intérêts , et parce qu'on y avait amalgamé des déclarations foncières très-allarmantes et des cédules hypothécaires qui , monétisant le territoire , donnaient aux propriétés foncières une mobilité excessive , et vaporisaient , en quelque sorte , toutes les fortunes.

« Le systême hypothécaire fut dégagé de cet alliage étranger, et rendu à sa pureté primitive. . . . .

« Nous possédons aujourd'hui une bonne loi sur les hypothèques , la seule peut-être de toutes nos lois existantes qui mérite d'entrer dans la composition de ce code civil que nous appelons sans cesse et qui nous fuit toujours.

« C'est seulement depuis la loi du 21 ventose an 7 , que le nouveau systême hypothécaire est en pleine activité ; je dis en pleine activité , parce que dès-lors son organisation légale fut complète , et que le succès ne dépendit plus que de l'exécution.

« L'exécution ! (observe le Rapporteur dans une note ,) c'est-là qu'est le nerf de la loi , le principe d'activité ou de paralysie. Une mauvaise loi , exécutée avec intelligence , perd souvent une partie de son influence dangéreuse , et devient quelquefois utile. La meilleure loi , au contraire , peut produire des effets funestes.»

Le Rapporteur attribue, en partie, l'inexécution de la loi, à l'insuffisance des traitemens des conservateurs.

« Il y a eu un tems, continue-t-il, où l'administration des hypothèques coûtait fort cher. On a voulu, je ne dis pas y porter l'économie, c'eut été très-bien fait ; mais on a été d'une extrémité à l'autre, et l'on a affecté d'y mettre une parcimonie excessive.......... J'appellerais cela une économie ruineuse, comme nous en avons quelques autres. »

Les réflexions du Rapporteur auront sans doute fait quelque impression sur les législateurs ; et les préposés aux hypothèques peuvent espérer que les deux Conseils, dirigés par la justice, autant que par la considération de l'intérêt public, s'occuperont d'améliorer leur sort.

« Aujourd'hui, un cri général se fait entendre ; plus de vingt millions de capitaux sont entravés dans la circulation par le défaut de délivrance de certificats d'inscriptions ou de transcriptions.

« Cet inconvénient grave, mais passager, a pour cause la multitude, non calculée, des créances antérieures au régime hypothécaire, qui ont été soumises à la formalité de l'inscription.

« Vous apprendrez avec plaisir que ce cahos commence à se déblayer par le zèle des employés de la Régie, et que bientôt cette partie sera au courant ; et comme c'est la cause du mal, vous annoncer la cessation de la cause, c'est assez vous dire que le mal lui-même touche à sa fin.

« Non-seulement les conservateurs ont été obligés de rédiger les actes d'inscription des anciennes créances hypothécaires et de celles qui ont été contractées depuis ; mais il faut de plus qu'ils délivrent les extraits et certificats, sans lesquels les créanciers ne peuvent se faire payer, ni les acquéreurs se libérer ; ce qui produit une stagnation funeste dans les fortunes des citoyens, et, par un contre-coup nécessaire, dans le crédit public.

« Il ne suffit pas même de délivrer des certificats des inscriptions existantes ; les conservateurs sont obligés de délivrer aux requérans des certificats de non inscription, c'est-à-dire, d'attester qu'il ne s'en trouve aucune d'inscrite dans cette multitude de volumes qui composent déjà cet immense dépôt, ou qu'il ne s'en trouve point d'autres que celles dont ils délivrent les extraits, le tout a peine de responsabilité, de destitution, de dommages et intérêts qui pourraient résulter de la moindre erreur.

« Il était indispensable de procurer aux conservateurs les moyens de faciliter cette recherche, afin que leur responsabilité ne devînt pas impossible ou illusoire. C'est dans cette vue que l'art. XVIII de la loi du 21 ventose an 7 porte : (Qu'il sera tenu un registre sur papier libre, dans lequel seront portés par extrait, au fur et à mesure des actes, sous le nom de chaque grevé, et à la case qui lui sera destinée, les transcriptions à sa charge, les radiations et autres actes qui le concernent, ainsi que l'indication des registres où chacun de ces actes sera porté, et les numéros sous lesquels ils seront consignés.)

« En exécution de cette disposition, la Régie de l'enregistrement a fait dresser des Tables qu'elle a intitulées : RÉPERTOIRE DES HYPOTHÈQUES ; ce répertoire paraît remplir les indications de la loi. Il a été envoyé à tous les conservateurs ; et l'instruction qui est en tête leur recommande, pour leur propre intérêt, de tenir exactement ce registre, au fur et à mesure de chaque acte. On a également envoyé le modèle d'une Table très-simple pour faciliter les recherches.

« Si le Répertoire et la Table eussent été faits, les plaintes qui s'élèvent aujourd'hui n'auraient pas lieu.

« Mais il paraît que l'encombrement extraordinaire des grands bureaux, occasionné par l'inscription des anciennes créances, a empêché les conservateurs des grandes communes de former le Registre et la Table dont je viens de parler ; mais il y a lieu de croire que ce Registre et cette Table sont faits dans les autres bureaux ; s'ils ne l'étaient pas, les conservateurs ne seraient pas excusables.

« On sent aisément que l'absence du Répertoire et de la Table, dans les lieux où ils n'ont pas été faits, rend presqu'impossible la délivrance des certificats, puisque, pour les délivrer avec assurance, sans ce secours, il faudrait parcourir très-scrupuleusement tous les volumes qui contiennent les actes hypothécaires,

« Il résulte de cet inconvénient, que, dans les grandes communes, et à Paris sur-tout, on ne délivre aux citoyens aucun des certificats prescrits par la loi, et que les conservateurs, pour soulager leur responsabilité, se plaisent à supposer une lacune dans la législation; et c'est sans doute pour accréditer cette idée, qu'on a suggéré les bases de la résolution qui nous occupe.

« Cette résolution a été prise le 21 fructidor dernier....... Pour savoir si elle atteint le but qu'elle se propose, votre commission a cru qu'elle devait oublier pour un instant toutes les théories, et s'entourer des lumières de l'expérience; elle doit ici déclarer que la Régie de l'enregistrement lui a fourni des renseignemens avec ce zèle et cette franchise qui caractérisent des administrateurs amis du bien public.

« Aidés de ces secours, nous avons d'abord comparé le répertoire dressé par la Régie, avec la loi du 21 ventose, et nous croyons qu'il en remplit les indications.

« Nous avons ensuite comparé ce même répertoire avec les nouvelles tables proposées par la résolution, et nous avons trouvé,

« 1°. Que, conformément à la loi, le Répertoire de la Régie présente sur une même feuille tous les actes hypothécaires qui concernent un même grévé, les inscriptions, les transcriptions, les radiations, les changemens de domicile, les notifications de procès-verbaux d'affiches, etc., que les nouvelles Tables ne comprennent que les inscriptions et transcriptions, divisées en deux registres séparés;

« 2°. Que le répertoire de la Régie comprend toutes les indications dans treize colonnes, y compris deux colonnes d'observations; les nouvelles tables contiennent ensemble onze colonnes, c'est-à-dire, le même nombre de colonnes que le répertoire, en n'y comprenant pas les deux colonnes d'observations;

« 3°. Que les treize colonnes du répertoire de la Régie occupent, sur le papier, un espace de cinquante quatre centimètres en largeur; les nouvelles Tables occupent soixante-huit centimètres.

« D'où il suit que le répertoire contient plus d'objets sous un moindre volume: que ce répertoire est le tableau raccourci de tous les actes hypothécaires, tandis que les Tables n'embrassent que deux objets isolés, insuffisans pour les besoins du service et l'exécution de la loi. »

Le Rapporteur relève ensuite plusieurs imperfections dans la résolution. Il fait remarquer que l'ordre alphabétique qu'elle prescrit dans la tenue des nouvelles tables, ne peut être rigoureusement suivi.

« On peut bien, (dit-il,) ranger sous la lettre A tous les noms qui commencent par un A ; à la lettre B, tous les noms qui commencent par un B, et ainsi de suite ; mais il est démontré dans la pratique que l'ordre strict alphabétique, tel qu'il est suivi dans les dictionnaires, le seul qui puisse être utile, ne peut être effectué que lorsqu'un volume est entièrement rempli ; ce qui empêcherait que les tables ne fussent rédigées au fur et à mesure de chaque acte, comme le veut la loi du 21 ventose, et comme cela est indispensable pour la célérité des opérations, et l'expédition prompte et sûre des extraits...

« En dernière analyse tout se réduit à savoir quel est l'objet que se propose le législateur. Si l'on veut avoir un répertoire complet des registres hypothécaires, un tableau en actif et passif de la situation des grévés, alors il n'y a point de doute que les nouvelles tables sont insuffisantes et qu'il faut revenir à la stricte exécution de l'article XVIII de la loi du 21 ventose. Si l'on ne demande qu'une simple table pour faciliter les recherches, en ce cas les nouvelles tables seraient beaucoup trop compliquées.

« Il me reste à vous rendre compte de la première sensation que les nouvelles tables et la résolution elle-même ont faite sur un grand nombre de ceux qui les ont examinées.

« Quoi donc ! a-t-on dit, est-il de la dignité du Corps législatif de s'occuper à rédiger des tables, à tracer des lignes horizontales et perpendiculaires, à calculer les millimètres qui doivent entrer dans les dimensions du papier de ces tables ?

« Non-seulement plusieurs ont pensé qu'il pouvait abandonner ces détails aux agens chargés de l'exécution, mais on a même cru qu'il le devait. Ces détails appartiennent en effet à l'exécution. Ce n'est que par l'expérience, et même par des tâtonnemens, qu'on parvient au genre de perfection dont cette partie est susceptible. Or, le législateur ne peut ni espérer d'atteindre tout-à-coup à cette perfection, ni se livrer à des tâtonnemens. D'ailleurs, lorsqu'on emploie des êtres intelligens, il est bon de laisser quelque chose à leur intelligence. Une administration voit promptement le mal et y apporte un prompt remède; mais quand le mal a sa source dans la loi, il est ordinairement plus durable, non-seulement à cause des lenteurs que nécessite l'obtention d'une loi nouvelle, mais encore parce que personne n'étant responsable des faits de loi, chacun reste spectateur plus tranquille des inconvéniens qu'on ne peut pas lui imputer; et même il y a certaines administrations qui ne seraient pas fâchées de se trouver dans une situation qui favorise leur insouciance.

« En bonne législation, il est bon de laisser à chacun la responsabilité. Lorsqu'on dit à quelqu'un de marcher et d'agir, il ne faut pas vouloir lui remuer immédiatement les bras et les jambes. si les administrations sont de simples machines, dès-lors elles ne répondent plus de rien; c'est le moteur qui se rend garant de tout.

« Il résulte de toutes ces réflexions, 1°. que les inconvéniens qui se font sentir dans cette partie de l'exécution du systême hypothécaïre ne viennent point d'un vice inhérent à la loi, mais de l'exécution de la loi.

« 2°. Que cette inexécution ne vient elle-même ni de ce que la loi n'est pas exécutable, ni en général de la négligence des fonctionnaires chargés de son exécution, mais de la circonstance passagère de l'inscription des anciennes créances, dont la foule a jeté un embarras momentané dans les bureaux des conservateurs et particulièrement dans ceux des grandes communes.

« 3°. Que l'inscription des anciennes créances une fois au courant, l'exécution stricte de la loi du 21 ventose deviendra simple et facile.

« 4°. Qu'il ne faut pas, par la considération d'un engorgement passager, s'exposer à déranger l'économie du systême hypothéraire en changeant les dispositions de l'article XVIII de la loi du 21 ventose, qui assure les bons effets du principe de la publicité des hypothèques, et facilite les moyens de compulser et de vérifier tous les actes de ce système, en présentant un tableau analytique de tous les registres et en réunissant, sur une même feuille, l'actif et le passif de chaque grévé, avec tous les accessoires nécessaires pour en éclairer les détails.

« 5°. Que les nouvelles tables proposées, insuffisantes comme tableau, trop compliquées comme simples tables, n'ont pas même le mérite d'une plus grande simplicité; qu'elles n'apporteraient aucune accélération à l'expédition des certificats; qu'au contraire, leur confection en ajournerait la délivrance jusqu'à une époque en quelque sorte indéfinie.

« 6°. Que le répertoire dressé par la Régie, envoyé à tous les conservateurs, et qui, sans doute, est déjà en activité dans plusieurs bureaux, paraît remplir toutes les indications voulues par la loi. »

C'est après avoir entendu ce Rapport que le Conseil des Anciens a déclaré, le 7 vendémiaire an 8, qu'il ne pouvait approuver la résolution.

Les conservateurs des hypothèques doivent savoir gré au citoyen SEDILLEZ d'avoir fait connaître aux Conseils que c'est à l'immensité du travail et au nombre presque incalculable des inscriptions anciennes, qu'on doit imputer le retard qu'a éprouvé l'exécution des lois des 11 brumaire et 21 ventose an 7, et d'avoir appelé l'attention des législateurs sur l'insuffisance de leurs traitemens. Mais ils ne doivent pas ignorer qu'il marque, en même-tems, de l'étonnement de ce qu'ils n'ont pas imaginé un moyen quelconque de se reconnaître dans leur propre besogne, et de délivrer les actes que la loi leur prescrit.

« La loi a parlé (dit-il) ce n'est point par de vaines paroles qu'on peut répondre au public : ce sont des actes qu'il lui faut; une responsabilité, qui ne peut-être illusoire, les lui garantit. »

Nous sommes persuadés que les conservateurs qui sont en retard sur la délivrance des extraits et certificats, trouveront dans ce rapport de puissans motifs de redoubler d'efforts, et de se procurer les secours nécessaires, soit pour la confection de leur répertoire, soit pour celle d'une table provisoire et abrégée des inscriptions, en attendant que le répertoire ait acquis sa perfection. Ils trouveront la récompense de leur dévouement et de leurs sacrifices dans la satisfaction de remplir leurs obligations vis-à-vis du public, de faire cesser les plaintes, de se rendre utiles à la société, et dans l'espoir fondé qu'on s'occupera d'améliorer leur sort.

De l'Imprimerie des Instructions Décadaires, Recueil des Lois et Guide des Notaires, rue Neuve-Augustin, n°. 917.

N°. 35.

INSTRUCTIONS

DÉCADAIRES

Sur l'Enregistrement, Droits y réunis, et Domaines nationaux,

Rédigées par une Société d'Employés de la Régie de l'Enregistrement et du Domaine national.

Du 11 Brumaire an 8 de la République.

Le Bureau d'abonnement est, à Paris, rue Projettée-Choiseul, n°. 1. Prix, 18 fr. pour un an, 10 francs pour six mois, et 6 fr. pour trois mois, franc de port par la poste ; et pour la copie textuelle du Bulletin des lois, 1 franc 50 centimes par trimestre.

N°. 272.

ENREGISTREMENT.

Vente d'immeubles moyennant une somme en paiement de laquelle on constitue une rente viagère.

Par exemple, une maison est vendue moyennant 4000 fr., pour lesquels l'acquéreur constitue au vendeur une rente viagère de 600 fr. ;

N

la perception doit-elle être établie sur les 4000 f. ou sur 6000 fr., capital au denier dix de la rente viagère ?

Les droits proportionnels sont réglés sur les valeurs qui font l'objet des conventions. L'article 14 titre 2 de la loi du 22 frimaire an 7, consacre ce principe. Le nombre 5 s'exprime ainsi au sujet des ventes : " La valeur des " propriétés est déterminée par le prix exprimé " et le capital des charges qui peuvent ajouter au " prix ".

A l'égard des constitutions de rente, les nombres 6 et 7 du même article veulent que le droit soit réglé " sur *le capital constitué ou aliéné* ", et que la même règle soit suivie pour les cessions et transports desdites rentes.

On voit donc, par les dispositions de la loi, que le droit proportionnel doit être réglé sur une évaluation certaine ; il cesse d'être un droit proportionnel, s'il peut s'établir sur une valeur idéale : cependant il en serait ainsi, si dans l'espèce où l'acte présente un prix déterminé, on réglait la perception sur le capital d'une rente viagère, qui, le plus souvent est consentie, eu égard à l'âge et à la constitution physique de l'individu, sur la tête duquel elle est assise. Il est possible que la rente viagère soit réglée au-dessous du denier 10 ; il eût été possible, par exemple, que le prix de la vente dont il est question, fût converti en 300 fr. de rente, au lieu de 600 fr.

Établirait-on, dans ce cas, la perception sur 3000 fr.? Non, sans doute; on ne manquerait pas de faire valoir le principe que le droit est dû sur le prix exprimé, et ne peut être liquidé d'après une base prise dans une disposition secondaire. La même raison existe dans le second cas, comme dans le premier; et c'est pour établir ce principe souverainement juste, que la loi du 22 frimaire an 7 a voulu que le prix exprimé dans les actes, fût la base sur laquelle reposerait le droit proportionnel d'enregistrement.

Mais, dira-t-on, c'est donner ouverture à la fraude, et atténuer par là les droits, en donnant la facilité de faire des évaluations inférieures à la valeur réelle.

Outre que la fraude ne se présume pas, l'article 17 de la loi fournit les moyens de la constater et de la punir; c'est l'expertise. Mais, ajoute-t-on encore, dans l'espèce dont il s'agit, la vente n'est pas faite moyennant 4000 francs, mais pour une rente viagère de 600 francs; si on n'eût pas énoncé de prix particulier, le droit eût été perçu, sans difficulté, sur 6000 fr., capital de la rente. Puisque l'effet de l'acte est précisément le même dans les deux cas, quel serait le motif d'établir une différence dans la liquidation du droit, à raison d'une énonciation sans objet, si ce n'est celui de réduire la perception ?

Il n'est pas exact d'avancer que l'effet de l'acte est le même dans les deux cas ; cela est si vrai, que, dans la première hypothèse, si le remboursement du prix devenait exigible par une cause quelconque, le vendeur ou ses créanciers ne pourraient demander que 4000 fr., tandis que dans la seconde ils ne pourraient exiger que la rente, ou recourir à l'expertise. Ces considérations sont, en quelque sorte, étrangères au receveur de l'enregistrement ; il doit s'attacher aux clauses des actes de vente ; celle qui stipule une rente pour le paiement, sans faire connaître d'autre prix, laisse au moins supposer que le capital représente la vraie valeur de l'objet transmis, ce qui, dans plusieurs cas, peut se trouver exact, et le receveur doit alors établir sa perception sur le capital au denier 10 ; mais toutes les fois que le prix de la vente est énoncé, il ne doit point s'en écarter. La loi ne laisse d'autre moyen que l'expertise pour réprimer la fraude, s'il y en avait.

Notre opinion s'accorde avec une décision de la Régie, du 9 prairial an 6, et d'autres données dans des cas semblables.

N°. 273.

JUGEMENT SUR PRISES MARITIMES.

Les jugemens qui prononcent la validité ou l'in-
validité des prises maritimes, sont-ils passibles
du droit fixe ou du droit proportionnel?

Quelques-uns ont pensé qu'en prononçant la
validité d'une prise , un tribunal prononçait en
même-tems, en faveur de ceux qui l'ont faite, la
confiscation des effets ou marchandises qui en
font l'objet. D'après cette opinion, ils ont vu
dans ces jugemens, une transmission de meubles
sujette au droit proportionnel ; d'autres , fausse-
ment persuadés que ces jugemens emportaient
condamnation , les ont rangés dans la classe des
actes compris en l'art. 69 §. 2 n°. 9 de la loi du
22 frimaire an 7, et assujétis au droit proportionnel de 50 centimes par 100; d'autres enfin sou-
tiennent aussi que ces jugemens sont sujets au
droit proportionnel, et qu'ils appartiennent à
l'article 5 du titre 1er. de la loi du 22 frimaire:
mais comme au moment du jugement, la valeur
de la prise ne peut être connue, ils ont cru qu'on
pouvait percevoir le droit fixe *provisoirement* ,
sauf à exiger le droit proportionnel après l'inventaire ou la vente des objets capturés.

Aucune de ces opinions n'est fondée. En
effet, le décret du 3 octobre 1793, confir-

matif de celui du 7 février 1790 (vieux style)
sur l'organisation de la marine, établit en principe que les effets et marchandises pris sur l'ennemi, appartiennent à ceux qui en ont fait la
capture, pourvu que cette prise soit faite conformément aux règles établies; d'après ces lois,
le corsaire ou tout autre, est par le seul fait de
la prise, propriétaire de tous les objets dont il
s'est emparé sur l'ennemi; les tribunaux ne prononcent donc ni condamnation, ni confiscation
à son profit, ils jugent seulement que telle capture est de bonne ou de mauvaise prise. Il n'y
a rien dans ces jugemens qui donne lieu au droit
proportionnel; ce sont des actes simples, qui
appartiennent évidemment à l'article 68 §. 3
nombre 7 de la loi du 22 frimaire an 7, et qui
sont sujets au droit fixe de 3 fr.

C'est dans ce sens que la régie a toujours
répondu aux questions qui lui ont été proposées sur ce sujet.

Nº. 274.
RETOUR LÉGAL OU CONVENTIONNEL.

*Les pères qui héritent de leurs enfans des biens im-
meubles, dont ils leur ont fait donation entre vifs,
doivent-ils un droit d'enregistrement à raison
de la mutation qui s'opère par le retour légal ?*

*L'exercice du retour conventionnel ou stipulé dans
un acte de donation, donne-t-il lieu au droit d'enregistrement, exigible pour les transmissions de
biens ?*

La première question ne peut présenter de doute.

Le retour légal, c'est-à-dire, le droit que la loi

ou la coutume accordait, en ligne directe, à l'ascendant donateur de rentrer, au décès du donataire,
dans les biens qu'il lui avait donnés, était consacré
par l'art. 313 de la coutume de Paris. Cet article s'exprime ainsi : « Les ascendans succèdent aux choses
» par eux données. »

Il était également admis, en pays de droit écrit,
avant la publication de la loi du 17 nivose an 2, sur
les successions.

L'article 61 de cette loi a aboli toutes lois, cou-
tumes, usages et statuts relatifs à la transmission des
biens par succession ou donation. Elle veut, article
69, que si le défunt n'a laissé ni descendans, ni frères
ou sœurs, ni descendans de frères ou de sœurs, ses
père et mère ou le survivant d'entr'eux lui succèdent.
Ce n'est que dans ce cas, que le retour légal a lieu
en faveur de l'ascendant donateur ; et ce droit se trouve
actuellement confondu dans celui de l'hérédité. Suivant
l'article 4 de la loi du 22 frimaire an 7, le droit
proportionnel est dû pour toute transmission de propriété, d'usufruit ou de jouissance de biens meubles
et immeubles, soit entre vifs, soit par décès. Il ne
peut y avoir d'exception pour les biens qui rentrent
dans la main de l'ascendant donateur, par le fait seul
du prédécès de son fils sans postérité, puisqu'il y a
transmission en ligne directe ; le retour légal donne
donc ouverture au droit proportionnel. Il n'en est pas
de même du retour conventionnel qui s'opère d'après
une clause expresse insérée dans une donation.

Le droit proportionnel ne serait pas dû si l'on suivait
les anciens principes. « Si la donation, dit Bosquet, à
» cet article, est à charge de retour, et que le donateur
» rentre dans le cas de la réversion stipulée, c'est

» en vertu d'une clause inhérente ; ainsi, il ne devra
» point de centième denier pour cette rentrée; mais
» celui qui a été payé par le donataire ne peut être
» restitué, parce que la donation n'est pas révoquée
» *ut ex tunc*; elle n'est pas annullée dans son prin-
» cipe, elle cesse seulement d'avoir son effet.

» Mais si, en vertu de la clause de retour, les
» liens reviennent aux collatéraux du donateur, ils
» devront le droit de centième denier; ils ne paieront
» en cela que ce qu'ils auraient payé, s'ils avaient
» trouvé les biens dans la succession de celui dont ils
» héritent. »

Les principes de la nouvelle législation ne permettent pas plus d'exiger le droit proportionnel pour les
retours conventionnels, puisqu'ils n'en changent pas les
effets. L'art. 74 de la loi du 17 nivose an 2, s'exprime
ainsi « Les biens donnés par les ascendans à leurs descen-
» dans, *avec stipulation de retour*, ne sont pas compris
» dans les règles ci-dessus. (Ces règles sont relatives
» au mode de succéder des ascendans.) Ils ne font
» pas partie de la succession du descendant tant qu'il
» y a lieu au droit de retour. »

Si, d'après cette disposition, les biens donnés par
l'ascendant ne font pas partie de la succession du descendant, lorsque le droit de retour est exercé, il est
incontestable que, dans ce cas, on ne peut exiger le
droit dû pour les mutations par décès, à raison de ces
biens, *puisqu'ils ne font pas partie de la succession.*

Mais, objecte-t-on, l'article 4 de la loi du 22
frimaire an 7, porte que ce droit est dû pour toute
transmission de propriété, d'usufruit ou de jouissance
de biens – meubles et immeubles, soit entre vifs, soit
par décès; les rentrées en possession en vertu de ré-

méré sont passibles du droit proportionnel, quoique le vendeur se soit réservé, par le contrat, l'exercice de cette faculté.

On répond d'abord que les anciens édits et déclarations n'avaient exempté du centième denier que les mutations par décès en ligne directe, et celles faites par contrat de mariage entre futurs par leurs pères et mères seulement ; et que cependant les retours conventionnels n'en jouissaient pas moins, dans tous les cas, de l'exemption de ce droit.

Il n'y a pas, en deuxième lieu, transmission quand le donateur rentre dans le bien donné. Qui la produirait ? Ce n'est pas le donataire qui fait une revente ou cession ; il est décédé : ce ne sont pas ses héritiers ; ils n'ont passé aucun acte. La loi du 17 nivose ci-dessus citée, porte que dans l'espèce, le bien ne fait pas partie de la succession du défunt ; il n'y a donc ni transmission, ni mutation par décès. C'est un simple retour à la propriété, en vertu d'une clause inhérente, insérée dans un premier acte qui a acquitté tous les droits dûs pour les effets qu'il doit produire.

La seconde objection n'est pas mieux fondée. 1°. Le droit des ventes à réméré n'est pas le même que celui qui se perçoit pour les transmissions de propriété, lorsque le réméré est exercé dans le délai stipulé. 2°. Dans la vente à faculté de réméré, la propriété est transférée moyennant un prix, la vente est parfaite, elle est seulement résoluble ; enfin, il faut un *nouvel* acte pour constater et régler l'exercice du réméré. Dans la donation à charge de retour, au contraire, il n'y a pas de prix stipulé, le donateur conserve une propriété éventuelle, qui se réalise par l'événement, indépendamment d'aucun nouvel acte.

D'ailleurs ce n'est pas comme transmission, mais comme remboursement, que le réméré opère le droit proportionnel.

D'après ces motifs, la Régie a donné, le 18 vendémiaire an 8 , la solution suivante :

Le retour légal est passible des droits. d'enregistrement dûs pour les mutations par décès.

Le retour conventionnel opéré en faveur du donateur , en vertu de la réserve expresse, insérée dans un acte de donation en forme , ne donne pas lieu au droit d'enregistrement , dû pour les actes contenant transmission de propriété de biens. Si, par l'effet de la réserve, le retour s'opraité en faveur des héritiers du donateur , ils devraient le même droit que s'ils avaient recueilli les biens dans la succession , et dans les six mois de l'événement.

N. 275.

AMENDES POUR CONTRAVENTION AUX DROITS DE PASSE.

Le décime par franc doit être perçu sur les amendes pour contravention à la perception des droits de passe ; le produit de ce décime se verse aux caisses de la Régie.

La loi du 6 prairial an 7 , a ordonné , à titre de subvention extraordinaire de guerre , la perception d'un décime par franc, en sus des différens droits , amendes et condamnations pécuniaires ; cette perception a été maintenue pour l'an 8, par la loi du 17 fructidor suivant. Ainsi, les amendes encourues pour contravention aux droits d'entretien des routes, sont passibles du décime par franc , comme toutes les autres amendes et condamnations pécuniaires, prononcées en matière civile et criminelle.

Le produit de ces amendes est compris dans les

baux des barrières, les adjudicataires peuvent les faire
percevoir à leur profit; mais le décime par franc ne
leur est point affermé, il ne peut pas même l'être,
puisqu'il est affecté aux frais de la guerre; les adjudicataires n'y ont donc point de droit, ils doivent en
compter aux préposés de la Régie, chargés du recouvrement des condamnations pécuniaires. Ils sont, à
cet effet, obligés de tenir un registre particulier de
cette perception.

(Décision du ministre des finances, du 12 vendémiaire an 8.)

N. 276.

EXÉCUTOIRES POUR FRAIS DE JUSTICE.

*Les exécutoires pour taxes de témoins, sont acquittés
par les préposés de la Régie, sur la représentation
de la copie de l'exploit avec la taxe du juge, sauf,
s'il y a lieu, le recours contre le juge ordonnateur
et les parties prenantes solidairement.*

Un décret du 16 septembre 1790, porte : « Les rece-
» veurs des domaines continueront provisoirement à
» fournir les deniers nécessaires sur les taxes faites
» aux témoins par les juges, et sur les exécutoires
» par eux donnés, après néanmoins que les directoires
» de département les auront vérifiés et visés *dans la
» même forme que le faisaient ci-devant les com-
» missaires départis.* »

Cette forme était réglée par les arrêts du ci-devant
conseil des 12 août 1732, 3 juin 1778 et 23 octobre
1694.

Suivant les premiers, les salaires des témoins devaient
être acquittés, *sans délai et sans* visa, sur la seule
représentation de la copie de l'exploit, avec la taxe
du juge, sauf à faire viser ensuite l'exécutoire, par le
commissaire départi, dans les trois mois après le paiement.

L'arrêt de 1694 avait prévu le cas où il y aurait

lieu à réduction des sommes contenues aux exécutoires, qui, pour cause d'urgence, devaient être acquittées avant le *visa* des commissaires départis ; cet arrêt avait ordonné que ces commissaires réduiraient les sommes portées en ces exécutoires, à celles fixées par les réglemens, et qu'ils ordonneraient la restitution de l'excédant *sur les ordonnateurs, et parties prenantes solidairement.*

Cependant, une administration centrale, malgré les dispositions de ces lois et réglemens, a réduit par ses arrêtés, un exécutoire de taxes de témoins, acquitté par un receveur de l'enregistrement de son ressort.

Le ministre des finances à qui ces arrêtés ont été déférés, a marqué, le 12 vendémiaire an 8, à cette administration, que le salaire e ces témoins ayant été reconnu par le juge, conforme à ses taxes, le paiement du receveur est régulier. « En conséquence (dit le
» ministre) vos arrêtés ne peuvent subsister, puis-
» qu'ils exposeraient le receveur à l'événement du re-
» cours, pour ce qu'il a payé en sus des sommes aux-
» quelles vous avez réduit les mémoires dont il s'agit ;
» il convient donc que vous rapportiez ces arrêtés, et
» que vous en preniez de nouveaux, par lesquels les
» états de ce receveur et les ordonnances du juge se-
» ront visés pour valoir décharge à ce préposé, de la
» somme totale portée en chacun de ces états ; et que
» vous ordonniez, vu la réduction de différentes taxes
» y comprises, qu'il sera fait nn rôle des sommes à
» restituer sur chacune de ces taxes, duquel rôle
» l'expédition en forme exécutoire, sera remis au
» directeur de la Régie, pour faire poursuivre la
» restitution desdites sommes contre le juge ordonna-
» teur et les parties prenantes solidairement. Cette dé-
» cision règle la marche des receveurs, en pareil cas »

No. 277.

RETENUE SUR LES TRAITEMENS ET REMISES DES EMPLOYÉS.

La retenue prescrite par la loi du 1er. thermidor an 7, doit-elle être faite sur le traitement fixe et sur les remises accordés aux greffiers des tribunaux ?

Cette question a été proposée au ministre des finances, par le greffier d'un tribunal civil. Il expose que les remises accordées par la loi du 21 ventose, suffisent à peine au paiement des frais de commis et de bureau; et il ajoute que, dans le cas de l'affirmative, la retenue ne lui paraissait devoir être faite qu'après la déduction de ces frais.

Le ministre des finances lui a répondu, le 12 vendémiaire an 8, que, d'après les articles 1er. et 2 de la loi du 1er. thermidor, les salaires attachés, *à quelque titre et sous quelque dénomination que ce soit*, à des fonctions ou emplois civils, sont sujets à la réduction, la loi ne faisant exception qu'en faveur des traitemens ou remises qui n'excèdent pas 600 francs par an; que les émolumens des greffiers consistant, tant en remises qu'en traitemens fixes, les uns et les autres doivent être réunis pour composer le traitement total sur lequel il faut asseoir la déduction proportionnelle; et que les remises étant une retenue sur le produit des sommes perçues *pour le compte du trésor national*, comme celles accordées, soit aux receveurs de la Régie de l'enregistrement, soit à tous autres receveurs salariés par la République, il n'est pas douteux que comme telles, elles ne soient sus-

ceptibles de la déduction ; enfin, qu'il ne peut pas y
avoir plus de raison pour dispenser les remises des
greffiers de la retenue, à cause des frais de bureau,
qu'il n'y en aurait pour exempter les remises des receveurs de l'enregistrement et de tous autres employés
et fonctionnaires, sous prétexte qu'ils sont obligés de
se faire seconder par des commis, qui sont à leur
charge.

Il résulte de cette décision, que le traitement fixe
et les remises des greffiers et de tous les fonctionnaires
ou employés civils doivent être cumulés, et que la
retenue, prescrite par la loi du 1er. thermidor an 7,
doit être faite sur le tout.

N°. 278.

Partages de biens indivis avec la République.

Nous avons dit, page 558, n°. 34, de nos instructions,
que les partages qui ont lieu entre la Nation et les co-héritiers des émigrés, donnaient ouverture aux mêmes
droits que s'ils eussent été faits avec l'émigré. Ce principe n'est applicable qu'aux *partages faits avant la
publication de la loi du 22 frimaire an 7.* Cette loi
porte, article 70, § 2, n°. premier : « Que tous les
partages avec la République, sans distinction, doivent
être *enregistrés gratis.*

N°. 279.

Conversion des sous et deniers en centièmes de franc.

La loi du 17 floréal an 7 veut, qu'à compter du 1er. vendémiaire an 8, la comptabilité soit établie en francs, au lieu de
livres tournois. Les instructions qui ont été données en conséquence, apprennent que, pour former le franc, il faut ajouter
1 centime et 1/4 à chaque livre ; mais ce calcul devient très-diffi-
cile lorsqu'il s'agit de fractions, de livres et de sols. Pour faciliter le travail de nos Confrères, sur ce point, nous donnons ici
un Tableau à la faveur duquel on trouvera de suite, et sans
peine, la manière d'opérer pour convertir les sols et deniers
en francs.

Évaluation des sous et deniers de la livre tournois
en centièmes de franc.

Sous.	Deniers.											
	0	1	2	3	4	5	6	7	8	9	10	11
	Centièmes de franc.											
0	0	0	1	1	2	2	2	3	3	4	4	5
1	5	5	6	6	7	7	7	8	8	9	9	9
2	10	10	11	11	12	12	12	13	13	14	14	14
3	15	15	16	16	16	17	17	18	18	19	19	19
4	20	20	21	21	21	22	22	23	23	23	24	24
5	25	25	26	26	26	27	27	28	28	28	29	29
6	30	30	30	31	31	32	32	33	33	33	34	34
7	35	35	35	36	36	37	37	37	38	38	39	39
8	40	40	40	41	41	42	42	42	43	43	44	44
9	44	45	45	46	46	47	47	47	48	48	49	49
10	49	50	50	51	51	51	52	52	53	53	53	54
11	54	55	55	56	56	56	57	57	58	58	58	59
12	59	60	60	60	61	61	62	62	63	63	63	64
13	64	65	65	65	66	66	67	67	67	68	68	69
14	69	70	70	70	71	71	72	72	72	73	73	74
15	74	74	75	75	76	76	77	77	77	78	78	79
16	79	79	80	80	81	81	81	82	82	83	83	84
17	84	84	85	85	86	86	86	87	87	88	88	88
18	89	89	90	90	91	91	91	92	92	93	93	93
19	94	94	95	95	95	96	96	97	97	98	98	98

A V I S.

Nous allons faire imprimer le mémoire d'ordres pour le trimestre courant ; il comprendra l'analyse de toutes les circulaires de la Régie, postérieures au 15 fructidor an 7, date de la dernière circulaire analysée dans le précédent mémoire que nous avons fait imprimer, en sorte que celui-ci fera suite au premier ; mais au moyen de la table chronologique que nous joindrons d'après la demande qui en a été faite par plusieurs directeurs, nous sommes obligés de porter le prix de chaque exemplaire à un franc 25 centimes. Nous invitons les directeurs qui désireront souscrire, à nous en donner avis sans délai, attendu que nous sommes obligés de fermer la souscription au dix frimaire prochain.

Nous nous proposons de faire imprimer les tables alphabétique et chronologique des Circulaires, pour servir de suite à celle que la Régie a fait distribuer à ses préposés, au mois de floréal an 6. Ces tables comprendront toutes les circulaires, depuis celles du 25 germinal an 6, n° 1251, jusqu'au 15 frimaire an 8 ; elles formeront un volume du même format que la table envoyée par la Régie ; nous espérons qu'elles seront d'une grande utilité. Nous ferons connaître ultérieurement le prix de la souscription de ce volume.

Quant aux mémoires des trimestres subséquens, ils seront toujours accompagnés de la table chronologique.

E R R A T A.

N°. 33, page 527, ligne 11, au lieu de *l'année dernière*, lisez *l'an six*.

N°. 34, page 537, lignes 23 et 24, au lieu de *il n'y a pas lieu à la notification de la déclaration de command dans les trois jours*, lisez : *la notification de la déclaration de command peut être faite dans les trois jours.*

De l'Imprimerie des Instructions Décadaires, Recueil des Lois et Guide des Notaires, rue Neuve-Augustin, n°. 917.

Nº. 36.

INSTRUCTIONS

DÉCADAIRES

Sur l'Enregistrement, Droits y réunis, et Domaines nationaux,

Rédigées par une Société d'Employés de la Régie de l'Enregistrement et du domaine national.

Le Bureau d'abonnement est, à Paris, rue Projettée-Choiseul, nº. 1. Prix, 18 fr. pour un an, 10 francs pour six mois, et 6 fr. pour trois mois, franc de port par la poste ; et pour la copie textuelle du Bulletin des lois, 1 franc 50 centimes par trimestre.

Du 21 Brumaire an 8 de la République.

Nº. 280.

ENREGISTREMENT.

DÉCLARATIONS DE SUCCESSIONS.

Les héritiers d'un héritier qui n'a point fait sa déclaration avant de mourir, mais qui est mort avant l'expiration des délais établis par la loi pour la faire, sont-ils passibles du demi-droit en sus, lorsqu'ils viennent faire leur déclaration, pour le décédé, après les délais ?

Oui, parce que le demi-droit est dû après

O

l'expiration des délais, sans aucun égard aux personnes qui le doivent.

Ainsi Pierre a hérité de Paul son neveu, qui était héritier de son père; le neveu est mort dans les délais, mais Pierre les a laissés expirer sans faire sa déclaration, Pierre est passible du demi-droit en sus.

Décidé par la Régie, le 4 vendémiaire an 8.

N°. 281.

Comment doit-on opérer pour la perception des droits d'une succession échue en l'an 3, mais dont les immeubles ont été vendus, la même année, en papier-monnaie, et n'ont été payés qu'au moment du plus grand discrédit des assignats?

Il y a ici deux questions distinctes :

La première est relative au mode d'évaluation des immeubles qui composaient cette succession; l'autre intéresse la perception.

En abordant la question relative au mode d'évaluation, il semble, au premier coup-d'œil, qu'il est juste d'admettre pour base d'évaluation, le prix de la vente des immeubles, en réduisant les assignats à leur valeur nominale, au jour de la vente. On ne peut établir une valeur présumée, lorsqu'il en existe une constatée par un acte authentique. A l'égard de la seconde ques-

tion, l'art. 73 de la loi du 22 frimaire, s'explique ainsi : *Toutes les lois rendues sur les droits
d'enregistrement et toutes dispositions d'autres lois
y relatives sont et demeurent abrogées.*

*Elles continueront d'être exécutées à l'égard des
actes et des* mutations *par décès effectuées avant
la publication de la présente.*

D'après cet article, on est tenté de faire le raisonnement suivant :

Le droit, dans l'espèce présente, doit être perçu
d'après les règles établies par les lois existantes
à l'époque de la mutation. Quelle était la loi
existante en l'an 3? C'était celle du 19 décembre 1790. C'est donc d'après cette loi qu'il faut
liquider les droits de la succession dont il s'agit,
c'est-à-dire, sur le pied de 25 centimes par 100,
puisqu'il est question d'une succession directe.

Ces opinions ne sont point fondées.

1°. Ce n'est point du tout le prix de la vente
des immeubles composant la succession qui doit
servir de base à l'évaluation, c'est le prix des
baux, et à défaut de baux, c'est la déclaration
que les héritiers sont tenus de faire du revenu
qui doit servir de règle. La loi le veut expressément ; et contre les termes de la loi l'opinion
ne peut rien.

2.° La quotité des droits ne doit pas être réglée par le tarif du 19 décembre 1790, mais

par celui du 9 vendémiaire an 6. En effet, l'article 16 de cette loi porte que les droits fixés par elle, seront perçus suivant les quotités y exprimées, *quelle que soit l'époque de la mutation*; la loi du 19 décembre 1790, qui avait établi des droits d'une quotité inférieure pour les mutations par décès, a donc été abrogée, à cet égard, par cette disposition; la loi du 22 frimaire, loin de la faire revivre, dit au contraire que les lois rendues sur l'enregistrement, continueront d'être exécutées pour les mutations par décès effectuées avant sa publication. Or la loi existante et seule en vigueur pour cet objet, avant cette publication, était celle du 9 vendémiaire an 6. Il est donc certain que les droits dans l'espèce, doivent être perçus d'après les règles qu'elle a établies. (Décision de la Régie, du 29 vendémiaire an 8.)

N°. 282.

PROMESSES DE MARIAGE.

Les expéditions des procès-verbaux des promesses de mariage, des actes de divorce et de ceux qui y sont préliminaires, sont-elles passibles du droit d'enregistrement?

Cette question se décide par le rapprochement de la loi du 25 septembre 1792, concernant l'état civil des citoyens et les divorces, de celle du 22 frimaire an 7, relative à l'enregistrement.

L'art. 7 de cette dernière loi veut que ceux des actes de l'état civil, qui sont assujétis à l'enregistrement, ne soient enregistrés que sur les expéditions.

Le n°. 1er. § 6 de l'art. 68 soumet au droit fixe de 15 francs les actes de divorce.

Le n°. 8 § 2 du même art. règle à 2 francs le droit d'enregistrement des expéditions, des ordonnances et procès-verbaux des officiers publics de l'état civil, contenant *indication du jour ou prorogation de délai pour la tenue des assemblées préliminaires au mariage ou au divorce*.

Enfin, le n°. 8 § 3 art. 70 exempte de la formalité de l'enregistrement, les actes de naissance, sépulture et *mariage reçus par les officiers de l'état civil*, et les extraits qui en sont délivrés.

Suivant la loi du 25 septembre 1792, les majeurs de 21 ans peuvent se marier sans requérir de consentement, ils doivent seulement faire publier leurs promesses réciproques dans la commune de leur domicile, par l'officier public qui fait afficher à la porte de la maison commune dans un tableau à ce destiné, l'extrait de cet acte de publication.

Les mineurs, au contraire, ne peuvent se marier sans le consentement de leur père, s'il existe; à son défaut, de leur mère; et en cas de décès de celle-ci, des cinq plus proches parens; et s'il ne s'en trouve pas en nombre suffisant, on y supplée par des voisins.

Le consentement se donne dans *une assemblée de famille*, qui se tient dans la maison commune du domicile du mineur.

D'après les dispositions de la loi sur les divorces, celui qui est demandé par consentement mutuel, ou pour simple cause d'incompatibilité d'humeur, ne peut être prononcé qu'après une *convocation de parens ou amis assemblés* dans la maison commune; et en cas de non-conciliation, l'assemblée est prorogée.

Le divorce, pour autre cause, est précédé d'un jugement du tribunal civil.

Du rapprochement de ces lois il résulte, 1°. que le procès-verbal d'affiches de promesses de mariage, rédigé par l'officier de l'état civil, et l'extrait qui en est affiché, ne sont pas soumis à la formalité de l'enregistrement : cet acte, en effet, a un rapport intime avec l'acte de célébration, à qui la loi accorde nommément cette exemption;

2°. que dans le mariage des mineurs, le procès-verbal ou l'ordonnance de l'officier public qui indique ou proroge l'assemblée de famille qui doit le précéder, doit être enregistré sur l'*expédition*, moyennant le droit fixe de 2 francs;

3°. Que dans le cas où l'assemblée de parens

est nécessaire, sur une demande en divorce, l'ordonnance ou le procès-verbal de l'officier public, qui *l'indique*, ou la *proroge*, est passible, sur *l'expédition*, du même droit fixe de 2 francs;

4°. Que l'expédition de l'acte de divorce est soumise au droit fixe de 15 francs;

5°. Enfin que les autres actes de l'état civil, reçus par les officiers, ne sont pas assujétis à l'enregistrement, la loi les ayant exemptés de la formalité. *Solution de la Régie du 29 vendémiaire an 7.*

N. 283.

OUVERTURE DES TESTAMENS CLOS.

Elle peut être faite à la requête des régisseurs de l'enregistrement, sur la preuve par eux fournie que les testateurs sont décédés depuis trois mois. — Les jugemens qui ordonnent cette ouverture sont sujets à l'appel.

Un arrêt du ci-devant conseil, du 30 janvier 1748, avait ordonné que les dispositions closes, mystiques ou secrètes seraient ouvertes à cause de l'intérêt des héritiers de main-morte, et pour l'exécution des fondations et legs pieux.

Une décision rendue sur les mêmes principes par le ministre des finances, le 6 ventose an 7, et motivée sur les dispositions de l'article 21 de la loi du 22 frimaire an 7, qui veut que les droits d'enregistrement des testamens soient acquittés dans les trois mois du décès des testateurs, porte : « Que les régisseurs de » l'enregistrement feront faire par leurs préposés, sur

» les répertoires des notaires, la vérification et re-
» cherche des testamens clos qui y sont inscrits, et
» qu'ils feront intenter à leur requête par-devant les
» tribunaux civils, toute action nécessaire pour faire
» ordonner l'ouverture des testamens clos, lorsqu'ils
» seront en état de prouver que les testateurs sont dé-
» cédés depuis trois mois. »

L'exécution de cette décision avait éprouvé des oppositions dans le département des Hautes-Pyrennées ;
elles ont été levées par un jugement contradictoire,
rendu au tribunal civil de Tarbes, le 6 floréal an 7.
Il porte : « Le tribunal, etc. considérant, 1°. que
» par les décisions du ministre des finances, du 27
» fructidor an 6 et 26 pluviose an 7, la Régie de l'en-
» registrement est chargée de poursuivre devant les
» tribunaux l'ouverture des testamens clos, dont les
» testateurs sont décédés depuis plus de trois mois.
» 2°. Que les lois de décembre 1790 et octobre 1791,
» portent littéralement que les droits résultans des tes-
» tamens seront payés au plus tard dans les trois mois,
» à dater du décès des testateurs, et que celle du 22
» frimaire dernier ordonne que les testamens *déposés*
» *chez les notaires* ou par eux reçus, seront enre-
» gistrés dans les susdits délais, ce qui suppose préa-
» lablement l'ouverture des testamens clos ou secrets.
» 3°. Que si l'ancienne jurisprudence du ci-devant
» parlement de Toulouse, établie par l'arrêt de règle-
» ment, du 29 avril 1745, (que confirma un arrêt
» du ci-devant conseil, du 30 janvier 1748) voulait
» que les dispositions closes, mystiques ou secrètes fus-
» sent ouvertes à cause de l'intérêt des héritiers de
» main-morte et pour l'exécution des fondations et
» legs pieux, cette mesure doit être plus particuliè-

» rement adoptée et suivie dans le tems présent, pour
» l'intérêt de la République, à raison des institutions
» ou des legs que lesdites dispositions peuvent contenir
» en faveur des établissemens supprimés ou des émigrés
» que la nation représente, etc. sans s'arrêter à l'op-
» position des héritiers..... ordonne qu'en présence
» du juge de paix, à l'assistance du commissaire du
» directoire près l'administration municipale, et à la
» réquisition et poursuite des régisseurs de l'enregis-
» trement ou de leurs préposés, il sera procédé, dans
» le délai d'une décade, par le notaire, dépositaire et
» détenteur du testament clos à l'ouverture d'ice-
» lui, lecture et publication de son contenu, les
» témoins numéraires en l'acte de suscription, s'ils exis-
» tent, et les héritiers du testateur dûment appellés
» à la diligence desdits régisseurs. »

Les héritiers interjetèrent appel de ce jugement ;
mais pouvait-on l'attaquer ? N'était-il pas dans la
classe de ceux rendus en dernier ressort ; il avait
pour objet les contributions indirectes. La question
était douteuse. En effet, suivant la loi du 11 septembre
1790, les actions civiles, relatives à la perception des
impôts indirects, doivent être jugées en premier et
dernier ressort. D'après les art. 13, 14 et 15, titre 3
de la loi du 5 novembre 1790, confirmée par celle du
14 nivose an 4, les questions relatives à la propriété,
doivent être jugées dans les formes de la justice ordinaire, à la diligence des commissaires du directoire
exécutif près les administrations centrales. Or, dans
l'espèce, le premier objet est la poursuite du recouvrement des droits. Oui, sans doute ; mais ce n'est pas
le seul. Il s'agit aussi de connaître les droits que la
nation pourrait avoir à exercer comme représentant

des émigrés ou autres. L'ouverture des testamens clos a d'ailleurs un rapport essentiel aux propriétés délaissées par le testateur, puisque ses dispositions doivent déterminer les droits des héritiers, et la division des biens entre eux. D'après ces considérations, la Régie a décidé, le 26 vendémiaire an 8, qu'il y avait lieu d'inviter le commissaire du directoire à défendre sur l'appel.

N°. 284.

HYPOTHÈQUES.

Deux frères achètent ensemble, l'un, la nue propriété, l'autre l'usufruit d'un immeuble, moyennant 20,000 francs, dont moitié pour la propriété, et moitié pour l'usufruit. Il est stipulé au contrat que le prix sera payé comptant, quoique le frère, acquéreur de la propriété, ne doive jouir qu'au décès de son frère, acquéreur de l'usufruit. Comment liquider les droits de transcription de ce contrat ? L'article 25 de la loi du 21 ventose an 7, s'exprime ainsi : « Les droits sur la transcription des actes emportant mutation de propriété immobilière, sera d'un et demi pour cent du prix intégral desdites mutations, suivant qu'il aura été réglé à l'enregistrement. »

Pour la liquidation du droit d'enregistrement il faut, dans l'espèce, aux termes de la loi du 22 frimaire an 7, même de celles antérieures, ajouter moitié en sus du prix stipulé pour la propriété, et établir la perception sur les deux sommes réunies. La même opération doit donc être faite pour la liquidation du droit de transcription. Ainsi, il est dû, pour la propriété, sur 15,000 francs, et pour l'usufruit, sur 10,000 francs.

N⁰. 285.

AMENDES.

VENTES MOBILIÈRES.

Les bois de haute futaie, vendus pour être coupés, sont meubles; on ne peut donc les vendre à la chaleur des enchères, que par le ministère d'un officier public, sous les peines portées par l'édit de février 1771.

Un particulier a vendu aux enchères, le 11 brumaire an 6, sans le concours d'un officier public, la coupe d'une petite portion de bois de haute futaie, située en la forêt d'Auvray.

Le receveur du bureau de Putanges, à qui l'acte de vente a été présenté pour le revêtir de la formalité de l'enregistrement, a rapporté procès-verbal pour faire condamner le contrevenant à l'amende de 1000 francs, faute d'avoir fait procéder à cette vente par un officier public.

L'amende a été acquittée provisoirement, mais la partie a réclamé la restitution, à raison de ce que les bois de haute futaie *ont toujours été considérés comme immeubles dans le ressort de la coutume de Normandie.*

La Régie a observé que les coupes de bois de toute nature, vendus séparément du sol, sont incontestablement de nature *mobilière;* et que dès-lors, la vente qui en est faite aux enchères, doit être soumise aux règles établies pour les ventes de biens-meubles.

Le ministre des finances a rendu, dans cette affaire, le 6 brumaire an 7, la décision suivante :

« Les bois de haute futaie, vendus pour être
» coupés, ne pouvant même, dans la ci-devant
» Normandie, être considérés que comme des ob-
» jets mobiliers, d'après le décret du 15 mars 1790,
» qui a supprimé le retrait, ainsi que la per-
» ception des droits auxquels ils étaient précé-
» demment assujétis ; et d'après les dispositions
» des lois des 19 décembre 1790 et 22 frimaire
» an 7, qui rangent les bois de futaie *vendus*
» *pour être coupés*, dans la classe des meubles ;
» la vente dont il s'agit, faite sans le concours
» d'un officier public, est une contravention à
» l'édit de février 1771, et aux arrêtés du di-
» rectoire exécutif du 12 fructidor an 4 et 27
» nivose an 5 ; en conséquence, la réclamation
» ne peut être accueillie. »

N°. 286.

PATENTES DES ANS 5 ET 6.

On s'est plaint, 1°. de ce qu'un receveur exigeait pour les patentes de l'an 5, l'amende d'un dixième par décade, sous prétexte que la modération de cette amende au dixième par mois, ne devait avoir lieu que pour les patentes de l'an 6.

2°. De ce que ce receveur exigeait même cette amende de ceux à qui son prédécesseur avait annoncé qu'ils n'étaient point sujets à la patente, parce qu'ils n'étaient compris ni au tarif ni au tableau de l'agent de sa commune.

Décision du Ministre, du 16 brumaire an 8.

La modération de l'amende a lieu pour l'une et l'autre année.

Au second cas, la remise de l'amende doit être prononcée par le juge de paix ou la municipalité, sans quoi le commissaire du directoire devrait en poursuivre la condamnation, dès qu'il y a eu retard.

Nota. Cette décision déroge aux dispositions de la circulaire n°. 1,249, où l'on a rapporté une décision contraire, en date du 27 ventose an 6.

N°. 287.

TABACS.

Un particulier ne peut se soustraire à la taxe imposée sur les tabacs, sous le prétexte qu'il est simple gardien de ceux trouvés chez lui.

La loi du 22 brumaire an 7 veut que cette taxe soit acquittée par tous les dépositaires de quantité de tabacs au-dessus de 50 kylogrammes ; celui qui en est le gardien, est présumé de droit en être le propriétaire, et s'il en est autrement, il a son recours ; il est responsable de l'exécution de la loi, et doit acquitter la contribution qu'elle impose. (Décision du ministre du 12 vendémiaire an 8.)

N°. 288.

La loi du 22 brumaire an 7 veut que chaque fabricant de tabac paye la taxe spéciale à laquelle il est imposé par trimestre, en donnant au commencement de chaque trimestre, son engagement à 3 mois fixe pour un quart de sa taxe. Cette loi n'ayant été publiée que dans le mois de frimaire, quelques fabricans ont prétendu que ce serait les assujétir à un double impôt, que d'exiger d'eux, à compter du premier vendémiaire, le paiement de la taxe à laquelle ils étaient imposés sur la fabrication ; sur leurs réclamations, le ministre des finances a rendu, le 13 vendémiaire an 8, la décision suivante.

« La taxe de fabrication est due, d'après la
» loi, du premier jour du trimestre de vendé-
» miaire an 7 ; mais le tabac fabriqué depuis
» cette époque à celle de la déclaration, n'est
» pas sujet à la taxe de fabrication. En consé-
» quence, il sera déduit, de la quantité décla-
» rée être en magasin, celle à laquelle peut
» monter, d'après l'estimation qui en sera faite
» par l'administration municipale, ce qui a été
» fabriqué depuis le premier vendémiaire an 7,
» jusqu'au jour de la mise à exécution de la loi,
» et ce qui a été perçu au-delà sera restitué ».

N. 289.

DOMAINES NATIONAUX.

Quelles sont les chapelles domestiques, dont les biens peuvent être vendus comme domaines nationaux ?

L'article 2 du décret du 2 juillet 1790, concernant les bénéfices et fondations, exceptait de la vente, les chapelles desservies, à cette époque, dans l'enceinte des maisons particulières, par un chapelain ou desservant, à la seule disposition du propriétaire. La loi du 24 août de la même année, sur la constitution civile du clergé, (titre 1er., art 23) contenait la même exception.

Celle du 5 novembre 1790, relative aux biens nationaux à vendre, portait, art. 3 : « Ne seront pas
» vendus les biens servant de dotation aux chapelles
» desservies dans l'enceinte des maisons particulières
» par un chapelain ou desservant, à la seule dispo-
» sition du propriétaire. — Ces biens seront admi-
» nistrés comme par le passé.

» Mais un décret du 4 septembre 1792 a chargé le
» pouvoir exécutif de se faire rendre compte par les
» administrations de département, des chapelles *érigées*
» *en titre de bénéfice*, et desservies dans l'enceinte
» des maisons particulières, et dont les biens n'auraient
» pas encore été vendus, ainsi que des causes qui au-
» raient pu retarder ladite vente, et d'en informer
» l'assemblée nationale. »

Enfin, l'article 1er. de la loi du 13 brumaire an 2,
a déclaré propriétés nationales tout l'actif affecté, à
quelque titre que ce soit, aux fabriques des églises ca-
thédrales, paroissiales ou succursales, ainsi qu'à l'ac-
quit des fondations.

D'après ces lois, les biens dépendans d'une chapelle
domestique sont propriétés nationales, si l'une des conditions suivantes se rencontre, quand la chapelle a été éri-
gée en *titre de bénéfice*; que le titulaire était obligé de
se pourvoir d'institutions canoniques, lorsque la fon-
dation a été soumise à la juridiction ecclésiastique;
qu'elle a été employée au rôle des décimes qui n'é-
taient acquittées que *par les biens ecclésiastiques*;
quand la chapelle n'était pas à la seule disposition du
propriétaire de la terre; quand elle n'est point située
dans l'enceinte de sa maison : enfin, quand les titulaires
(et non celui qui revendique les biens), ont été cons-
tamment compris au rôle des contributions.

Ces faits peuvent être constatés, soit par l'ex-secré-
taire de l'évêché, soit par l'ex-receveur des décimes,
soit aux archives du département.

Ces principes sont consacrés par plusieurs décisions
du ministre des finances, notamment par celle du 18
vendémiaire an 8, confirmative d'une décision précé-
dente du 8 thermidor an 6.

N. 290.

CONTRIBUTIONS ACQUITTÉES PAR LES FERMIERS.

Les fermiers des domaines nationaux peuvent-ils être admis à donner en paiement de leurs fermages les quittances des contributions qu'ils ont payées pour le compte de la nation, ou des ci-devant propriétaires ?

Il faut distinguer les époques : Les fermiers qui, en exécution des clauses de leurs baux, ont acquitté les contributions avant la publication de la loi du 13 messidor an 2, avaient droit à la compensation. La commission des revenus nationaux l'avait ainsi décidé le 18 floréal an 3.

La loi du 13 messidor voulant que les contributions des biens nationaux fussent acquittées en certificats de possession, il ne peut être tenu compte aux fermiers, des contributions qu'ils auraient acquittées depuis sa promulgation. Ils doivent, pour en obtenir le remboursement, se pourvoir auprès des administrations de département, à l'effet d'obtenir des ordonnances sur les préposés du receveur général, qu'ils peuvent donner en paiement des fermages échus. (Décisions du ministre des finances, des 16 brumaire an 5 et 12 vendémiaire an 8.)

AVIS. La Table des trente-six premiers numéros sera adressée avec le trente-septième.

De l'Imprimerie des Instructions Décadaires, Recueil des Lois et Guide des Notaires, rue Neuve-Augustin, n°. 917.

TABLE
ALPHABÉTIQUE
ET
RAISONNÉE,

Des objets traités dans les 18 seconds numéros des Instructions Décadaires sur l'Enregistrement, Droits y réunis et Domaines nationaux :

Rédigées par une Société d'Employés de la Régie de l'Enregistrement et du Domaine national.

Nᵒ. 19 à 36.

2ᵉ. *VOLUME.*

1ᵉʳ. Prairial au 21 Brumaire an 8.

———

A.

ABANDONNEMENT. Celui de conquêts de communauté, fait à une femme, pour lui tenir lieu de remploi, etc., donne-t-il ouverture au droit de mutation ?   page 348

ACQUETS de communauté. Déclaration à faire par l'époux survivant. Voyez (Contrat de mariage , Déclarations).

ACTES. Réduction en numéraire de sommes stipulées en papier-monnaie. Voyez (Transactions).

— Ceux portant interprétation ou complément d'une disposition renfermée dans un acte enregistré,   417

— Il n'est dû aucun droit particulier pour les clauses insolides qui y sont exprimées ,

A

ACTES sous seing-privé. Comment se liquident les droits des actes antérieurs à la loi du 22 frimaire an 7 ? page 470

ACTES de société. Voyez (Société).

ACTES administratifs. Les tribunaux ne peuvent connaître de l'exécution de ces actes , 296

ACTES de l'état civil. Distinction de ceux soumis à l'enregistrement d'avec ceux qui en sont exempts , 573

ADJUDICATIONS. Celles d'immeubles faites par procès-verbal d'enchères devant le juge de paix délégué à cet effet, doivent être enregistrées au bureau d'arrondisment du tribunal , 440
— Celles du service des étapes et convois militaires , sont sujètes au droit proportionnel , n°. 236, 476
— Celles de la taxe de barrières , rejetées faute de cautionnemens , sont nulles , et par conséquent exemptes de l'enregistrement , 491
— Celles de fournitures pour l'habillement et l'équipement des conscrits , sont sujets au droit d'enregistrement , 520

ADJUDICATIONS de domaines nationaux. Voyez (Domaines nationaux).

ADMINISTRATIONS. Les tribunaux ne peuvent connaître de l'exécution de leurs actes , 296
— Les arrêtés provisoires mis en marge des pétitions qui leur sont présentées , sont exempts du timbre , 300
— Elles doivent le loyer des bâtimens nationaux qu'elles occupent , 384
— Leurs actes emportent hypothèque s'ils contiennent obligation , 445

ADMINISTRATIONS centrales. Question particulière sur une adjudication contenant maintien de précédentes adjudications, etc. 391

AMENDES. Peut-on en recevoir le paiement lorsqu'il n'y a pas eu de jugement de condamnation , 550
— Il n'y a pas lieu à l'amende de non-comparution , lorsque

l'une des parties appelées comparait pour les co-héritiers ou co-associés, page 35x

— Les frais de poursuite, en cas de carence, doivent être remboursés aux receveurs, 382

— On ne peut pas compenser les amendes avec une inscription sur le grand-livre, 382

— Elles sont passibles du décime par franc. Voyez (Subvention de guerre).

— Celles pour contravention aux droits de passe sont soumises au décime par franc, 560

— Le décime doit être versé dans les caisses de la régie, Id.

ARRÊTÉS des corps administratifs. Ceux mis en marge des pétitions sont exempts du timbre, 300

— Ceux portant confirmation en faveur des engagistes de domaines nationaux, donnent ouverture au droit proportionnel de deux francs pour cent sur le prix payé, n°. 237, 477

AVIS imprimés, ne peuvent être timbrés après leur impression, n°. 239, 480

AVIS ou Annonces relatifs, 1°. A-la réunion du Journal de l'Enregistrement avec les Instructions Décadaires, 304

2°. Au prix du Dictionnaire sur l'Enregistrement, 336

3°. Au paiement du prix des abonnemens, 352

4°. A l'abonnement au Recueil des Lois, 432

5°. A l'impression du 6e. volume des Circulaires, Id

— A l'envoi du 2e. volume du Dictionnaire sur l'Enregistrement, Id.

6°- A la réimpression des Mémoires de tournée. — Annonce de l'envoi de l'ouvrage sur les Domaines engagés, 486

7°. A l'abonnement aux Mémoires de la tournée de Vendémiaire, et là souscription à la Table des Circul. de la Regie, 566

— Nomination du citoyen Bourguignon à la place de Régisseur, 445

B.

BATIMENS nationaux. Le loyer doit en être payé par les administrations et les tribunaux qui les occupent, page 384

BATIMENS neutralisés. Cautionnemens fournis pour garantir la nationalité. Voyez (Cautionnemens).

BAUX des barrières. Ils doivent être enregistrés dans les vingt jours qui suivent la date de l'approbation du ministre de l'intérieur, 389

BAUX emphytéotiques. Les droits d'enregistrement en sont liquidés comme pour les baux à ferme, 337

— Ceux faits par des engagistes de domaines nationaux ne peuvent être maintenus, 395

BAUX à ferme ou à loyer. Ceux convenus verbalement depuis la loi du 22 frimaire an 7, sont assujétis au paiement des droits d'enregistrement, 321

— La quittance de partie du prix ne donne pas lieu à un droit particulier lorsqu'elle se trouve renfermée dans le même acte, 349

— Elle donne au contraire ouverture au droit particulier, 369

— Cession par un père à son fils et à la femme qu'il épousera. Cas particulier, 404

— Le droit de cautionnement peut-il être réglé sur le prix des années cumulées, lorsqu'il est stipulé que, faute de paiement dans les dix jours de l'expiration du terme, l'adjudicataire est dépossédé ? 453

— Comment liquider le droit des baux faits pour 4, 5, 7 ou 8 années ? 454

BAINS publics. (Entrepreneurs de) Voyez (Patentes).

BARRIÈRES. Voyez (Baux, Droits de passe).

BILLETS. Le droit d'enregistrement est exigible sur la somme exprimée, sans égard aux à-comptes payés. Il n'est rien dû

pour la quittance des à-comptes , si les parties n'en requièrent l'enregistrement , page 374

— Ils sont sujets au droit de timbre proportionnel s'ils ne
sont pas faits par suite et dans le même acte de vente ou
convention , ,406

BOIS de haute-futaie , sont réputés meubles. Voyez (Ventes
de meubles ,

BONS de livraisons de grains , etc. Voyez (Récépissés).

C.

CALCUL décimal. Tableau de réduction des sous et deniers en
centièmes de franc , 565

CARNETS. Voyez (Registres).

CASSATION. Voyez (Tribunal).

CAUTIONNEMENT. Celui fourni par un acquéreur de domaines
nationaux , pour raison de sa créance non liquidée sur la
Nation , ne donne ouverture qu'au droit fixe d'un franc , 327

— Celui pour raison d'un bail à ferme donne lieu au droit
proportionnel sur les années cumulées , 346

— Celui fourni pour garantir la nationalité des navires neutralisés , sont-ils sujets au timbre et à l'enregistrement ? 360

—Pour celui des conservateurs , Voyez (Hypothèques) , 393

— Celui d'un bail à ferme dont le fermier peut être déposs-
sédé , faute de paiement d'une année , ne donne pas moins
ouverture au droit sur le prix de toutes les années , 453

—Celui passé devant un juge de paix pour une somme de
80 francs , opère-t-il le droit proportionnel de 50 centimes ,
ou le droit fixe d'un franc , n°. 235 ? 472

CÉDULES. La notification de celles pour délits qui peuvent ne
pas excéder 25 francs , n'en sont pas moins sujètes à l'enregistrement , 346

NOTA. La loi du 18 thermidor an 7 , a exempté les cédules ,
sans distinction de la formalité de l'enregistrement.

CERTIFICATS. Ceux délivrés aux cultivateurs pour jouir de l'exemption du droit de passe, sont assujétis au timbre, 527

— Ceux produits pour recevoir des pensions militaires, en sont exempts, 528

CERTIFICATS de non inscription aux hypothèques. Voyez (Hypothèques), 424

CESSION ou transport de rente viagère. Le droit d'enregistrement est-il exigible sur le capital exprimé dans l'acte de constitution, ou sur le prix stipulé dans l'acte de transport, 389

CESSION. Celle de droits immobiliers, dont le prix est éventuel, donne lieu au droit proportionnel au moment de l'acte, 433

CHAPELLES domestiques. Distinction de celles réputées domaines nationaux, 580

CLAUSES insolides. (Voyez Actes).

CLOTURE d'inventaire. Voyez (Inventaire).

CO-HÉRITIERS. Voyez (Déclarations de successions).

COLLATION d'actes. Celles délivrées par les notaires pour les actes par eux reçus, ou dont ils sont dépositaires, sont exempts de l'enregistrement, 456

COMMAND. La notification de la déclaration doit en être faite dans les 24 heures de la vente, et non de la déclaration, elle doit également avoir lieu dans les trois jours pour les adjudications de domaines nationaux, 385

— Celle par un acquéreur de domaines nationaux peut être faite dans les trois jours ; elle ne donne ouverture à aucun droit, n°. 245, pag. 492, n°. 264, pag. 536

COMMISSAIRES du Directoire exécutif. Ils ne peuvent suspendre les poursuites pour le recouvrement des patentes, 318

— La poursuite des instances relatives à des contestations de propriété de rente, etc., doit être faite à leur diligence, 531

— Ils ne sont tenus à aucune avance pour les affaires qui concernent la République , page 532

COMMISSIONNAIRE de grains , doivent la patente de troisième classe , 334

COMMUNAUTÉ. Voyez (Contrat de mariage).

COMPENSATION. Une amende ne peut être compensée avec une inscription sur le grand-livre , 382

— Quelles sont les formes à suivre pour opérer la compensation de créance avec des inscriptions , 445

COMPLÉMENT d'acte. Voyez (Acte).

COMPTABILITÉ. Les procureurs fondés sont-ils obligés de produire un extrait de leur procuration à chaque paiement qui leur est fait, 580

COMPTABLES publics. Inscriptions à faire sur leurs biens. Voyez (Hypothèques).

CONDAMNATIONS. Voyez (Jugemens).

CONQUÊTS de communauté. Voyez (Abandonnement).

CORPS ADMINISTRATIFS. Voyez (Administrations).

CORPS LÉGISLATIF. Ses arrêtés provisoires , mis en marge des pétitions , ne sont pas sujets au timbre , 300

CONSCRITS. Marché pour leur remplacement. Voyez (Marché).

CONSERVATEUR des hypothèques. Voyez (Hypothèques).

CONSTITUTION de rente viagère en paiement du prix d'un immeuble. Voyez (Vente).

CONSULTATIONS. Voyez (Mémoires).

CONTRAINTES. Celles pour le recouvrement des contributions directes , ne peuvent être visées pour timbre , 494 , 533

CONTRAT de mariage. Une donation faite au futur par son père , opère-t-elle le droit sur la propriété ou sur la jouissance ? 554

— Sont-ils, dans tous les cas, passibles du droit fixe de 3 francs ? page 366

— Comment le remploi des deniers dotaux de la femme doit-il être exercé? 367

— La stipulation de communauté ou société d'acquêts entre les futurs, ne donne pas ouverture à un droit particulier, 434

— Le capital d'une rente constituée en avancement d'hoirie, doit être réglé au denier dix, 465

— Donation par le futur à sa future d'une somme de 30 mille francs, à prendre sur la succession du donateur. Quel droit percevoir ? 467

Voyez, au reste, (Donation).

COTRIBUTIONS. Celles acquittées par les fermiers depuis la loi du 13 messidor an 2, ne peuvent être compensées sur les fermages que d'après une ordonnance de l'administration centrale, 582

Voyez (Exploits) pour le recouvrement des contributions.

CONTRIBUTION SOMPTUAIRE. Les inspecteurs ne peuvent jouir de l'exemption de la taxe due à raison du cheval dont ils se servent pour leur tournée, 541

CRÉANCES. Quelles sont les formes à suivre pour les compenser avec des inscriptions, 443

D.

DÉCIME par franc. Voyez (Subvention de guerre).

DÉCLARATION. Celle portant qu'un objet non compris dans un contrat de vente en fait néanmoins partie, ne donne ouverture qu'au droit fixe d'un franc, 451

DÉCLARATIONS pour successions. Comment faire celles pour successions de personnes décédées le même jour ? 305

— Elles doivent être faites dans les délais, à raison de toutes les successions sans distinction. Il n'est pas nécessaire de mettre les héritiers en demeure par la signification d'une contrainte, 310

—Le

— Le demi-droit en sus, encouru par une personne décédée, doit être acquitté par ses héritiers, page 401

— Les héritiers ne sont pas tenus d'annexer à leur déclaration de mobilier, les inventaires faits par les officiers publics, 421

— Le droit fixe, perçu sur une disposition éventuelle, ne doit plus être imputé sur le droit proportionnel depuis la loi du 22 frimaire an 7, 422

— Le délai pour la déclaration de succession d'un condamné court du jour de l'envoi en possession, 437

— L'époux survivant ne doit le droit que sur le quart du revenu des acquêts de la communauté, lorsque la coutume lui en attribue la jouissance, 522

— Les co-héritiers sont solidaires par le paiement des droits résultant des successions ouvertes après la loi du 22 frimaire an 7, 535

— Les héritiers d'un héritier mort avant l'expiration des délais pour faire sa déclaration, sont assujetis au demi-droit en sus, 567

— Comment opérer pour la perception des droits d'une succession échue en l'an 3, mais dont les immeubles ont été vendus et payés en papier monnaie ? 568

DÉCLARATION de command. Voyez Command.

DÉLAI. Dans quel délai peut-on se pourvoir en restitution de droits de patente ? 303

— Les poursuites exercées avant l'expiration des délais, interrompent la prescription de part et d'autre, 308

— Il ne peut être étendu pour la déclaration des successions, sous prétexte qu'il n'a été fait qu'un partage provisoire etc. 310

— Celui pour faire la déclaration de la succession d'un condamné, court du jour de l'arrêté de l'envoi en possession. 437

DEMI-DROIT en sus résultant de mutations par décès. Voyez Déclarations.

DÉMISSION d'emploi. Celle donnée par un conservateur

aux hypothèques pour l'exercice de sa place , ne le relève pas de la responsabilité jusqu'au moment de son
remplacement ,   page 315

DÉMISSION de biens. Celle faite par un père à ses enfans , ne peut être assimilée à une succession ouverte
par décès , quant à la quotité et au paiement des droits ,
                                                      328

DÉPENSES. Doit—on annexer à chaque pièce de dépense
un extrait de la procuration délivrée par la partie pré-
nante ,   380

DILIGENCES , Messageries et Fourgons. Voyez Registres pour la décharge des paquets.

DISPOSITIONS éventuelles. Le droit fixe perçu pour une
disposition éventuelle , ne doit plus être imputé sur le
droit proportionnel à payer lors de l'événement , 422

— Lorsqu'il n'y a que le paiement du prix qui dépend
des événemens , ce droit est exigible au moment de
l'acte ,   433

DOMAINES engagés. Un bail emphytéotique , consenti
par un engagiste , ne peut être maintenu ,   395

— Les arrêtés de confirmation en faveur des engagistes ,
donne ouverture au droit proportionnel de 2 fr. pour
100 sur le prix payé ,   47

— Les engagistes dépossédés peuvent , en remplissant le
vœu de la loi du 14 ventôse an 7 , être réintégrés, 482

— Le cessionnaire d'un domaine engagé pour la durée
du règne du dernier roi , peut-il en acquérir la propriété incommuable aux conditions prescrites par la loi
du 14 ventôse an 7, n°. 248 , page 499 , n°. 268 , p. 540

DOMAINES nationaux. Inscriptions sur les acquéreurs.
Voyez Hypothèques.   302

— Les fournisseurs de la République sont admis à payer
le droit simple des adjudications qui leur sont faites ,
quoiqu'ils présentent des rescriptions de la trésorerie à
une date postérieure au délai fixé, n°. 234   471

— La déclaration de command peut être faite dans les trois jours de l'adjudication, n°. 245, page 492, n°. 264,   page 563

— Le droit d'inventaire, perçu pour une adjudication résiliée, parce que le command refuse d'accepter, ne peut être restitué,   519

— Quelles sont les chapelles domestiques réputées Domaines nationaux ?   580

DONATIONS entre-vifs. Quel est le droit de celle contenue dans un contrat de mariage, par le futur à la future, à prendre sur ses biens présens et à venir, qu'elle lui survive ou non,   467

— A charge de retour. Voyez Retour.

DON éventuel. La stipulation insérée dans un contrat de vente, que l'époux survivant jouira en usufruit de l'objet acquis, donne ouverture au droit fixe de 3 francs, n°. 231,   471

Voyez Dispositions éventuelles.

DOUBLE droit. Lorsque le double droit a été perçu sur un acte contenant une fausse évaluation, quel droit percevoir à l'époque où la fausse déclaration est reconnue ?   487

DROITS d'enregistrement. Voyez Prescription.

DROIT fixe d'enregistrement. Celui perçu pour une disposition éventuelle, ne doit plus être déduit lors de l'événement,   422

DROITS de greffe. Les traitemens des greffiers des tribunaux doivent être payés sur le prix du minimum, quoique les droits ne produisent pas de quoi atteindre le minimum,   377

— Les défenseurs officieux ne peuvent plaider sur de simples notes ; ils sont obligés de lever des expéditions,   457

— Les anciennes, comme les nouvelles causes, sont soumises au droit de mise au rôle,   459

— Le droit de mise au rôle est dû pour les causes en référé ; les demandes en intervention n'y sont pas assujéties,   528

DROITS sur les messageries publiques. Les instances relatives à ces droits doivent être portées aux tribunaux civils,   page 381

DROITS de passe. Les maisons employées à la perception du droit de passe, doivent être régies comme les autres domaines nationaux,   320

— Les adjudicataires de ces droits sont exempts du droit de patente,   333

— Les certificats délivrés aux cultivateurs pour jouir de l'exemption exprimée par la loi, sont assujétis au timbre,   527

— Les amendes pour contravention à ces droits sont soumises au décime par franc,   560

Voyez, au reste, Adjudications des droits de passe, Baux.

DROITS de patente. Voyez Patentes.

DROITS sur les tabacs. Tous ceux qui entrent dans la consommation, quelle qu'en soit la qualité et la valeur, sont assujétis aux droits; les tabacs pourris doivent être brûlés,   383

— Les amendes prononcées à raison des taxes sur le tabac, sont passibles du décime par franc,   542

— Un particulier ne peut se soustraire à la taxe, sous prétexte qu'il est simple gardien de ceux trouvés chez lui,   579

— La taxe de fabrication est due à compter du premier jour du trimestre de vendémiaire an 7, mais non pour ce qui a été fabriqué depuis,   579

E.

ÉCHANGE. Peut-on regarder comme échange l'acte par lequel un particulier vend un immeuble moyennant une somme, pour paiement de laquelle l'acquéreur lui vend un autre immeuble de même valeur, mais avec faculté de réméré pendant cinq ans, en remboursant ladite somme,   344

ECRITS rédigés et produits dans une instance pour la défense des parties ; distinction de ceux assujétis au timbre, d'avec ceux qui en sont exempts,   page 479

ÉMIGRÉS. Les rentes viagères constituées aux émigrés doivent continuer à être servies à la nation,   480

— Lorsqu'elles sont contestées, à qui appartient-il de diriger les poursuites ?   531

EMPLOYÉS de la régie. Depuis quelle époque peuvent-ils demander la communication des minutes des notaires ?   326

ENCHÉRES. Les ventes de bois de haute-futaie, réputés meubles, ne peuvent être faites que par le ministère d'un officier public,   577

Voyez procès-verbaux d'enchères.

— Celles reçues par un juge-de-paix, en vertu d'un jugement du tribunal civil, doivent être enregistrées au bureau de l'arrondissement du tribunal,   440

Voyez Adjudications, Vente de meubles.

ENGAGISTES. Voyez Domaines engagés.

ENQUÊTES. Les défenseurs officieux sont obligés de lever les expéditions ; ils ne peuvent plaider sur de simples notes,   457

ENREGISTREMENT. Voyez Droit d'

ENTRETIEN des routes. (Taxe d') Voyez Droits de passe.

ENTREPRENEURS de bains publics. Voyez Patente.

ÉQUIPEMENT et habillement. Voyez Adjudications d'équipement et habillement.

ERRATA de ce volume,   352, 368, 486, 566

ESTIMATION ou évaluation. Voyez Double droit pour les fausses évaluations.

— Dans un acte passible du droit proportionnel, l'estimation peut être rectifiée par un acte postérieur, si elle est exagérée,   273

— Fausse estimation contenue dans un acte qui a payé le double droit faute d'avoir été présenté à l'enregistrement, dans les délais prescrits, page 487

ÉTAT civil. Voyez Actes.

ÉTAPES et convois militaires. Voyez Adjudication du service des

ÉTUDES des notaires. Vérification à y faire. Voyez notaires.

ÉVALUATION. Fausse évaluation. Voyez Double droit.

ÉVÉNEMENT. Le droit fixe perçu sur les dispositions éventuelles ne doit pas être déduit sur le droit proportionnel résultant de la déclaration à passer lors de l'événement, 422

ÉVENTUELLES (Dispositions.) Lorsque le prix seul tient de l'événement, le droit proportionnel est exigible au moment de la passation de l'acte, 434

EXÉCUTION des actes administratifs, ne peut appartenir aux tribunaux, 296

EXÉCUTOIRES pour frais de justice.

— Les administrations ne peuvent tirer des mandats sur les préposés de la régie, pour frais de prison, 335

— Les administrations centrales ne peuvent réduire les taxes de témoins, 561

EXPÉDITION de jugemens de bureau de paix, portant condamnation, sont sujettes au droit proportionnel de 5o centimes par 100, quoique la condamnation soit fondée sur un titre enregistré, 277

— Celles des actes de prestation de serment des juges élus par le peuple, sont assujéties au droit fixe d'un franc, 455

— Celles délivrées par les notaires, des actes reçus par leurs prédécesseurs, et de ceux dont le dépôt leur a été fait sont exemptes de l'enregistrement,

— Celles de prestation de haine à la royauté doivent être en papier timbré, page 299

EXPLOIT fait pour le recouvrement des contributions directes, qui, au moyen des à-comptes déja payés, se trouvent réduites pour ce qui reste dû au-dessous de 25 francs, ne participe pas à l'exemption du droit d'enregistrement, 488

EXTRAIT ou expédition de la prestation de serment de haine à la royauté, délivré à la partie, doit être en papier timbré, 299

F.

FERMAGES. Les récépissés de grains versés en l'an 6, ne peuvent être admis en paiement de fermages de l'an 4, 530

— Contributions acquittées par les fermiers, 552

FOURNISSEURS de la république autorisés à se rendre adjudicataires de biens nationaux, pour le montant de leurs fournitures effectives dans les derniers mois de l'an 7, sont passibles du double droit, s'ils n'ont pas fait enregistrer leur adjudication dans le délai fixé par la loi, 274

— Le double droit n'est pas exigible d'après une nouvelle décision, 471

FOURNITURES Voyez Adjudications.

FRAIS de poursuites au nom de la république. Les commissaires du directoire ne sont tenus à aucune avance, 532

FRAIS de justice. Voyez Exécutoires.

G.

GARDES. Voyez Procès-verbaux.

GREFFIERS des tribunaux. Le minimum de leur traitement doit être payé quand même le produit des droits de greffe ne serait pas suffisant, 377

— La retenue prescrite par la loi du 1er. thermidor an 7, doit avoir lieu sur leur traitement fixe et sur leurs remises, 563

H.

HYPOTHÈQUES. Il n'est dû qu'un droit de 5o centimes pour l'inscription d'une créance commune à plusieurs débiteurs.

— Les droits d'inscriptions faites avant la loi du 9 ventose an 7, sont exigibles sur le pied fixé par la loi du 9 messidor an 3,   page 281

— Les inscriptions d'office à requérir par les commissaires du directoire sur les comptables publics, ne doivent être prises qu'à l'égard des comptables assujétis à des cautionnemens, et ne peuvent porter que sur les immeubles qui y sont affectés,   282-302

— Les créances sur la république ne peuvent être inscrites que sur un registre en papier timbré,   282

— Les petites rentes à titre de surcens, dues à la république, sont susceptibles d'inscription à la diligence préposés de la régie,   3o1

— Le droit doit être perçu sur la moitié du montant de la mise à prix pour les inscriptions à faire sur les acquéreurs de domaines nationaux, dont le prix n'est payable qu'en bons de la trésorerie,   3o2

— L'inscription sur les acquéreurs de domaines nationaux ne doit être faite que sur les biens qu'ils ont acquis, 314

— Le conservateur des hypothèques, quoique démissionnaire, doit continuer ses fonctions jusqu'à ce que son successeur soit en activité,   315

— Le propriétaire d'un immeuble donné à ferme peut faire une inscription contre son fermier; le droit est perceptible sur toutes les années du bail restant à expirer,   332

— Le droit ne peut être syncopé pour la transcription d'un acte de vente faite par plusieurs co-héritiers, quoique l'inscription ne soit requise que contre un seul des vendeurs,   376

— Le droit perçu pour la transcription d'un contrat n'est pas

pas restituable, quoique l'intention de la partie, qui n'avait pas remis de bordereau, ne fût que de requérir l'inscription de la créance portée audit contrat, page 393

— Les receveurs de l'enregistrement sur lesquels il a été formé en cette qualité des inscriptions d'office, peuvent affecter au cautionnement qu'ils sont tenus de fournir comme conservateurs des hypothèques, les immeubles sur lesquels frappe cette inscription,   393

— Mode d'exécution de l'art. 51 de la loi du 11 brumaire an 7; les extraits à délivrer par les conservateurs peuvent être portés sur le même cahier,   424

— Les actes des corps administratifs desquels il résulte des obligations, emportent hypothèque, -   442

— Les créances antérieures au nouveau régime hypothécaires ne sont pas assujéties à un plus fort droit d'enregistrement, quoique les inscriptions soient requises depuis l'expiration des délais;   495

— Rapport qui a précédé le rejet de la résolution qui prescrit de nouvelles tables hypothécaires,   543

— Comment liquider le droit de transcription d'un contrat de vente de la nue propropriété, et de l'usufruit à deux personnes différentes;   576

HÉRITIER. Est tenu du paiement du demi-droit en sus que devait celui dont il hérite, pour défaut de déclaration dans les délais,   402

— Il n'est pas assujéti à annexer à la déclaration qu'il fait d'une succession mobiliaire, les inventaires faits par des officiers publics;   421

— Les héritiers sont solidaires pour le paiement des droits d'enregistrement,   682

I.

INDEMNITÉ stipulée dans un acte de société en cas d'inexécution des clauses; est sujette au droit propor-

6

tionnel, et lorsqu'elle est déterminée à une somme fixe par chaque année, le droit se liquide sur les années cumulées,   page 289

— Promesse insolide insérée dans un contrat de vente, 523

INSCRIPTIONS sur le grand-livre. Formes à suivre pour les compenser avec des créances dues à la nation. Voyez Compensation.

— Le transfert qui en est fait, soit par acte devant notaire, ou par endossement, soit par transmission à titre successif, est exempt de l'enregistrement,   275

INSCRIPTIONS hypothécaires. Voyez Hypothèques.

INSPECTEURS de la régie, ne peuvent jouir de l'exemption de la taxe somptuaire due à raison du cheval dont ils se servent pour l'exercice de leurs fonctions,   541

INSTANCES. Voyez Poursuites.

INTÉROGATOIRES. Les défenseurs officieux ne peuvent plaider sur de simples notes; ils sont tenus de lever les expéditions des intérogatoires,   457

INTERVENTION (Demandes en). Sont exempts du droit de mise au rôle,   528

INVENTAIRE. La clôture d'inventaire contenu dans l'acte même, et faite par l'officier qui a procédé à l'inventaire, n'opère aucun droit,   405

— Les inventaires faits par des officiers publics ne doivent point être rapportés à l'appui des déclarations de succession,   421

L.

LEGS. Les droits proportionnels d'enregistrement qui en résultent, sont-ils exigibles en même-tems que ceux du testament,   294

M.

MAIN-LEVÉE d'opposition. Celles données par acte civil ne donnent lieu qu'au droit fixe d'un franc, page 374

MANDEMENS de payer. Ceux délivrés par les administrations de département, de sommes non-excédant 10 francs, sont sujets au timbre, 378

MARCHÉ. Celui fait pour le remplacement d'un conscrit comment liquider les droits? 309

MARIAGE. Voyez (Promesse de)

MÉMOIRES et consultations. Distinction de ceux qui sont sujets au timbre, n°. 238, 479

MESSAGERIES, fourgons et diligences. Voyez Registres, pour la décharge des paquets et droits de messagerie.

MEUBLES. Voyez Ventes.

MINUTES. Voyez Notaires.

MUTATIONS. Voyez Ventes.

N.

NAVIRES neutralisés. Cautionnemens fournis pour garantir la nationalité. Voyez Cautionnemens.

NÉGOCIANS. Sont tenus, pour obtenir leur patente, de représenter, en papier timbré, leur registre-journal, 526

NOTAIRES. A quelle époque peut remonter la vérification que les receveurs sont autorisés à faire dans les études et sur les minutes, 326

NOTIFICATION de command. Voyez Command.

O.

OBLIGATIONS. Celles consenties solidairement par un mari et sa femme ne donnent pas lieu à un droit particulier pour la promesse d'indemnité ou garantie de la part du mari, 436

OPPOSITION· Voyez Main-levée.

ORDONNANCES. Voyez jugemens.

ORGANISATION de la régie de l'enregistrement, 150

P.

PARTAGES Ceux des biens indivis avec la république sont exempts de l'enregistrement, s'ils sont postérieurs à la loi du 22 frimaire an 7, 564

PATENTES. Dans quel délai doivent être formées les demandes en restitution, 303

— Manière de liquider le droit proportionnel dû par les entrepreneurs de bains publics, 316

— Les commissaires du directoire ne peuvent suspendre les poursuites pour le recouvrement des droits de patentes, 318

— Les adjudicataires des droits de passe en sont exempts. 333

— Les commissionnaires de grains doivent la patente de 3ᵉ. classe, 334

— Les négocians ne peuvent les obtenir qu'en représentant, en papier timbré, leur registre-journal, 526

— Les contraintes pour droits de patente n'ont pas besoin d'être visées par l'agent municipal, 539

— Les amendes relatives aux patentes sont passibles de la subvention du décime par franc, 542

— L'amende du 10ᵉ. par décade de retard doit avoir lieu pour l'an 5 comme pour l'an 6, 578

— Dans les cas particuliers, le juge-de-paix peut prononcer la remise de l'amende; jusques-là elle est exigible, 573

PENSIONS militaires. Les certificats et autres pièces produites pour en recevoir paiement, sont exempts du timbre, 528

PÉTITIONS. Les arrêtés provisoires, mis en marge de

celles présentées aux corps législatifs et administratifs, ne sont pas sujets au timbre, page 3oo

— Celles présentées par la régie pour dégrèvement de contribution en sont également exemptes, 378

POURSUITES. Elles interrompent la prescription.

Voyez Délai, Prescription.

POURSUITES et instances en matière de contributions indirectes et de domaines nationaux.

DES POURSUITES relatives aux droits d'enregistrement, 397 et 408

— IDEM sur les hypothèques, 412

— IDEM. Droits de greffe, 412

— IDEM. Droits de patentes, même page.

— IDEM. Droits de messagerie, 414

— IDEM. Droits de garantie, 414

— IDEM. Sur les tabacs, 415

— IDEM. Sur les amendes et frais de justice, 416

— Observations générales sur les procès-verbaux de carence et le remboursement des frais aux receveurs qui les ont avancés, 416

— Des INSTANCES relatives à la perception des impôts indirects en général, 426

— De la POURSUITE relative aux fruits et revenus nationaux, 444

— Des INSTANCES idem, 446

— Ces affaires doivent subir les deux degrés de juridiction lorsque la contestation excède 1000 fr., 460

— Du pouvoir en cassation et du mode de procéder après le jugement, n°. 228, 473

— De la poursuite et des instances relatives aux discussions de propriété, 483

— A qui appartient-il de décider sur la validité ou l'invalidité des ventes de domaines nationaux? 499

— Les contestations relatives à la propriété des rentes

doivent être suivies par les commissaires du pouvoir
exécutif,   page 531

PRESCRIPTION. Les poursuites exercées dans les délais intérompent la prescription en faveur de toutes les
parties,   308

— Elle est acquise pour les droits non-perçus sur un
acte, dont les dispositions sont interprétées par les
parties après l'année de sa date,   417

— Elle ne peut être opposée pour le paiement des droits
d'un acte fait en bureau de paix en 1792, contenant
supplément du prix d'une vente d'immeubles,   449

PRESTATION de serment. L'extrait de la prestation
du serment de haine à la royauté est sujet au timbre,
s'il est délivré à un fonctionnaire public,   299

— L'acte de prestation de serment de juges élus par le
peuple, est assujetie à l'enregistrement,   455

— Celle de prestation de serment des commissaires du
directoire exécutif près les administrations centrales et
municipales, n'y est pas sujette,   521

PRISES maritimes. Les jugemens qui prononcent sur
leur validité ne sont passibles que du droit fixe de
3 francs,   555

PROCÈS-VERBAUX. Ceux constatans des échouemens
concernant la république, sont sujets à l'enregistrement et au timbre,   392

— Ceux de serment. Voyez Prestation de serment.

— Ceux d'enchères devant les juges-de-paix délégnés à
cet effet par les tribunaux civils, ne sont passibles que
du droit fixe, sans le droit proportionnel à payer sur
le jugement confirmatif,   440

PROMESSE de mariage. Les procès-verbaux d'affiches
de promesse de mariage ne sont pas soumis à l'enregistrement.

— Celui de l'officier public qui proroge l'assemblée de
famille, les expéditions de l'acte de divorce y sont
assujétis; les autres actes de l'état civil en sont exempts,
                                    573

PROMESSE de payer. Voyez Billets.

PROPRIÉTÉ. Voyez Vente.

PUBLICATION et affiche de promesse de mariage, ne sont pas soumis à l'enregistrement,   page 573

Q.

QUITTANCE. Celle exprimée dans un bail à ferme de partie du prix ne donne pas ouverture à un droit particulier,   349

— Elle donne au contraire lieu au droit particulier, 369

R.

RÉDUCTION en numéraire de sommes dues en papier-monnaie. Voyez Transactions.

RÉCÉPISSÉS de livraisons de grains, etc. Ceux pour versemens faits antérieurement à l'an 6, ne peuvent servir à payer les fermages de cette année, quoiqu'ils soient délivrés postérieurement,   530

RECONNAISSANCES. Celles de sommes déposées à la poste sont soumises au droit de timbre de dimension,   394

RÉFÉRÉ. Voyez Droit de greffe.

RÉGIE de l'enregistrement. Son organisation, et division de départemens entre les douze régisseurs,   501

— Composition et attribution du bureau central, 505

REGISTRES. Les registres ou carnets; ceux tenus par les diligences, messageries et fourgons, et sur lesquels sont inscrits la décharge des paquets, sont sujets au timbre.   408

— Les négocians ne sont tenus qu'à la représentation en papier timbré, du registre-journal pour obtenir leur patente,   525

REMPLOI. Voyez Abandonnement, Contrat de mariage.

RENTES. Celles à titre de surcens sont susceptibles de l'inscription aux hypothèques,   301

RENTES. Celles viagères, constituées en faveur d'individus émigrés, doivent continuer à être payées à la
République, n. 240,   page 480

— Lorsque la rente est contestée, les poursuites doivent
être dirigées à la diligence des commissaires du pouvoir
exécutif,   531

— Les rentes censitiques dans le département du Rhin.
ne sont pas féodales,   534

— Cession ou transport. Voyez Cession.

RENTE viagère constituée en paiement du prix d'un immeuble. Voyez Vente.

RÉPARATIONS. Celles faites à des moulins pendant
qu'ils étaient en séquestre, doivent être payées par la
nation,   379

RESTITUTION de droit de patente. Voyez Patente.

RETENUE sur les traitemens et remises. Voyez Traitemens.

RETOUR. Le retour légal donne ouverture au droit proportionnel réglé pour les mutations par décès ; le retour
conventionnel n'opère aucun droit,   556

ROLE. Voyez Droit de greffe.

ROUTES. Voyez Droit de passe.

S.

SÉQUESTRE. Les réparations faites à des moulins, pendant qu'ils étaient en séquestre, sont à la charge de la
nation.   379

SERMENT. Voyez Prestation de serment.

SOCIETÉS. Les indemnités stipulées en cas d'inexécution
de clauses qui y sont contenues, donnent ouverture au
droit proportionnel,   289

SUBVENTION du décime par franc. Elle est établie sur
tous les droits non-acquittés, quoiqu'ils soient échus
antérieurement à l'établissement de la subvention, 457

— Il doit être perçu sur les amendes prononcées antérieurement à la loi du 6 prairial an 7 ; celles sur les patentes et les tabacs sont passibles du décime, Page 542
— Les amendes pour contravention aux droits de passe y sont sujettes ; et le produit en est versé aux caisses de la Régie, 560

Successions. Comment liquider le droit d'enregistrement de celles de personnes décédées le même jour, 305
— Mode de partage de celle d'une femme laissant des enfans d'un premier et d'un second lits, 302
Voyez, au reste, (Déclarations de successions.)
Successions des condamnés. Voyez (Déclarations, Délai.)
Surcens. Voyez (Rentes.)

T.

Tabacs. Voyez (Droits sur les)
Taxe de témoins. Voyez (Exécutoires.)
Testamens. Les droits proportionnels des legs et autres dispositions de libéralité de sommes et objets mobiliers, sont exigibles en même-temps que les droits des testamens, 294
Testamens clos. La Régie peut en requérir l'ouverture après trois mois du jour du décès du testateur, 283
— Les jugemens qui ordonnent cette ouverture sont sujets à l'appel, 283
Traitemens et remises des employés. La retenue prescrite par la loi du 1er. thermidor an 7, doit avoir lieu sur le traitement fixe, et les remises accordées aux greffiers des tribunaux, 563
Transactions. Comment liquider le droit de celles portant réduction en numéraire de sommes dues en vertu d'actes passés pendant la circulation du papier-monnaie? 555
Transcriptions de contrats de vente. Voyez (Hypothèques.)
Tribunaux. Ils ne peuvent connaître de l'exécution des actes administratifs, 296
— Doivent le loyer des bâtimens nationaux qu'ils occupent, 384
— Les déclarations de successions doivent être faites dans les délais; ils ne peuvent être étendus sous prétexte qu'il n'a été fait qu'un partage provisoire, et on n'a pas besoin de constituer les héritiers en demeure par une contrainte, 310
Tribunal de cassation. Jugemens rendus par ce tribunal. Il n'appartient pas aux tribunaux de connaître de l'exécution des actes administratifs, 296

U.

Usufruit. La réserve faite entre deux époux dans un contrat de vente, que le survivant jouira de l'objet acquis, donne ouverture au droit fixe de 3 francs, n°. 231, 471
Voyez, ci-après (Ventes.)

V.

Ventes. Par un même acte, on vend la nue propriété à un particulier, et l'usufruit à un autre, comment liquider les droits? 292

— Celles des rentes foncières et constituées donnent lieu au droit
proportionnel de 2 francs pour cent, 325

— Comment doit-on considérer une vente avec faculté de réméré,
contenant, entre mêmes parties, vente d'un autre immeuble? 344

— Celles d'immeubles dont le prix est éventuel, donnent ouverture
au droit proportionnel au moment de l'acte, 433

— La déclaration qu'un objet non-compris dans une vente en fait
néanmoins partie, ne donne ouverture qu'au droit fixe d'un fr. 451

— La clause insérée dans un contrat de vente que le mari survivant
jouira en usufruit de l'objet vendu donne lieu au droit fixe de 3
francs, n°. 231, 471

— Une clause insolite ne donne ouverture à aucun droit particulier,
523

— On constitue en paiement du prix, une rente viagère, 551

Ventes de meubles. Les dispositions de la loi du 22 pluviôse an 7,
relatives aux ventes publiques, ne s'appliquent point aux revenus
des communes, 319

— Les bois de haute-futaie sont réputés meubles ; on ne peut les
vendre à l'enchère que par le ministère d'un officier public, 577

Vérification. Celles des études et minutes des notaires:
Voyez (Notaires.)

Voitures publiques. Voyez (Droits sur les messageries.)

F I N.

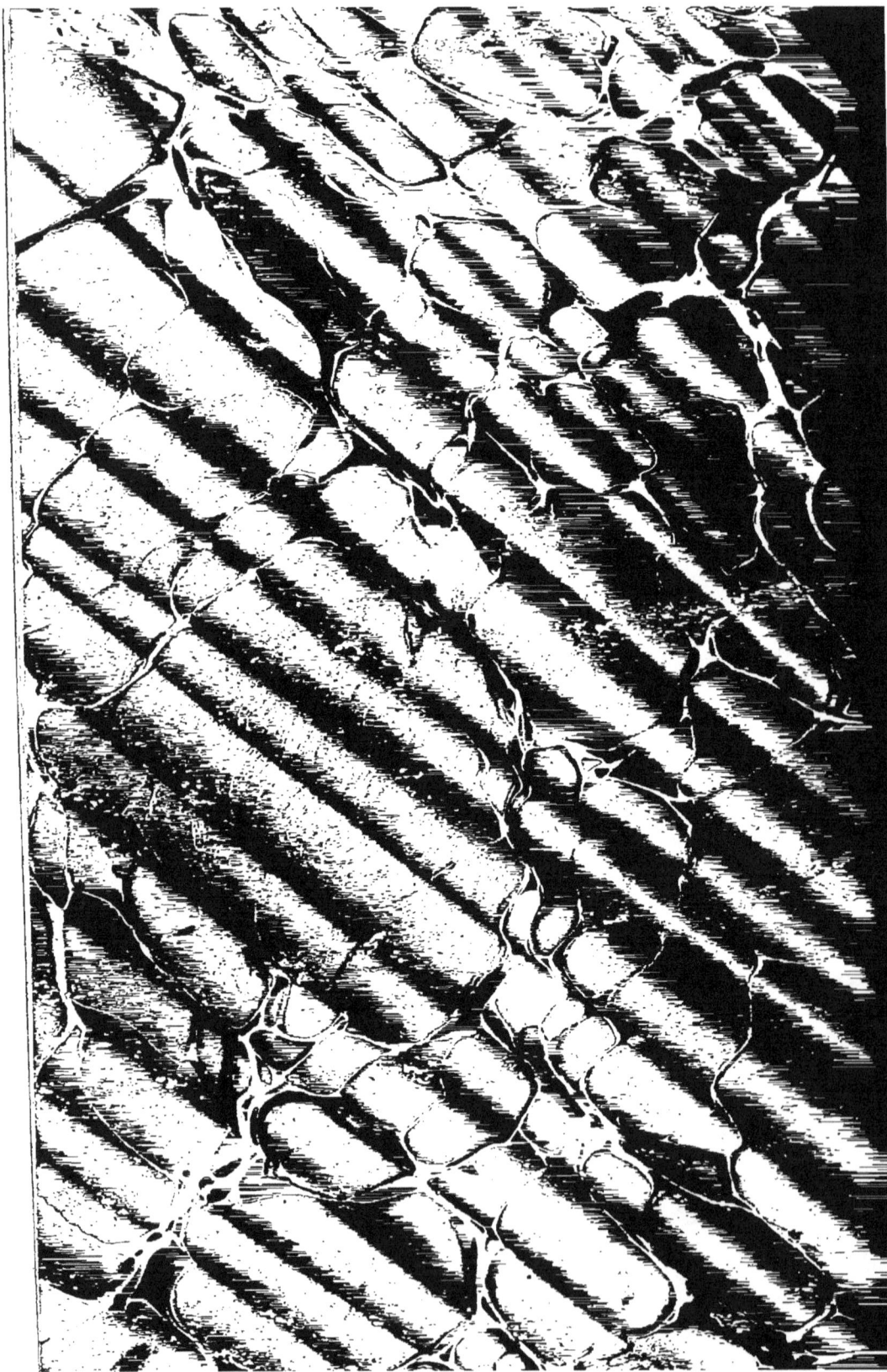

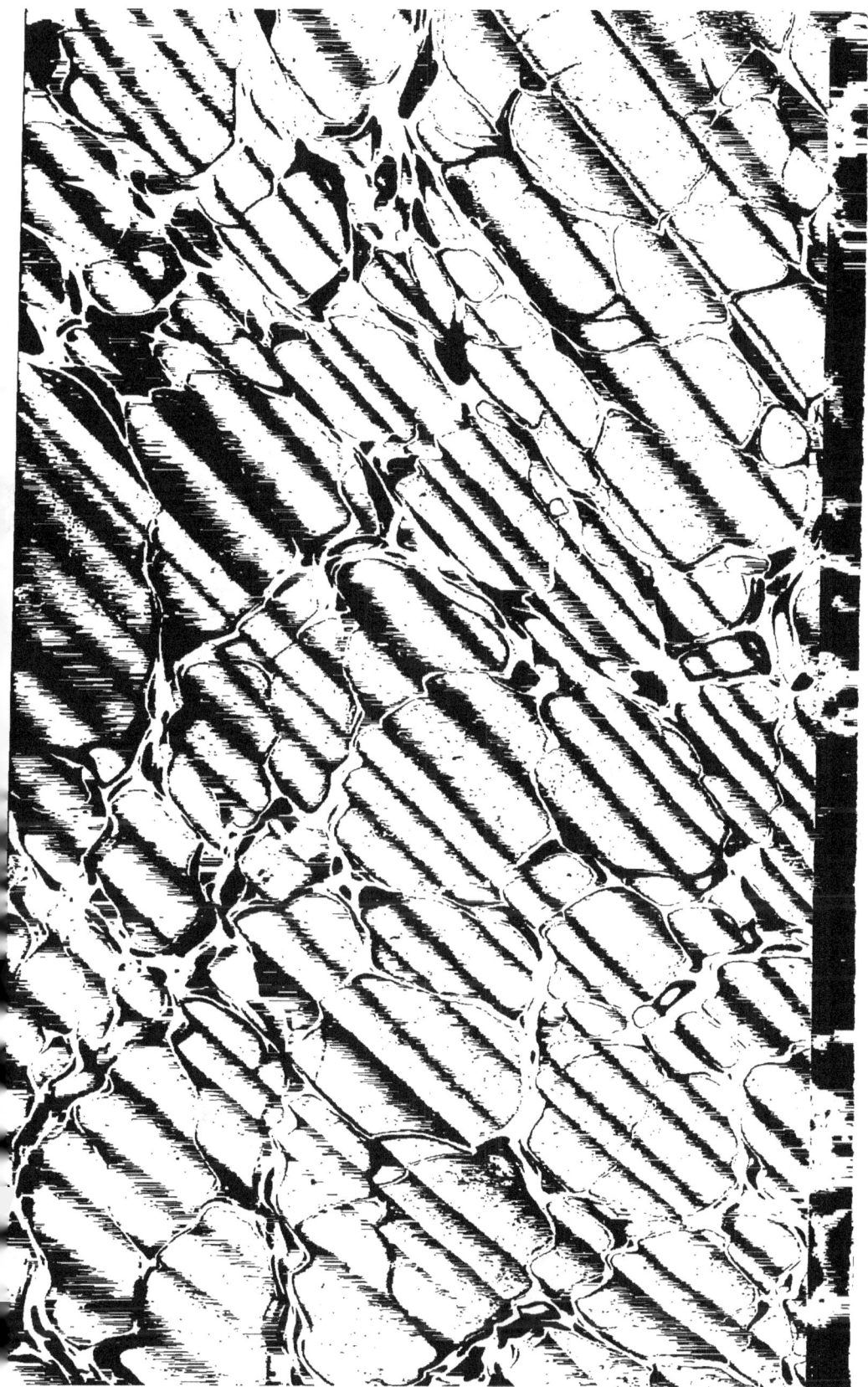

BIBLIOTHEQUE NATIONALE DE FRANCE

www.ingramcontent.com/pod-product-compliance
Lightning Source LLC
Chambersburg PA
CBHW060140200326
41518CB00008B/1090